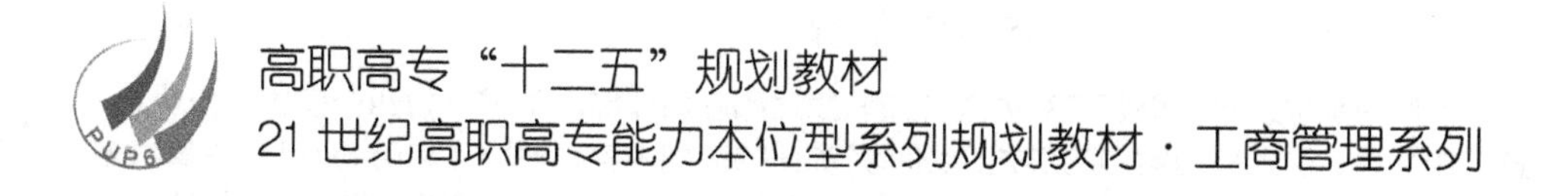

商务统计实务

（第2版）

陈晔武◎主编

楼淑君◎主审

内容简介

本书以 Excel 软件为基本工具，讲解了商务统计知识原理和应用技能。本书分为四个模块，模块 1～模块 3 通过设置工作情景、引入应用案例的形式介绍商务统计的基础内容，模块 4 利用 Excel 工具解决日常的商务统计任务，并提供了详尽的操作过程。本书内容与企业实际紧密结合，采用计算机工具解决日常商务统计任务，每个项目都安排了情景解决版块来辅助教学。

本书可以作为高职高专经济管理类专业的教材，也可以作为企业培训资料，还可以作为相关岗位工作人员的参考用书。

图书在版编目(CIP)数据

商务统计实务/陈晔武主编. —2 版. —北京：北京大学出版社，2019.1

21 世纪高职高专能力本位型系列规划教材·工商管理系列

ISBN 978-7-301-30020-6

Ⅰ. ①商… Ⅱ. ①陈… Ⅲ. ①商业统计—高等职业教育—教材 Ⅳ. ①F712.3

中国版本图书馆 CIP 数据核字（2018）第 253338 号

书　　名　商务统计实务（第 2 版）
SHANGWU TONGJI SHIWU（DI ER BAN）

著作责任者　陈晔武　主编

责 任 编 辑　蔡华兵

标 准 书 号　ISBN 978-7-301-30020-6

出 版 发 行　北京大学出版社

地　　址　北京市海淀区成府路 205 号　100871

网　　址　http://www.pup.cn　新浪微博：@北京大学出版社

电 子 邮 箱　编辑部 pup6@pup.cn　总编室 zpup@pup.cn

电　　话　邮购部 010-62752015　发行部 010-62750672　编辑部 010-62750667

印 刷 者　北京虎彩文化传播有限公司

经 销 者　新华书店

787 毫米×1092 毫米　16 开本　15.25 印张　363 千字

2013 年 9 月第 1 版

2019 年 1 月第 2 版　　2024 年 2 月第 4 次印刷

定　　价　42.00 元

第 2 版前言

商务统计学是高职高专经济管理类专业的一门重要课程，几乎每个院校都会开设这门课。随着计算机信息技术的发展，计算机作为数据处理和分析的统计工具已广泛应用于企业的人力资源管理、销售管理、库存管理、财务管理、生产管理和采购管理等日常商务工作中。传统的统计学教学方式对高职高专学生来说过于枯燥和复杂，学生上课提不起兴趣，导致很多学生即使在学习了统计学的相关知识后也不会运用，更不懂如何运用 Excel 等统计工具解决实际问题。随着相关行业对技能应用型人才需求的增多，针对非统计学专业学生的，同时注重实践应用，能灵活运用计算机工具来分析、解决有关统计任务的统计实务类教材备受欢迎。

本书基于高职高专培养高素质技能应用型人才的目标，以经济管理类专业学生为主要对象，通过对商务统计实践的长期关注和应用研究，以工作情景任务为导向打造内容结构和知识技能体系。全书分为四个模块。前三个模块分别介绍商务数据获取、商务数据整理汇总和商务数据分析，基本的体例为通过工作情景引入具体职业岗位工作中碰到的任务，进而引出解决该任务所需要的理论知识。这部分内容注重统计原理的理解应用，不再着重介绍原理的推导过程，尽量将复杂的原理知识简化，细化常用的商务统计方面的基础知识，强调原理应用的讲解。在知识的应用环节，则用较大的篇幅来讲解相关的统计知识，以及如何运用统计工具 Excel 来解决实际的工作情景任务，从而将商务统计知识与 Excel 有机地结合起来进行教学演示。最后一个模块介绍商务统计操作，每个项目均由具体的工作任务引出，通过 Excel 来详细展示解题的思路和过程，可以帮助学生轻松掌握运用 Excel 解决日常商务统计问题的应用思路和方法。

本书在第 1 版的基础上修订而成，具有以下特色：

（1）通俗易懂。本书力求通俗易懂，在理论知识的讲解中删除概率论和数理统计中晦涩难懂的数学知识推导，注重统计知识原理和思想的应用讲解，深入浅出，突出教材的可读性和易理解性。

（2）注重实用性和可操作性。本书以项目式组织内容，结合高职高专培养技能应用型人才的特点，以“必需，够用”为原则。同时，本书很多内容都取材于企业实际的工作内容，侧重于通过实践操作来培养学生解决问题的能力。

（3）针对性强。本书针对经济管理类专业的应用型人才，注重日常商务办公统计知识的应用讲解，培养学生运用 Excel 工具处理商务办公任务的能力，以满足其实际的工作需求。

（4）情景与案例结合。本书中的案例取材于实际工作岗位中碰到的问题，将工作情景任务与统计知识相结合进行分析，不仅能提高学生的学习兴趣，而且能提高其应用知识的能力和解决实际问题的能力。

（5）大量应用 Excel 工具。本书强调计算机工具的应用，通过 Excel 的操作来解决大量的具体工作情景案例，将实际问题转化为统计工具的应用实例，帮助学生克服对统计数据处理的畏难心理。

本书编写避免了同类教材弱化利用统计工具来解决统计问题的情况，也改变了统计工具类教材偏重于软件的操作而没有融合统计学原理知识的状况，将统计原理知识和方法与工作岗位的实际情景问题、计算机统计软件有机地结合在一起，有助于学生将商务工作问题转化为统计问题，并利用最常用的 Excel 整理、统计分析数据。

本书由陈晔武主编，张西华副主编，施星君、李海秋、陈晓宇、陈建凯、冯宏法和方晓媚参与编写，楼淑君主审。本书分 4 个模块，共 23 个项目。模块 1、模块 3、模块 4 的项目 22 和项目 23 由浙江经济职业技术学院的陈晔武和杭州奥威计算机技术开发有限公司的统计专家陈建凯合作编写；模块 2 的项目 5 和项目 6 由浙江工贸职业技术学院的施星君编写；模块 2 的项目 7 和项目 8 及模块 4 的项目 13、项目 14、项目 15 和项目 16 由浙江经贸职业技术学院的张西华和杭州先锋电子技术股份有限公司的冯宏法合作编写；模块 4 的项目 17、项目 18 和项目 19 由浙江经济职业技术学院的李海秋和网筑投资管理有限公司的方晓媚合作编写；模块 4 的项目 20 和项目 21 由浙江经济职业技术学院的陈晓宇和网筑投资管理有限公司的方晓媚合作编写。

本书在编写过程中参考了大量文献和互联网的资料，借鉴和吸收了国内外众多学者的研究成果，在此对他们表示衷心的感谢！

由于编者水平有限，书中难免存在不足之处，恳请各教学单位和广大读者在使用本书过程中给予批评指正。

编　者

2018 年 7 月

目　　录

模块1　商务数据获取

项目1　商务数据基础 3

1.1　商务统计概述 4
1.2　统计学中的几个主要术语 6
1.3　数据的类型 7
1.4　数据的调查方式 9
复习思考题 11
情景实践题 12

项目2　调查方案设计 13

2.1　调查的主要内容 14
2.2　调查方案的设计内容 17
2.3　调查的具体方法 19
复习思考题 26
情景实践题 27

项目3　问卷的设计 28

3.1　问卷的结构 29
3.2　调查问卷的设计原则 30
3.3　具体问题的设计 32
3.4　问卷题型 34
复习思考题 38
情景实践题 39

项目4　抽样方案设计 40

4.1　抽样调查概述 41
4.2　常用的抽样方法 41
4.3　抽样方案设计步骤 44
复习思考题 48
情景实践题 49

模块2　商务数据整理汇总

项目5　数据的整理 53

5.1　统计整理 54
5.2　统计分组 55
5.3　频数分布数列 57
复习思考题 61
情景实践题 62

项目6　数据的筛选 64

6.1　数据排序 65
6.2　数据筛选 67
复习思考题 71
情景实践题 71

项目7　数据报表的制作分析 73

7.1　统计报表的结构 74
7.2　统计报表的分类 75
7.3　分类汇总 76
7.4　数据透视表 78
复习思考题 81
情景实践题 82

项目8　数据统计图形 84

8.1　柱形图 85
8.2　饼图 89
8.3　折线图 91
8.4　面积图 93
8.5　圆环图 95
8.6　直方图 95
复习思考题 98
情景实践题 98

模块3　商务数据分析

项目9　描述性指标分析 103

9.1　总量指标 104
9.2　相对指标 106
9.3　平均指标 111

9.4 变异指标......114
9.5 常用指标计算......115
复习思考题......117
情景实践题......119

项目10 假设检验......121

10.1 假设检验的思想......122
10.2 总体均值的假设检验......125
10.3 总体方差的假设检验......127
10.4 总体比例的假设检验......128
10.5 检验中的两类错误......129
复习思考题......130
情景实践题......131

项目11 简单相关分析......132

11.1 相关分析的基本概念......133
11.2 简单线性相关分析......135
复习思考题......140
情景实践题......141

项目12 方差分析......142

12.1 方差分析概述......143
12.2 单因素方差分析......144
12.3 无重复双因素方差分析......146
12.4 可重复双因素方差分析......148
复习思考题......152
情景实践题......154

模块4 商务统计操作

项目13 员工人事统计......157

项目14 培训成绩统计分析......163

项目15 薪酬数据统计分析......168

项目16 销售业绩分析......172

项目17 销售数据分析......179

项目18 问卷调查数据统计......185

项目19 供应商评定管理......193

项目20 采购成本数据分析......199

项目21 库存数据分析......204

项目22 量本利分析......210

项目23 统计报告案例......216

参考文献......236

模块 1

商务数据获取

项目 1

商务数据基础

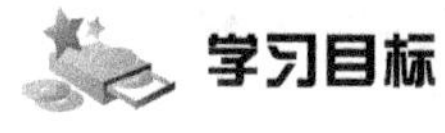

学习目标

知识目标	能力目标
（1）了解统计学的分类与作用。 （2）了解商务统计学的应用领域。 （3）了解统计数据的类型与特点。 （4）了解数据的调查方式	（1）能正确区别数据的四种类型。 （2）掌握数据调查方式的区别在哪里。 （3）能在实际工作中运用合适的调查方式

工作情景

小周是某大型食品公司市场部的员工，他所在的公司近期要进行某种新饼干产品的市场调查研究。由于没有系统学习过商务统计学的知识，他不是很明白应该如何去有效地开展市场调查工作，不知道应该调查哪些特征的数据，又应该采用哪种调查方式。小周期望通过学习相关的商务统计知识来让自己明白如何有效地开展工作。

假如你是小周，知道应该掌握哪些数据知识吗？还可以采用哪种调查方式？

1.1 商务统计概述

人类活动的各个方面都离不开统计工作和统计数据，人们日常的决策都依赖于统计数据和信息。无论是天气预报、购买股票、外出旅游、商务预算、产品统计，还是日常的家庭生活开支，都离不开统计数据信息。人们在日常生活中的统计数据信息是非常粗糙的，只有在对过去发生的事情和经验所获得的信息进行综合加工的基础上，才能做出更正确的判断。

一、统计与统计学

统计学是一门研究收集、整理、描述、显示和分析统计数据的方法论的科学，其目的是探索事物的内在数量规律性，以达到对客观事物的科学认识。

统计工作即统计实践活动，是人们对客观事物的数据资料进行收集、整理、分析的工作活动的总称。

统计资料是统计工作的成果，包括各种统计报表、统计图形及文字资料等，其分为原始资料和再生资料两类。

二、统计学的分类

1. 按统计方法的构成划分

统计学按照统计方法的构成来划分，可以分为描述统计学和推断统计学。

描述统计学研究如何取得、整理和表达数据资料，进而通过综合、概括与分析反映客观事物的数量特征，包括数据的收集与整理方法、数据的显示方法、数据分布特征的描述与分析方法等。

推断统计学研究如何根据样本数据去推断总体数量特征的方法，包括抽样估计、假设检验、方差分析、相关和回归分析等。

描述统计学是统计学的基础和统计研究工作的前提，推断统计学则是现代统计学的核心和统计工作的关键。

2. 按统计的理论和应用角度划分

统计学按照统计的理论和应用角度来划分，可以分为理论统计学和应用统计学。

理论统计学是利用数学原理研究统计的一般理论和方法的统计学，主要研究统计的数学原理，如概率论的原理、随机化的原理、估计的原理、假设检验的原理、聚类分析的原理及其他数学决策的原理。

应用统计学是研究如何应用统计方法解决实际问题（大多是以数理统计为基础）而形成的边缘学科，如自然科学领域的生物统计学、社会科学领域的社会经济统计学等。应用统计学侧重于阐明统计学的基础原理和应用思想，并将其作为工具应用到各个领域中。

三、商务统计的主要应用

统计几乎与所有领域都有联系，统计学几乎可以与任何一个学科结合起来。本书侧重于从商务统计的角度来介绍统计学在微观的工商管理商务活动中的应用。

在商务活动中，统计学的应用非常广泛。企业的经营管理人员通常需要应用商务统计的各种方法对所获取的资料信息进行归纳和推断分析，以获得具有重要价值的商务信息。这些商务信息在经营管理人员做决策时能发挥重大作用。在商务活动中，绝大多数领域会用到统计方法，经常应用到统计方法的有以下几个方面。

1. 市场调查与研究

市场调查与研究是商务活动中重要的活动之一。企业需要对产品的消费者信息、消费者偏好、消费者心理、消费者需求，以及变化趋势、竞争对手的情况、企业产品和服务的满意度、客户忠诚度等方面的调查数据进行统计分析。

2. 商务计划

商务计划贯穿于企业商务活动的整个过程，商务活动中各个计划的制订都需要对企业的商务数据，如销售数据、成本和利润、人力资源因素等进行分析，通过对过去的和当前的数据进行整理分析，来推断估计未来的商务数据，从而制订出更加准确的商务计划。

3. 新产品开发

企业在开发新产品前，必须对消费者的需求、市场环境、竞争对手、成本和利润等方面的数据进行统计分析，从而更加准确地掌控新产品开发的可行性。

4. 财务分析

在日常的企业财务活动中，统计分析应用广泛。企业的各种财务指标计算、企业经营业绩分析、企业的投资和融资决策等都离不开各种统计技术的应用，这些统计分析结果能极大提高财务决策的科学性。

5. 人力资源管理

在企业的人力资源管理活动中，通常需要用统计方法来分析员工的日常考勤情况、员工的基本信息（如年龄、性别、学历、工龄）、奖励和惩罚情况、职务变动情况等。通过对人力资源信息的分析，管理者可以制定出科学的激励方法和手段。

6. 质量管理

在质量管理中，对产品的质量合格率、质量波动情况、质量不合格的主要原因等进行分析，可以找出导致质量问题的关键因素，从而有效改进工艺过程，加强管理措施，达到降低成本和提高产品质量的目标。

7. 生产管理

在日常的企业生产实践中，产品的生产进度、计划完成量、库存状况、原材料的采购情况等都需要进行统计分析，及时、准确的生产数据信息能有效降低库存成本，确保按时完成日常生产任务。

1.2 统计学中的几个主要术语

一、总体与个体

总体就是统计研究的客观对象的全体，是由所有具有某种共同性质的事物组成的集合体，有时也称为母体。

组成总体的每个对象称为个体，也称为总体单位。总体中个体数量的多少称为总体容量或总体单位总数。

总体按照其个体数量是否有限，可以分为有限总体和无限总体两类；按照其存在形态的不同，可以分为具体总体和抽象总体两类；按照其个体能否计数，可以分为可计数总体和不可计数总体两类；按照其个体是否人为划定，可以分为自然总体和人为总体两类。

二、指标与变量

人们在研究总体时，必然会对个体的某些特征感兴趣。例如，在针对大学生这个总体的消费状况进行调查时，人们可能会对大学生的月消费额、消费的去向、消费的偏好等各个具体的特征感兴趣，而这些依附于大学生（个体）的信息正是人们需要去研究的有价值的信息。

表征个体的某种属性或数量特征信息的概念称为指标或变量。

三、指标值（变量值）

人们在商务统计分析中，所研究的总体的每个特征（即指标或变量）在每个个体上都会有一个具体的值，这个值可以是数字，也可以是文字描述。这些指标或变量表现在个体上的具体描述称为指标值（变量值）。而在日常的商务统计活动中，指标值通常称为数据。

应用案例

杭州某移动通信公司为了解大学生的移动通信消费状况，决定对杭州市的大学生的移动通信消费情况进行调查，并设置了调查的问卷项目，其中有月话费、月上网时间、短信量等内容。那么在本次调查中，杭州市的大学生是研究的对象，即总体，个体则是其中的大学生，月话费、月上网时间、短信量则是变量，在调查时得到的每份问卷中具体的答案就是变量值。

四、变量类型

数据可以是定性的，如性别，也可以是定量的，如具体的数值。因此，变量通常分为以下两种类型：

（1）定量变量。定量变量反映事物的数量特征，表现为定量数据，如产品的销售数量。

（2）定性变量。定性变量也称为品质变量，反映事物品质特征的名称，表现为定性数据，如员工的职称。

而对于数据变量，还可以进行以下分类：

（1）离散变量。离散变量是只能间断计数的变量，如人口数、设备数等。

（2）连续变量。连续变量是可以连续计数的变量，如产值、利润、收入和房价等。

1.3 数据的类型

上面将变量分为定性变量和定量变量，同样，根据数据的类型和表现形式也可以将其分为定性数据和定量数据，本节还将进一步进行细分。

定性数据说明事物的品质特征，是不能以数值表示，只能以文字表述的数据。例如，高校教师的职称有助教、讲师、副教授、教授；员工的性别有男性、女性。定性数据又分为分类级数据和顺序级数据两种。

定量数据说明事物的数量特征，以数值表示。例如，学生的数学考试成绩 87 分、78 分、98 分，人的身高 1.70m、1.67m 等。定量数据又分为间距级数据和比率级数据两种。

应用思考

举例说明还有哪些常见的定性数据和定量数据。

一、分类级数据

分类级数据又称名义级数据，它按照研究对象的某种属性分为若干类别，说明事物类别的一个名称。分类级数据是数据的最低级别，仅仅是一种标志，用以区分变量的不同值，没有次序关系。例如，人的性别可以分为男和女，民族可以分为汉、苗、满等；又如，企业的行业隶属等变量的值都属于分类级数据。因此，分类级数据具有以下特征：

（1）仅仅区分事物的类别，无法比较优劣或大小。

（2）对事物的区分必须遵循穷尽和互斥的原则。

（3）对分类级数据的分析统计主要是对频数和频率进行分析。

应用思考

举例说明生活中还有哪些常见的分类级数据。

二、顺序级数据

顺序级数据又称次序级数据，它是对事物之间等级或顺序的一种测度。顺序级数据是数据的中间级别，可以区分值的大小或优劣。例如，高校教师的职称可以分为教授、副教授、讲师、助教，可以按职称的高低对其进行排序；又如，员工的学历也可以按学历高低进行排序，如博士研究生、硕士研究生、本科、大专、高中、初中、小学。因此，顺序级数据具有以下特征：

（1）数据可以分类、比较优劣和大小。

（2）对事物的分类要求穷尽和互斥。

（3）对顺序级数据进行分析的统计量除频数和频率外，还包括累计频数和累计频率。

应用思考

举例说明生活中还有哪些常见的顺序级数据。

三、间距级数据

间距级数据又称定距数据，它是定量数据的一种，是具有一定单位的实际测量值，通过测量值可以确定不同的变量值之间存在的差异。间距级数据可以进行加法和减法运算，具有实际意义。但是，间距级数据不能进行乘除运算，这是因为间距级数据的0值不是物理意义上的绝对0值。例如，对于摄氏温度，不能说10℃是5℃的两倍，因为摄氏温度0℃不是物理意义上的0值，这种比较显得没有意义。因此，间距级数据具有以下特征：

（1）能分类、排序、比较大小、计算差距。

（2）没有绝对零点，“0”表示“0”水平，不表示“没有”或“不存在”。

（3）该级别的变量值只能用数字来表示。

应用思考

举例说明生活中还有哪些常见的间距级数据。

四、比率级数据

比率级数据也称定比数据，是对事物之间比值的一种测度。比率级数据是数据最高级的测度等级，不仅可以进行加减运算，还可以进行乘除运算。比率级数据的0值不是人为制定的，其比值（分母不为0）具有实际意义。例如，人的收入和支出、企业的产值和利润、某地区的人口数和失业人数等。因此，比率级数据具有以下特征：

（1）能分类、排序、比较大小、进行加减运算、计算两个数值之间的比率。

（2）具有绝对零点，即数字“0”表示“没有”或“不存在”。

（3）该级别的变量值只能用数字来表示。

应用思考

举一个现实生活中的例子说明比率级数据的特征。

表 1-1 根据以上四种类型数据的特点，对其进行数学运算比较。

表 1-1 四种数据类型的数学运算比较

数据类型	分类级数据	顺序级数据	间距级数据	比率级数据
分类（=，≠）	可以	可以	可以	可以
排序（>，≤）		可以	可以	可以
间距（+，-）			可以	可以
比值（×，÷）				可以

1.4 数据的调查方式

商务数据的收集是商务数据统计整理、分类汇总和分析预测的基础，是根据商务统计的目的和要求，有组织、有计划地收集调查对象原始资料的过程。在实际的商务活动中，要根据商务统计目标对象的具体特点，相应地选择合适的调查方法，当然也可以将几种方法综合起来使用。

一、普查

普查即收集有限的总体中每个个体的有关指标值。它是根据统计任务的特定目的而专门组织的一次性全面调查，主要用来收集那些不宜用经常调查的方式来收集的全面、准确的统计资料，如全国的人口总数、全市的高学历人才总数、库存材料物资总量等。在普查时，从上至下组织专门的普查机构和队伍对被调查单位直接进行登记，分发调查表，由被调查单位填报。普查对资料的准确性和时效性要求很高，同时普查对象随着时间和空间的变化，可能会发生较大的变化，因此，在组织普查时，要注意遵循以下几项原则：

（1）规定标准时点。普查时应规定标准时点，使所有资料都反映这一时点上的状况，避免重复和遗漏。

（2）正确选择普查时期。在普查的范围内，对各被调查单位应尽可能同时进行调查，在方法、步调上保持一致，确保资料的准确性和时效性。

（3）规定统一的普查项目和指标。普查时按照统一规定的项目和指标进行登记，调查项目不能任意改变，以免影响汇总和综合，从而影响资料的质量。

应用案例

人口普查是世界各国广泛采用的用来收集人口资料的一种科学方法，是全国基本人口数据的主要来源。为全面了解我国人口的基本情况，国务院在2010年开展第六次全国人口普查，普查的标准时点是2010年11月1日零时。我国全国人口普查主要调查人口和住户的基本情况，内容包括性别、年龄、民族、受教育程度、行业、职业、迁移流动、社会保障、婚姻生育、死亡、住房情况等。

二、抽样调查

抽样调查是一种非全面调查，它是在全部被调查单位中按照随机原则抽取一部分单位作为样本进行调查，获取样本的数据，然后根据调查数据推断总体的一种调查方式。对于无限总体或总体数量极大且分散的调查来说，抽样调查有着无可比拟的优越性。

应用案例

要了解某批次生产的某种规格型号的节能灯的质量情况，从1万个节能灯中抽取一定数量的节能灯进行实际检验观察，然后以这些抽查的节能灯的使用寿命或合格率来推断全部1万个节能灯的平均寿命或合格率，这种产品质量的抽样检查就是抽样调查。

抽样调查按随机原则抽取被调查单位，排除人为有意识的选择，总体中的每个单位被抽取的机会相同，完全是偶然的，这就区别于重点调查，也区别于典型调查。之所以要按随机原则抽取，是因为只有这样，所抽取的样本单位的分布才可能接近总体单位的分布，具有一定的代表性。

抽样调查虽然仅仅是调查被抽取的部分个体，但其目的是研究总体的特征，通过对部分样本的指标值运用数理统计的原理，对总体做出统计推断，达到推断总体特征的目的。

抽样调查具有以下几点意义：

（1）抽样调查只抽取部分样本进行调查，调查的成本要低得多。

（2）抽样调查只抽取部分样本，可以节省大量时间。

（3）抽样调查由于只抽取部分样本，可以使调查数据更加准确无误。

三、重点调查

重点调查是只在调查对象范围内选择一部分重点单位进行调查的非全面调查。所谓重点单位，是指在总体中举足轻重的单位，这些单位在总体中虽然数量不多，所占比重不大，但就调查的指标值而言，却在总体指标总量中占有很大比重。通过对重点单位的调查，能够从数量上说明总体在该指标总量方面的基本情况。例如，要了解我国钢铁企业的基本情况，可以重点调查首钢、包钢、马钢等大型钢铁公司，虽然这些钢铁企业在数量上只是全国的少数，但在全国钢铁总产量中所占的比重是绝大多数的。

重点调查的特点有以下几个：

（1）在研究总体中有部分单位能够集中反映所研究总体的基本情况时，可以采用重点调查。

（2）重点调查的目的在于了解总体的某些情况，不要求用统计方法全面、准确地推断总体情况。

（3）重点调查只对重点单位进行调查，相比全面调查来说，可以节省大量的人力、物力和财力。

四、典型调查

典型调查是根据调查的目的，在调查对象中有意识地选取若干具有典型意义的或有代表性的单位进行的非全面调查。例如，有意识地选择几个典型经济开发区来调查开发区的运行状况，从中得到有价值的调查数据的方式就属于典型调查。

典型调查具有以下特点：

（1）典型调查一般用来研究新出现的情况。

（2）通过典型个案的调查对研究对象的发展规律进行具体分析，可以为类似对象的发展提供很好的借鉴。

（3）典型调查与全面调查相结合，可以弥补全面调查的不足，更加深入、详尽地展现调查对象的特征与规律，验证全面调查结果的可靠性。

（4）在各单位差异很小且具有代表性的情况下，可以从数量上推断总体上的指标值。

（5）很多典型调查通常是定性的分析，此时不能用来推断总体的指标值，它只是经验和教训的总结和借鉴。例如，为了解民营企业成长的历程，选取某地区几家民营企业的成长过程进行典型调查，形成案例分析。

情景解决

小周通过对商务统计知识的学习，终于掌握了调查数据的分类与特点，以及调查的常用方式。针对本次新饼干产品的调查，他决定采用抽样调查方法，收集大约500位顾客的相关数据，其中包括不同的数据类型，并且在对数据进行分析时采用不同的方法。最后，小周顺利地完成了工作任务。

一、选择题

（1）下列数据中，属于比率级数据的是（　　）。

A．性别　　B．企业产值　　C．籍贯　　D．民族

（2）调查100家企业职工的工资水平情况，统计总体是（　　）。

A．100家企业　　B．100家企业职工的全部工资

C．100家企业的全部职工　　D．100家企业每个职工的工资

（3）从统计总体中抽取部分个体出来代表这一总体，则由部分个体组成的集合体是（　　）。

A．样本　B．总体单位　C．个体　D．总体

（4）某门功课学生的期末考试成绩的具体分数，如 87 分和 78 分，这两个数字是（　　）。

A．指标　B．标志　C．变量　D．指标值

（5）下列各项中，属于连续型变量的是（　　）。

A．汽车产量　B．钢铁产量　C．图书馆藏书　D．公交站点数

（6）下列属于次序级数据的是（　　）。

A．教师的职称　B．产值　C．温度　D．月消费额

（7）检查产品寿命应采用（　　）。

A．普查　B．抽样调查　C．重点调查　D．典型调查

（8）为掌握商品销售情况，对占某市商品销售额 70% 的五个大商场进行调查，这种调查方式属于（　　）。

A．普查　B．抽样调查　C．重点调查　D．典型调查

（9）某电视机厂为了检验全厂产品的质量，应采用（　　）。

A．普查　B．抽样调查　C．重点调查　D．典型调查

（10）抽样调查必须遵循的原则是（　　）。

A．全面性原则　B．灵活性原则　C．随机性原则　D．经济性原则

二、判断题

（1）总体是指人们要调查对象的抽样全体。（　　）

（2）按变量的类型来划分，员工的性别属于品质变量。（　　）

（3）人口数量属于连续型变量。（　　）

（4）员工的收入属于离散型定量变量。（　　）

（5）间距级数据能够分类和比较大小。（　　）

（6）教育水平的变量值属于分类级数据。（　　）

（7）比率级数据能够进行乘除运算。（　　）

（8）普查不一定要对全体对象进行调查。（　　）

三、简答题

（1）对商务统计的应用进行举例说明。

（2）以一次调查为例，说明这次调查的总体、个体、变量及变量值。

（3）分析比较四种类型数据的特点，并举例说明。

（4）分别为每种数据调查方式举一个例子。

情景实践题

小李是一家汽车制造公司的质量管理人员，他负责公司的质量检验工作。公司采购的物资种类很多，数量和价值都不相同，例如，有些物资单价高但数量少，有些物资单价低但数量多。另外，在产品的加工过程中，有些工序非常重要，有些工序相对质量稳定，不容易出现质量问题。

面对这些问题，假如你是小李，该如何去处理这些问题？请简要提出你的处理方案。

项目2

调查方案设计

学习目标

知识目标	能力目标
（1）了解市场调查的主要内容。 （2）了解调查方案的基本内容。 （3）了解调查方案设计的注意事项。 （4）了解几种调查方法的优、缺点	（1）掌握宏观环境调查的途径和方法。 （2）掌握微观环境调查的途径和方法。 （3）能根据实际情况设计合理的调查方案。 （4）能灵活运用几种具体的调查方法

工作情景

在中学阶段，由于学生学习压力较大，学校和家长一般会对手机进行比较严格的管控，但到了大学，手机几乎成为大学生的必备品，给大学生的日常生活、学习带来了很大的影响。为了全面、客观地了解手机给大学生的生活、学习等带来的变化和影响，了解和掌握大学生手机的日常使用情况，拟在杭州市范围内进行一次手机对大学生影响情况的调查，目前的任务是进行调查方案的设计。

如果你作为本次调查的负责人，那么该如何设计一份调查方案？

2.1 调查的主要内容

企业面临的市场状况复杂多变，只有在日常商务活动中合理地开展市场调查活动，才能及时掌握市场的状况。市场调查主要从宏观环境、微观环境和专项市场活动调查三个方面来进行设计。

一、宏观环境调查

宏观环境是指给企业的商务活动带来机会或威胁的外部环境。每个企业都处于特定的宏观环境中，如人口环境、经济环境、自然环境、科技环境、政治法律环境和社会文化环境。一般来说，宏观环境是单个企业很难去控制和改变的，宏观环境的变化可能直接影响企业的市场。

1．人口环境调查

对于企业来说，市场是由想购买产品又具有购买力的消费者组成的，因此，区域人口的数量直接影响着市场的潜在容量。其中，人口总量、人口结构、家庭状况、教育与职业、人口分布等是企业市场调查重要的内容。

（1）人口总量是指一个区域内总的人口数量，包括本地常住居民数量和外来流动人员数量。对一些生活必需品来说，人口总量与商品的消费量成正比。

（2）人口结构是指一个区域内人口的年龄的构成、性别比例、籍贯构成、民族结构、学历结构、职业分布等内容。

（3）家庭状况是指一个区域内人口的婚姻家庭状况。家庭是最基本的消费单位，许多商品是以家庭为单位进行消费的，家庭的数量、家庭的人口构成比例、家庭的变化趋势都会对市场造成重要影响。

（4）教育与职业是指一个区域的人口的教育与职业状况。不同学历、不同职业的消费者的消费特征会有明显不同。

（5）人口分布是指一个区域的人口布局。企业面临的区域市场环境可能会具有明显的人口分布特征，而掌握人口分布的特点对企业的市场决策起着重要的作用。例如，杭州文教区内聚集了大量的学生和教师群体，城西为大型的住宅新区，其中有大量的中高档小区，居住人口大多数为年轻群体。

2．经济环境调查

经济环境主要是指影响企业的消费力因素，包括收入水平、消费倾向和消费结构等。经济环境主要影响市场容量和市场需求的结构。

（1）收入水平是指消费者收入的高低。它直接影响着消费者购买力的大小，决定了市场的容量及消费的结构和方式。

（2）消费倾向是指各项消费支出占总收入的比重。消费倾向的高低受收入高低的影响，也受消费者心理的影响，同时年龄也是影响消费倾向的重要因素。消费倾向还受到消费环境的影响，如一个区域的总体消费倾向可能会比另外的区域高。

（3）消费结构是指消费者各类支出所占总支出的比重。它主要影响市场商品的结构类型，从而影响企业的产品决策。

3．自然环境调查

自然环境是指企业发展过程中所面临的环境及当地政府和人们对环境的态度，主要有物质环境和地理环境。

（1）物质环境是指该区域自然界的物质财富，如矿产资源、土地资源、山水资源等。

（2）地理环境包括区域的气候因素、季节因素等因素。如果不掌握这些自然环境特点，可能会对企业商务决策造成重大的影响。例如，寒冷的地区对羽绒服、手套、棉帽等产品的需求大，炎热的地区则对空调等产品的需求大。不同的自然环境会有不同的消费特点，对企业来说，适当的调查是必不可少的。

4．科技环境调查

科技环境是指企业在产品和服务的设计、开发、制造和营销过程中受到科技发展的影响因素。这种影响主要体现在一些新型材料、新工艺、新原理的应用，使得商品的更新换代越来越快，企业只有不断地去调查，了解科技的发展对产品造成的影响和变化趋势，才能不断创新，使企业立于不败之地。另外，计算机技术和网络的普及极大地改变了人们的生活和消费方式，企业的市场形象宣传、营销方式等也应当紧跟时代潮流做出改变。因此，任何一家企业都必须对科技环境有一个基本的了解，这样才能洞悉市场的变化趋势，以便及时制定相应的市场对策。

5．政治法律环境调查

政治法律环境是指由影响区域企业商务活动的政治因素和法律因素组成的特定环境因素。

（1）政治因素主要是指国家的制度和政策、国家和地区之间的政治关系等。例如，美国制定的对华反倾销政策可能会对我国相关的出口产品造成重大的影响。

（2）法律因素主要是指与市场有关的法律法规、标准、条例等因素。例如，《中华人民共和国合同法》《中华人民共和国劳动法》《中华人民共和国商标法》《中华人民共和国专利法》《中华人民共和国广告法》等，这些都可能对企业造成重大的影响。

应用思考

调查相关资料说明《中华人民共和国劳动法》对企业造成的影响体现在哪些方面。

6．社会文化环境调查

社会文化环境是指一个区域的传统文化风俗、生活方式、价值观念、宗教信仰、道德规范、审美观念等各种人文和文化因素的特定状况对企业的市场造成的影响。社会文化一般是一个区域内的人文和文化因素长期和稳定地积淀形成的，它在很大程度上决定着人们的消费思想和消费特点，如消费的产品类型、产品动机、方式及地点。另外，市场调查应调查当地的文化特点，尊重当地的宗教信仰和道德观念，避免引起当地人的反感。

二、微观环境调查

微观环境是指给企业直接造成影响的外部环境，对微观环境进行调查可以更有效地制定企业的竞争战略。

1．竞争对手调查

任何产品都会有竞争对手，对竞争对手进行调查，可以更好地确定企业的竞争策略。竞争对手调查主要调查竞争对手的品牌、产品特点、价格策略、产品质量、市场占有率等。

2．潜在竞争者调查

潜在竞争者是指潜在的可能打算生产或提供同类产品的企业。例如，房地产行业能赚取大量利润时，许多企业都计划投入资金进入房地产行业，这些企业都是房地产企业的潜在竞争者。

3．替代品调查

替代品是指可以替代企业产品的同性质产品，如牛奶和豆奶。对某些企业来说，对替代品的调查也具有重要的意义，有些替代品可能会有替代这些企业所生产产品的趋势。

4．供应商调查

供应商是指为企业生产服务提供零部件产品的企业。供应商在很大程度上决定了企业的产品质量和成本，因此，优秀的企业都非常重视同供应商的合作发展。对供应商的调查主要包括竞争对手的供应商调查、企业自己的供应商调查、供应商产品质量和成本的调查等方面。通过调查，可以为企业选择、评价供应商，提高供应商产品质量和降低成本提供决策依据。

5．消费者调查

消费者是企业的衣食父母，企业的商务活动是以满足消费者需求为核心来开展的。企业在确定目标市场和产品定位后，要有针对性地进行目标市场的调查，调查市场需求量、消费者的基本状况和消费者的行为特点，调查影响目标消费者行为的主要因素。通过这些消费者调查和分析，企业可以更好地了解目标消费市场的特点，有针对性地制定各项决策。

三、专项市场活动调查

企业在日常的市场经营活动中，如新产品的推出、产品的包装、价格策略的制定、销售方法的确定、采用的促销组合等都需要进行调查，通过调查发现现有产品的不足及经营中存在的缺点，及时加以纠正。因此，市场调查可以从市场营销组合活动展开，包括产品、价格、渠道和促销四个方面的调查。

2.2 调查方案的设计内容

市场调查活动涉及企业的各个方面，为了顺利地完成调查活动，正式调查活动开始之前需要设计一个周密的调查方案。调查方案的设计是对市场调查工作各个方面和全部过程的通盘考虑，是对整个市场调查过程的计划安排。调查方案是否科学、可行，是整个调查成败的关键。

一、调查目的和调查任务

调查目的和调查任务是指确定为什么要进行调查，调查想要解决什么样的问题。在商务活动中，根据不同的目的和任务，从不同的角度来收集资料。只有确定了调查目的和调查任务，才能有针对性地确定调查的范围、内容和方法，否则有可能造成调查的内容无法满足调查的要求。

调查目的和调查任务越明确，统计调查方案才越有针对性，否则有可能会加入一些无关紧要的调查项目，而漏掉一些重要的调查项目，无法满足调查的要求。因此，衡量一个调查设计是否科学的标准是看方案的设计是否满足调查目的和调查任务的要求。

二、调查对象和调查单位

明确了调查目的之后，就要确定调查对象和调查单位。调查对象是指根据调查目的、任务确定调查的范围及所要调查的总体，由某些性质类似的调查单位组成。调查对象范围的确定，主要是为了解决向谁调查和由谁提供具体资料的问题。

例如，为了研究某市民营企业的经营情况及存在的问题，需要对全市民营企业情况进行全面调查，那么该市所有民营企业就是调查对象，每一家民营企业就是调查单位。

应用思考

在杭州市大学生消费状况调查中，请说明本次调查的调查对象和调查单位。

三、调查内容和调查项目

调查内容即调查项目，是指对调查单位所要调查的主要内容，确定调查项目即要明确向被调查者调查的内容。调查项目一般就是调查单位的各个标志的名称。

例如，在针对大学生的日常消费调查中，大学生的性别、民族、专业、年龄、月消费金额等都属于调查的项目；在消费者调查中，消费者喜欢的品牌、款式、价格、功能及售后服务等都属于调查的项目。调查的内容要紧扣调查目的和任务，尽量全面、具体、条理清晰，设计要简练，避免面面俱到，内容不要太多和过于烦琐，无关紧要的问题不要列入调查项目中。

四、调查提纲和调查问卷

在企业的市场调查活动中，当市场调查的项目确定后，可将调查项目的问题进行科学的分类、排列，构成调查提纲或调查问卷，以方便进行调查和登记。

对于以访谈形式开展的调查，可以通过制定调查提纲、确定具体的调查问题来科学地安排提问的顺序。调查项目也可以通过问卷形式表现出来，通过合理设计调查问卷，将调查的一系列问题进行合理的设计布局，方便被调查者回答，从而准确地获取所需的数据。

五、调查方式和调查方法

在调查方案中，还要规定取得调查资料采用的组织方式和方法。收集调查资料的方式有普查、抽样调查、重点调查、典型调查等。具体调查方法有文案法、访问法、观察法和实验法等。在调查时，采用何种方式、方法不是固定和统一的，而是取决于调查对象和调查任务。在实际的市场调查中，为了准确、及时、全面地取得所需的信息，应注意多种调查方式的结合运用。

六、调查时间和调查期限

调查时间是指调查资料所属的时间。如果要调查的是时期现象，就要明确规定资料所反映的是调查对象从何时起到何时止的资料；如果所要调查的是时点现象，就要明确规定统一的标准调查时点。

调查期限是指市场调查工作的开始时间和结束时间，包括从设计调查方案到提交调查报告的整个过程的时间，还必须安排各个阶段的具体日程，其目的是使调查工作能及时开展、按时完成。

七、调查资料整理和分析方法

采用实地调查方法收集的原始资料大多是零散的、不系统的，只能反映事物的表象，无法深入研究事物的本质和规律性，这就要求对大量的原始资料进行加工汇总，使之系统化、条理化。目前，这种资料处理工作一般由计算机辅助进行，常见的统计软件有 Excel，专业的统计软件有 SPSS、SAS 等。因此，在设计中也应当根据拟采用的统计软件予以考虑，包括采用的操作软件，以保证实现调查的目的及统计的精度。

可以对数据进行简单的频数分析，也可以设计方案进行相关分析和方差分析等，而每种分析技术都有其自身的特点和适用性，因此，应根据调查的要求，选择最佳的分析方法并在方案中加以规定。

八、确定提交报告的方式

确定提交报告的方式主要包括确定报告书的形式和份数、确定报告书的基本内容、确定报告书中图表量的大小等。一般市场调查完成时，需要提交的报告有市场调查报告书、PPT 讲解文稿等。市场调查报告书记录市场调查的详细内容，包括调查所得的整个过程的描述、数据的分析结果、说明调查数据的图表和调查结论等。PPT 讲解文稿则是通过幻灯片的方式呈现市场调查的核心内容，主要特点是简要、清晰，以帮助决策者或接收对象快速、准确地掌握调查的总体情况。

九、制订调查的组织计划

调查的组织计划是指为确保调查顺利实施的具体工作计划，主要是指调查的组织领导、调查机构的设置、调查人员的选择和培训、工作步骤及其善后处理等。必要的时候，还必须明确规定调查的组织方式。

十、调查的经费预算

调查活动的开展必然要产生费用，在制定调查方案时，应制定调查的费用预算。在经费预算中，要详细列出每一项所需的费用，估算各项调查的费用开支。通常的调查费用主要有调查设计费、问卷设计费、问卷印刷费，以及调查实施中的交通费、通信费、小礼品费、人工费、数据分析费、装订费和其他费用等。

2.3 调查的具体方法

一、访问调查

访问调查是调查者与被调查者通过面对面的交谈从而得到所需资料的调查方法。常用的划分标准有两种：一是以访问调查内容为标准，划分为标准化访问和非标准化访问；二是以访问调查方式为标准，划分为直接访问和间接访问。

标准化访问又称结构式访问，它是按照调查人员事先设计好的、有固定格式的标准化问卷，有顺序地依次提问，并由受访者做出回答。非标准化访问也称非结构性访问，就是按照一定调查目的和一个粗线条调查提纲进行的访问。这种访问方法对访问对象的选择和访问中要询问的问题有一个基本要求，但可根据访问时的实际情况做必要调整。

标准化访问的最大优点是便于对访问结果进行统计和定量分析，便于对不同被访问者的回答进行对比研究。但是，这种访问方法缺乏弹性，难以灵活地反映复杂多变的市场现象，也不利于充分发挥访问者和被访问者的积极性、主动性。

非标准化访问有利于充分发挥访问者和被访问者的主动性、创造性，有利于适应千变万化的客观情况，有利于调查原设计方案中没有考虑到的新情况、新问题，有利于对社会问题进行深入的探讨。但是，这种方法对受访者的要求较高，对访问调查的结果难以进行定量分析。

直接访问是指访问者与受访者进行面对面的访谈。间接访问是指访问者通过电话、计算机、书面问卷等中介工具对受访者进行的访问。

应用思考

入户访问、拦截访问各属于哪种访问？各有什么特点？

二、邮寄调查

邮寄调查是通过邮寄或其他方式将调查问卷送至被调查者，请求被调查者按照规定的要求和时间填写问卷，然后将问卷寄回或投放到指定收集点的一种调查方法。邮寄调查是一种标准化调查。在邮寄调查中，如何提高回收率是最关键的问题。其特点是调查者和被调查者没有直接的语言交流，信息的传递完全依赖于问卷。

邮寄调查的优点有调查的空间范围广、邮寄调查费用低、匿名性好、回答不受时间限制等；缺点则主要有问卷回收率低、调查信息反馈时间长，以及调查者与被调查者不能直接沟通，无法了解回答的内容是否被调查者本人所为等。

邮寄调查的基本程序是在设计好问卷的基础上，先在小范围内进行预调查，以检查问卷设计中是否存在问题，以便纠正，然后选择一定的方式将问卷发放下去，进行正式的调查，最后将问卷按预定的方式收回，并对问卷进行处理和分析。

三、电话调查

电话调查是调查者通过电话与被调查者进行语言交流，从而获得信息的一种调查方式。电话调查具有时效快、费用低等特点。电话调查可以按照事先设计好的问题进行，也可以针对某一专门问题进行电话采访。用于电话调查的问题要明确，问题数量不宜过多。

电话调查的优点主要是取得信息的速度比较快；由于不是面对面调查，可以减小被调查者面对陌生人的心理压力；节省调查费用，调查的范围广；等等。

电话调查的缺点是样本有局限性，偏重于电话用户，代表性不强；由于电话交谈仓促，不适合复杂内容的调查；需要现场测试被调查者的调查一般也无法通过电话调查来完成；由于不在现场，很难判断所获信息的真实性；在没有事先通知的情况下，拒绝率较高。

四、深度访谈

深度访谈是针对受访者的深入、详细的访谈。深度访谈通过详细了解受访者的情况，通过交谈等多种方式努力发掘其行为的真实动机。深度访谈是一种无结构的个人访问，调查者运用大量的追问技巧，尽可能让受访者自由发挥，表达其想法和感受。

深度访谈常用于案例研究、动机研究等，如温州民营企业的成长分析，可能会对某几家重点民营企业进行深度访谈，又如消费者购买某种产品的动机等，以发掘受访者非表面化的深层意见。

深度访谈属于定性研究，它通过对挑选的少数受访者进行详细分析并总结得出结论。这种方法和定量方法是有区别的，定量方法的研究对象数量原则上应当是较多的，其研究结果或结论可以进行推论；而定性研究着重于问题的性质和对未来趋势的把握，不是对研究总体数量特征的推断。

五、网络调查

网络调查在20世纪90年代开始流行起来，随着21世纪网络技术的不断发展，网络用户数量飞速增加，其发展非常迅猛。网络调查的方式主要有以下几种：

（1）E-mail法。E-mail法即电子邮件法，以较为完整的E-mail地址清单作为样本框，使用随机的方法发送问卷进行调查。这种调查主要针对特定的网民群体，对其行为模式、消费规模、网络消费特点及心理行为等进行研究。由于大多数网民会上网处理邮件，所以E-mail法是当前最主要的网络调查方式。

（2）Web站点法。Web站点法是指将调查问卷放在访问率较高的网站的页面上，由对该问题感兴趣的访问者完成并提交，从而完成调查。

（3）在线问卷系统法。目前网络上有专门为网络调查设计的问卷系统，它提供专业的在线问卷调查、测评、投票平台，提供功能强大的自助式在线设计问卷、回收问卷、数据统计分析等系列功能。例如，一种典型的操作是问卷由简易的可视问卷编辑器产生，自动传送到网上，使用者可以随时在网上对回答数据进行整体统计或图表统计。

网络调查的优点：调查对象广泛，辐射范围广；网络访问速度快、反馈迅速，省略了印制、邮寄和数据输入过程，问卷的制作、发放及数据的回收速度均得以提高，可以短时间内完成问卷、统计结果及报表；费用低，印刷、邮寄、输入及调研员的费用都被节省下来，而调查费用的增加却很有限；调查群体大，网上可以接触很多人；网络调查还有一个独一无二的优点，即在视觉效果上能够吸引人，网络图文及超文本特征可以用来展示产品或介绍服务内容。

网络调查的缺点：上网的人不能代表所有人口，使用者多为教育水平较高、较年轻的人；网络问卷的回收率较低，提高回收率对调查问卷的设计提出了更高的要求，最好把问卷的回答时间控制在10min之内，问题要简洁明了，配上优美的背景音乐，对积极配合的调查参与者给予一定的奖励，激励他们认真完成问卷并提交；由于网络上的任何人都能填写问卷，所以被调查者资料的真实性受到质疑。

情景解决

手机对大学生的影响情况调查方案（案例）

第一部分　调查的主题

一、调查背景

近几年，随着智能手机价格的下降、硬件配置的提升，手机已经基本具备计算机的绝大多数功能，使得智能手机快速普及。当前智能手机已经成为人们日常生活不可或缺的工具，而大学生作为年轻、充满活力的群体，更是智能手机使用最频繁的群体。大学生群体拥有智能手机的比例相当高，他们对于手机的使用已经越来越频繁，手机与其日常的生活、行为和文化息息相关。现在的大学校园里，随处可见拿着手机边走边使用的大学生，智能手机已经成为他们日常必备的交流、娱乐和获取信息的工具，智能手机的使用对其影响体现在生活、学习、健康等方面。

当代大学生是在主流文化引导、教化与手机文化浸润、熏陶的交互过程中成长起来的，智能手机目前对他们日常生活、学习等的影响越来越大。因此，我们应当积极地去了解大学生对智能手机的使用情况，了解智能手机对大学生各个方面的影响，引导大学生正确使用手机，这对适当规范大学生手机使用具有非常重要的现实意义。且在手机文化传播上，应当注意引导大学生将智能手机转化为正面意义上的文化媒介与信息载体，要尽量避免手机文化给大学生带来的负面影响。

二、调查目的

通过本次调查，我们将了解目前杭州市大学生群体智能手机使用的总体情况，调查的主要目的如下：

（1）了解大学生使用智能手机的频繁程度和主要内容。

（2）了解智能手机使用对杭州市大学生的日常生活、学习、健康等的影响情况。

（3）通过对大学生的基本信息和调查问题之间的分类分析，了解智能手机对不同性别、年级、家庭、专业等大学生的影响程度的差异，分析智能手机对大学生的积极影响和消极影响，以及如何进行正确的引导。

（4）通过分析可以为政府教育部门、高校等提出可行性的建议，引导大学生正确使用智能手机进行日常的生活、学习。

三、调查范围和对象

调查范围：杭州市区各大高校。

调查对象：杭州市区各大高校拥有智能手机的大学生。

四、可行性分析

（1）本次统计方案的调查对象虽涉及杭州多个高教园区的学生，但是院校相对集中，学生分布也相对集中，所以在学生宿舍楼或食堂着手进行调查，便于进行问卷调查。

（2）大学生群体是高学历、青春而富有激情的群体，智能手机是他们日常使用最多的工具，易争取到他们的配合与支持。

第二部分　调查方案的设计

五、调查的方式

1. 问卷调查

运用合适的统计抽样方法抽取样本，采用问卷调查的方法，访问抽取样本以收集资料，在对资料进行统计分析的基础上得出结论，并通过对样本的调查将结论推广到总体。

2. 现场访谈

通过对部分大学生的现场访谈，调查最真实的情况，对问卷调查进行补充。

六、调查研究实施时间

开始时间：20××年6月15日。

结束时间：20××年10月10日。

七、调查内容

1. 被调查者的基本信息

（1）被调查者的个人信息统计，包括性别、年级、学校类型和专业类型等。

（2）性格特点、是否学生党员、是否学生干部等。

2. 智能手机使用情况和主要用途

（1）智能手机使用的时间。

（2）智能手机使用的频率等。

（3）调查大学生使用智能手机的主要用处。

3. 智能手机对生活、学习和健康的影响

（1）调查智能手机对大学生生活的影响。

（2）调查智能手机对大学生学习的影响。

（3）调查智能手机对大学生健康的影响。

4. 调查大学生对使用智能手机的自我认识和管理方面

（1）调查大学生对于手机管理的意识。

（2）调查大学生对手机传播管理方面的态度等。

八、统计分析的思路

问卷收集完成后的统计分析主要从以下几方面进行。

1. 频数分析

（1）基本信息的频数分析。

（2）大学生使用智能手机的依赖情况分析。

（3）大学生使用智能手机的主要用途分析。

（4）大学生使用智能手机对生活、学习和健康的影响情况分析。

2. 比较分析、方差分析

（1）按性别比较分析。

（2）按年级比较分析。

（3）按专业类型比较分析。

（4）按性格情况进行比较分析。

（5）是否学生干部之间的比较分析。

（6）是否学生党员之间的比较分析。

3. 相关性分析

对不同大学生群体的使用智能手机的依赖性、使用智能手机的用途、使用智能手机的影响情况、使用智能手机的自我意识、使用智能手机的管理情况等方面进行相关性的分析。

九、抽样方法

1. 抽样方法说明

采用二阶段抽样方法。

第一阶段，从中抽取六所大学为初级抽样单元。

第二阶段，从每个初级抽样单元抽取100名大学生作为调查对象，采用非概率抽样方法。

2. 构建抽样框

抽样框1：本科院校

浙江大学、杭州电子科技大学、浙江工业大学、浙江理工大学、浙江农林大学、杭州师范大学、浙江工商大学、中国美术学院、中国计量大学、浙江科技学院、浙江财经大学、浙江传媒学院、浙江大学城市学院、浙江树人大学。

抽样框2：专科院校

浙江交通职业技术学院、浙江工商职业技术学院、浙江机电职业技术学院、浙江建设职业技术学院、浙江艺术职业学院、浙江经贸职业技术学院、浙江商业职业技术学院、浙江经济职业技术学院、浙江旅游职业学院、浙江警官职业学院、浙江金融职业学院、杭州职业技术学院、浙江育英职业技术学院、浙江长征职业技术学院、杭州万向职业技术学院、杭州科技职业技术学院。

3. 抽样过程说明

计划抽取总样本600份。

第一阶段抽样的具体操作方法：从每个抽样框中抽取3个初级抽样单元，共抽取6个初级抽样单元。

将抽样框1内的每一所学校从1开始依次编号，然后用Excel进行随机抽样，将编号输入Excel表格中，用Excel的随机抽样工具从全体编号中抽取3个编号。这3个编号所对应的学校，即为随机抽样所抽取到的初级抽样单元。

同理，抽样框2中随机抽取3个初级抽样单元的方法同抽样框1。

第二阶段抽样的具体操作方法：采取配额抽样的非概率抽样方法，在每个初级抽样单元（学校）的男生宿舍区、女生宿舍区或学生食堂各抽样50份样本。样本情况见下表。

抽样框1	性　　别	样本数量/份
学校1	男生	50
	女生	50
学校2	男生	50
	女生	50
学校3	男生	50
	女生	50
抽样框2	**性　　别**	**样本数量/份**
学校1	男生	50
	女生	50
学校2	男生	50
	女生	50
学校3	男生	50
	女生	50
合　　计		600份

第三部分　调查方案的实施

十、问卷调查质量控制

1. 组员的统一学习培训

为使被调查者能更真实地填写问卷，应提高调查员队伍素质。调查前，所有调查员参与集体学习。通过学习，要确保每位调查员都具有正确的政治方向、客观公正及实事求是的态度、必要的问卷调查知识、吃苦耐劳的精神。调查人员应注意以下事项：

（1）注意礼貌和行为举止。

（2）问卷说明。讲清问卷结构，对问题逐个加以解释，强调问卷填写要求与审核要求。

（3）强调调查技巧，如衣着得体、言语诚恳、细心大胆，以及调查时对突发情况的应变能力。

（4）调查人员收回问卷时应检查问卷的完整性，如是否漏填等，以便能及时找到被调查者并补充更正。

2. 合理选择调查对象及控制问卷质量

对学生调查对象进行甄别。符合下述任意两项条件或都符合的，不应要求其填写问卷：①被调查时正忙于其他事情；②此次统计方案设计大赛参赛者；③一周内做过3份及以上问卷。

3. 减少问卷设计的误差

为了避免问卷设计中存在问题内容过多、问卷过长等可能会造成调查中系统误差增大或拒访率增加的问题，要尽量控制问卷本身和问题内容的长度，并减少开放型问题的设置，进一步提高问卷的回答率。此外，保证问卷中用词确切，无诱导性问句和否定形式提问，尽量避免被调查者思维受到影响，导致被调查者做出违背意愿的回答。

4. 问卷的筛选

问卷回收汇总后，统一对问卷进行审核、筛选，以便及时剔除无效问卷，并为数据输入做准备。

5. 细化数据处理工作，输入数据的同时做好复核工作

实事求是，决不窜改调查结果。认真分析无回答和无效回答的原因、类型和频率等问题，正确说明调查结论的代表性和有效范围，为以后总结和改进调查工作提供依据。

6. 问卷有效性的判定

按以下情况进行控制：

（1）调查对象信息栏未填写完整的问卷作废。

（2）没有填写问卷编号的问卷作废。

（3）无调查人员签名的问卷作废。

（4）未按题目选项要求完成的问卷作废。

（5）1题以上（包括1题）未答的问卷无效。

（6）对于相关联的问题，若前后选择出现矛盾则视该问卷无效。

十一、工作流程和组员分工

（1）成员组成：×××、×××、×××、×××、×××。

（2）责任分工与时间安排见下表。

主　项　目	细分项目	参与人员	时间安排
选　　题	查阅相关资料	全体组员	6月10日—6月15日
	确定题目	全体组员	6月16日—6月18日
问卷设计	确定调查对象	全体组员	6月19日—6月20日
	设计问卷	×××、×××	6月20日—6月25日
	修改问卷	×××、×××	6月25日—6月27日
调查方案设计	策划书、抽样方法	×××、×××	6月20日—6月27日
统计调查	发放问卷	全体组员	6月28日—7月15日
	回收问卷	全体组员	
专家与社会访谈	现场访谈	×××、×××、×××	7月16日—7月31日
数据整理与汇总	数据整理与汇总	全体组员	8月1日—8月10日
数据分析	数据分析	全体组员	
撰写分析报告	撰写调查报告初稿	全体组员	8月11日—9月20日
	修改调查分析报告	×××、×××	9月21日—10月8日

十二、数据分析与处理

（1）对收集到的问卷进行初步审核，剔除无效问卷，充分保证抽样的准确性、完整性、有效性和随机性，并统计问卷的回收率、有效率。

（2）对问卷中的数据进行分类汇总，安排两个人对相同的数据相互独立地输入两次，并对输入数据进行核对和检查，以减少由于疏忽及失误造成的样本误差，提高调查结果的可靠性、准确性。

（3）对输入的数据进行分类汇总，备份资料，为下一步的工作做准备。

十三、经费预算

本着节约的精神，此次统计调查方案的主要费用预算见下表。

项　目	费　用
问卷、方案制作	350元
交通费	650元
其　他	500元
合　计	1500元

复习思考题

一、选择题

（1）下列不属于宏观环境的是（　　）。

A．人口　　B．经济　　C．自然　　D．竞争对手

（2）下列不属于微观环境调查的是（　　）。

A．竞争对手　　B．潜在竞争者　　C．消费文化　　D．供应商

（3）调查某地区的啤酒消费文化属于（　　）。

A．产品调查　　B．社会文化调查

C．价格调查　　D．竞争对手调查

（4）下列不属于邮寄调查的优点的是（　　）。

A．空间范围广　　B．邮寄调查费用低

C．回收时间长　　D．匿名性好

二、判断题

（1）宏观环境是指对企业直接造成影响的外部环境。（　　）

（2）对消费者的教育水平调查属于经济环境调查。（　　）

（3）竞争对手的基本情况调查一般来说是没有必要的。（　　）

（4）在苏州开一家没有经过任何改良的川味餐馆不需要进行消费者调查。（　　）

（5）调查方案中需要说明调查的目的和调查对象。（　　）

（6）调查对象是要收集资料的目标对象全部单位的总体。（　　）

（7）标准式访问是按照调查人员事先设计好的、有固定格式的标准化问卷。（　　）

（8）电话调查的优点是样本代表性强。（　　）

（9）在实际调查中，调查对象的每个单位必然是调查单位。（　　）

三、简答题

（1）举例说明宏观环境影响市场决策。
（2）说明对区域商圈的人口环境进行调查应如何开展。
（3）微观环境调查主要包括哪几个方面？
（4）专项市场调查包括哪几个方面？每种调查应从哪些角度去展开？
（5）比较几种具体调查方式的特点。

（1）大学生消费状况调查方案设计：为了了解本地大学生的消费状况和消费需求，某校拟在近期对本地大学生的日常消费情况进行调查，可以从不同角度进行调查，详细的题目可以变动，请同学们设计一份大学生消费状况调查的设计方案。

（2）地产公司市场调查方案：以学校附近的某商业住宅开发项目为例，虽该地产公司已经把该项目定位为普通住宅，但对具体如何定位该住宅项目的风格特色、类型、价格及购买人群还没有一个确定的方向，所以为了解决这个问题必须要进行一项市场调查。本次调查将围绕市场环境、消费者、竞争者来进行，请同学们试着制定一份调查方案。

项目 3

问卷的设计

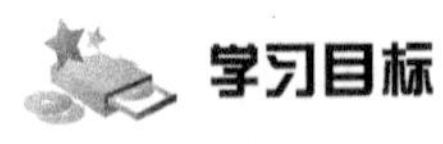

学习目标

知识目标	能力目标
（1）掌握问卷设计的原则。 （2）掌握问卷设计的基本结构。 （3）掌握问卷设计的主要内容。 （4）掌握问卷的题型。 （5）掌握问卷的提问技巧	（1）能合理设计问句。 （2）能合理地安排问句的顺序。 （3）能合理设计问题类型。 （4）能根据场景独立设计问卷

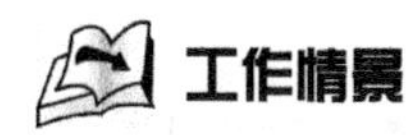

工作情景

小王是某管理咨询公司的员工，他所在公司近期要对智能手机对大学生的影响情况进行调查研究，小王是所在小组的骨干员工，但是他没有做过问卷设计，所以不知道问卷的基本结构和问卷的题目应如何设置。

假如你是小王，应该如何设计问卷？

3.1 问卷的结构

在日常的商务统计调查中采用问卷的形式非常普遍，如抽样调查、网络调查、重点调查等。问卷是一种形式特殊的调查表，是为了达到调查目的和收集数据资料而精心设计的一系列按照严密逻辑结构组成的问题，旨在向被调查者调查具体事实和个人对问题的看法。

在市场调查中，一份好的问卷应该能达到市场调查的目的，并能使被调查者愿意合作，从而提供正确的信息。一般的调查问卷主要由以下几个部分组成。

一、问卷的标题

问卷的标题应概括说明调查研究的主题，使被调查者对要回答什么方面的问题有一个大致的了解。确定的标题应简明扼要，易于引起被调查者的兴趣，如“大学生消费状况调查”“××休闲服装消费调查”等，而不要简单采用“问卷调查”这样的标题，它容易导致被调查者因不必要的怀疑而拒绝参与调查。

二、问卷说明

问卷说明是对调查项目的目的、意义及有关事项的说明，其主要作用是引起被调查者的重视和兴趣，争取他们的积极支持和合作。其具体内容有调查者自我介绍，包括对调查人员所代表的研究机构或调查公司的介绍及本人的职务和姓名；说明本项调查的目的、意义；说明酬谢方式；匿名的保证说明；问卷填写的说明。问卷说明文字应该简洁、准确，语气要谦虚、诚恳、平易近人。

应用案例

同学：你好！

我是××通信有限公司的市场部人员，为了更好地了解手机在大学生市场中的消费状况，从而能对市场发展做出科学的决策分析，开发更好的新产品，特制定此项问卷，希望广大同学积极地支持配合，谢谢！

三、被调查者基本情况

被调查者基本情况是指被调查者的一些主要特征。例如，在消费者调查中，消费者的性别、年龄、民族、家庭人口、婚姻状况、文化程度、职业、单位、收入、所在地区等；又如，在企业调查中，企业的名称、地址、所有制性质、主管部门、职工人数、商品销售额（或产品销售量）等。通过这些项目，便于对调查资料进行统计分组与分析。在实际调查中，列入哪些项目及列入多少项目，应根据调查目的、调查要求而定，项目的设置并非多多益善。

四、调查内容

调查内容是调查问卷的核心部分，其篇幅也最大，它是整个问卷调查的目的。在这一部分中，调查者依据调查主题设计调查内容，将所要调查的内容设计成问题及备选答案，便于被调查者回答。这部分内容设计的好坏直接影响整个问卷的成败。

五、编码

编码是对调查问卷中的问题及备选答案进行统计的设计，可以在问卷设计时编好，也可以在调查完成输入问卷时进行。在实际应用中，一般建议在问卷设计时完成编码。通过编码，调查分析员能方便地对问卷结果进行统计处理和分析。

六、作业证明的记载

作业证明的记载用来证明访问作业的执行及完成、访问人的责任等情况，便于检查、整理、修正等，其主要内容包括被调查者的姓名（或名称）及电话、访问的地点、访问的时间。作业证明的记载通常设置在问卷最后，但对于一些涉及被调查者隐私的问卷，则不宜设置。

3.2 调查问卷的设计原则

一、目的性原则

目的性是指问卷必须与调查主题紧密关联。违背了这一点，再漂亮的问卷也是没有用的，这就要求在设计问卷时，必须要找出与调查目的和主题相关的要素，并将其转化为问卷的问题。

二、可接受性原则

调查问卷中的内容必须要容易使被调查者接受，以便获得诚实性的回答。对于不能获得诚实性回答的问题，都不应当设置在问卷中。一般在问卷调查中，被调查者有权利决定是否参加调查，如果要回答的问题涉及他们的隐私，或者是给他们造成一种额外负担，他们有可能拒绝回答或做出虚假的回答，这样就无法调查到所需要的真实数据。因此，在调查问卷中要尽量设置被调查者能愉快地回答的问题，如果有些问题非问不可，也不能只顾自己的需要而穷追不舍，应考虑被调查者的自尊心。

应用案例

在询问女士年龄时，问卷可以列出年龄段的备选答案，如20岁及以下、21～30岁、31～40岁、40岁以上，由被调查者挑选。

三、逻辑性原则

问卷的设计整体上应该层次清晰、条理性强，问题与问题之间要具有逻辑性，相关的、同类的问题要尽量集中，提问要有章法，顺序严谨，不能给人东问一下西问一下的感觉。通常在问题较多的问卷中，可以将差异较大的问题集中分成几个模块，每个模块一个小主题，而各个模块中的问题则紧密相关。

四、简要性原则

在设计问卷时应尽量遵循简要性原则，这是因为被调查者在回答问题时，如果问卷中问题过多，或者回答时让被调查者感觉像在作答考试试卷一样，被调查者一般都不会有耐心认真回答。有些调查问卷里面充满了大量的问答题，被调查者完成一份问卷需要耗费很多时间和精力，这样的问卷也很难使被调查者认真回答。

因此，问卷的简要性原则主要体现在四个方面：一是问卷内容要简明，二是回答时间要简短，三是问卷设计的形式要简明易懂，四是题型主体尽量采用客观题的形式。

五、易整理原则

优秀的问卷除了题目要紧密贴合调查主题外，还要保证调查得到的数据易于整理分析，以得出有说服力的结论。易整理原则是指问卷中问题题型的设置应当便于检查，以及收集问卷后的数据处理和分析。因此，所提问题都应事先考虑到能对问题结果做适当分类和解释，使所得资料便于分析。

六、明确性原则

问卷中问题的设置要符合明确性原则。明确性原则是指问题设置要准确规范，主要包括命题是否清晰、用词是否准确，以便于被调查者做出准确回答。避免用不确切的词，如“普通”“经常”“一些”，以及一些形容词，如“美丽”等，对这些词语每个人有不同的理解方式，在问卷设计中应避免或减少使用。

应用案例

例如，“你是否经常购买洗发液？”这种用词让被调查者不知道“经常”是指一周、一个月还是一年，这就导致被调查者会按照自己对“经常”的理解来进行判断选择，应将问题设置为“你上月共购买了几瓶洗发液？”又如，“你最近是出门旅游，还是休息？”出门旅游也是休息的一种形式，它和休息并不存在选择关系，正确的问法是“你最近是出门旅游，还是在家休息？”

七、非诱导性原则

非诱导性是指在提问时不应带有主观臆断色彩和提示性的诱导，以免妨碍被调查者的独立性和客观性。如果在问题中采用了诱导性的提问，可能会掩盖事物的真实性，得到虚假的调查数据。

应用案例

某问卷中这样提问："消费者普遍认为××牌子的空调质量好，你的印象如何？"这样的诱导性提问会导致被调查者不加思考就同意所问问题中暗示的结论。由于诱导性提问大多是引用权威或大多数人的态度，被调查者考虑到这个结论既然已经是普遍的结论，就会产生心理上的顺向反应。

3.3 具体问题的设计

问卷的核心内容由若干问题构成，问题是问卷的核心，因此在进行问卷设计时，要仔细考虑问题的类别和提问方法，善于根据调查目的和具体情况选择适当的询问方式。调查问卷的问题一般有以下几种类型。

一、直接性问题、间接性问题和假设性问题

1．直接性问题

直接性问题是指能通过直接提问方式得到答案的问题。直接性问题会给被调查者一个明确的范围，从而可以选择或给出明确的意见，如提问"你的年龄""你的职业""你最近用的手机是什么牌子的"等，这些都可获得明确的答案。直接性问题便于问卷的统计分析。但直接性问题的不利之处在于，如果采用这种提问方式调查有些被调查者不愿意直接回答的问题，可能无法得到所需要的答案。

2．间接性问题

间接性问题是指在被调查者有所顾虑、不敢或不愿真实地表达意见的情况下以一种较委婉的方式提出的问题。如果调查者为得到直接的结果而设置直接性问题，使他们感到不愉快或难堪，就不会得到诚实的回答。此时，在实际中应采用间接提问的方法，可以变换问题的提法使被调查者消除顾虑。

3．假设性问题

假设性问题是指通过假设某一情景或现象存在而向被调查者提出的问题。这类问题是假设一种场景或情况，向被调查者询问在该种情况下应如何选择或处理。

应用案例

如果在购买汽车和住宅中只能选择其中之一，你会选择购买哪种？

二、开放式问题和封闭式问题

1. 开放式问题

开放式问题是指问题不提供明确的备选答案，由被调查者根据自己的想法自由回答的问题。开放式问题一般是普通的问答题形式，由于答案会五花八门，调查的结果很难做定量分析。开放式问题一般以定性分析为主，如果要做定量分析，可以根据回答的情况分成几个类别进行处理。

应用案例

在球类运动中，你喜不喜欢棒球？为什么？
你通常收看什么球类比赛节目？为什么？

2. 封闭式问题

封闭式问题指事先设计好备选答案，被调查者对问题的回答被限制在备选答案中，即他们主要是从备选答案中挑选自己认同的答案。封闭式问题由于答案标准化，不仅回答方便，而且易于进行各种统计处理和分析，但是，被调查者只能在规定的范围内被迫回答，无法反映其他各种有目的的、真实的想法。

应用案例

你通常喜欢收看哪种球类比赛节目？□篮球　□足球　□棒球　□其他

三、事实性问题、行为性问题、动机性问题和态度性问题

1. 事实性问题

事实性问题是指要求被调查者回答一些有关事实性的问题。这类问题的主要目的是获得有关事实性的资料，因此，提问的问题必须清楚，使被调查者容易理解并回答，被调查者只要按照事实回答问题就可以了。通常在一份问卷的开头和结尾都要求被调查者填写其个人资料，如职业、年龄、收入、教育程度等，这些问题均为事实性问题，这类问题的调查可以为后面的问题进行分类统计分析提供依据。

应用案例

你目前从事的职业是什么？
你平均月收入是多少？

2. 行为性问题

行为性问题是对被调查者的行为特征进行调查，是指询问被调查者的某些实际行为，是否做过或参与过某些事情。

你是否使用过苹果计算机？
你是否参加过剑桥英语口语培训？

3．动机性问题

动机性问题是了解被调查者行为的原因或动机的问题。在市场调查中，主要是调查消费者的消费行为的动机问题。需要注意的是，动机可以是有意识动机，也可以是半意识动机或无意识动机。对于前者，有时会因种种原因不愿真实回答；对于后两者，因被调查者对自己的动机不十分清楚，也会造成回答的困难。

你为什么愿意花费半年的工资购买一个名牌包？
你为什么要排队去购买苹果手机？

4．态度性问题

态度性问题是关于被调查者的态度、评价、意见等的问题。态度性问题可以广泛了解消费者对产品的想法、打算、潜在的需求和意见，从而可以对决策提供有用的信息。

你是否喜欢这种口味的饼干？
你是否喜欢××牌子的方便面？

虽然人们从不同的角度对各种问题进行了分类，但应该注意的是，在实际的调查问卷中，多种类型的问题往往是结合使用的，一般既有开放式问题，也有封闭式问题。在消费者调查中，会有关于消费动机、态度、消费行为和事实的相关问题。其中，事实性问题既可以采取直接提问的方式，对于回答者不愿直接回答的问题，也可以采取间接提问的方式，问卷设计者可以根据具体情况选择不同的提问方式。

你使用过平板计算机吗？有____，无____；若有，是什么牌子的？

3.4 问卷题型

一、二项选择题

备选答案只有两个的选择题称为二项选择题，即提出的问题仅有两种答案可以选择，如“是”“否”和“有”“无”等。这两种答案是对立的、互斥的，被调查者的回答非此即彼，不能有更多的选择。

应用案例

“你家里现在装有空调吗？”这样的问题，答案只能是“有”或“无”。

你的性别：男□　女□

二、单项选择题

单项选择题的答案是唯一的，答案按类别划分明确。一般来说，单项选择题常见的备选答案有四个，回答者可任选其中的一项。这种方法的优点是易于被调查者理解和迅速得到明确的答案，便于问卷的统计处理和分析。

单项选择题在设计中要考虑以下几种情况：

（1）单项选择题的备选答案必须是一个问题的完整空间的划分，不能是两个或两个以上空间（层面）的混淆。

（2）任何一个备选答案不能有多重含义。

（3）备选答案之间不能有包含关系。

应用案例

你会购买这种商品吗？（在你认为合适的选项后的□内打“✓”）

喜欢会购买□　不喜欢会购买□　会购买□　不喜欢不会购买□　喜欢□　其他□

这道选择题的设置就明显违反了任何一个备选答案不能表达多重含义的原则，同时，备选答案也有两个层面，即是否喜欢与是否购买。

三、多项选择题

多项选择题的备选答案也是多项的，同单项选择题的区别在于对于多项选择题，被调查者可以同时选择两项或以上的备选答案。多项选择题可以了解到更多的信息，但统计分析比较麻烦。

多项选择题在设计中要考虑以下几种情况：

（1）多项选择题的备选答案可以交叉，可以从不同层面来提出问题。

（2）备选答案不能有多重含义。

（3）备选答案之间不能有包含关系。

四、排序选择题

排序选择题一般列出若干备选项目，由被调查者按重要性决定先后顺序。

应用案例

你选购空调的主要条件是（请将所给答案按重要顺序1、2、3……填写在□中）：

价格便宜□ 外形美观□ 维修方便□ 牌子有名□ 经久耐用□ 噪声低□ 制冷效果好□ 省电□ 其他□

五、混合型题

混合型题是指将开放式问题和封闭式问题结合起来的一种题型，主要是为了更好地了解被调查者的信息。

应用案例

提到手机，请问你脑子里出现的第一个品牌是：

苹果□ 三星□ 华为□ 小米□ vivo□ OPPO□ 其他__________

六、过滤选择题

过滤选择题又称漏斗选择题，是指先提出一个过滤的问题，再根据被调查者回答的情况，来选择是否接着提问接下来的问题。在问卷的问题中，有些问题对被调查者来说是无法回答或抵制回答的，这时可以用过滤性问题来进行引导。

应用案例

你是否使用过该品牌的化妆品？

□是 □否

你对该品牌的使用情况满意吗？

□非常满意 □基本满意 □一般 □不太满意 □很不满意

七、量表类题

量表类题是根据被调查者在同意与不同意之间设立的等级来选择答案而设计的提问题型。量表类题的典型之一是李克特量表，它是由美国社会心理学家李克特于1932年在原有的总加量表的基础上改进而成的，该量表由一组陈述组成，每一组陈述有“非常同意”“同意”“不一定”“不同意”“非常不同意”五种回答，可以分别记为1、2、3、4、5，通过选择说明被调查者的态度强弱或其在这一量表上的不同状态。

应用案例

你认为食堂的卫生状况如何？

很好□ 好□ 一般□ 不好□ 很不好□

你对该超市的服务满意程度如何？

非常满意□ 满意□ 一般□ 不太满意□ 很不满意□

八、开放性问答题

开放性问答题是指未设定固定备选答案的问题类型，被调查者可以按照自己对问题的看法和意见自由回答。

情景解决

智能手机对杭州市大学生的影响调查问卷（案例）

为了了解智能手机对杭州市大学生生活、学习等各个方面的影响情况，我们开展本次调查，以收集同学们在使用智能手机过程中的客观情况和建议。此次调查为不记名调查，希望同学们从自身实际出发，积极配合，认真、详细地填写。谢谢配合！

第一部分　个人基本信息

1. 你的性别是：①男　②女
2. 年级：①大一　②大二　③大三　④大四或研究生
3. 专业类型：①理工农类　②文史经管类　③艺术类
4. 你的性格：①偏外向　②偏内向
5. 是否学生干部：①是　②否
6. 是否党员：①是　②否

第二部分　问题部分

智能手机依赖性方面：

1. 你每天使用智能手机的时间为？（电话短信除外）
   ①1h 以内　②1～3h　③3～5h　④5h 以上
2. 你早上醒来就查看自己手机的各种信息吗？
   ①基本不会　②偶尔会　③几乎每天都会
3. 你在每天的日常生活中，平均每隔多长时间就会去使用智能手机？（电话短信除外）
   ①10min 以内　②11～30min　③31～60min　④60min 以上
4. 手机不在身边的时候你会感觉焦虑吗？
   ①不会　②有点会　③会
5. 你有边走路边玩手机的行为吗？
   ①几乎没有　②偶尔有几次　③经常有

智能手机用途方面：

1. 你主要在哪些方面运用智能手机？（电话短信除外，多选）
   ①各类新闻　②微信、QQ 等交友平台　③网络购物
   ④电影娱乐游戏等　⑤查找学习资料　⑥其他
2. 你觉得智能手机的微信等社交工具能帮助你更好地结交朋友吗？
   ①没什么用　②有一定的作用　③非常有用
3. 你会使用手机查找学习方面的资料信息吗？
   ①不会用　②偶尔会用　③经常用
4. 你会使用智能手机的功能与家人进行交流吗？
   ①基本不用　②偶尔会用　③经常用

对日常生活学习的影响情况：

1. 你有没有因玩手机太晚而迟到、缺课或上课睡觉的情况出现？
   ①很少　②偶尔　③经常有
2. 你在上课时会玩手机吗？
   ①很少　②偶尔　③经常会玩
3. 你上课会去玩手机主要是？（多选）
   ①各类新闻　②微信、QQ 等交友平台　③网络购物
   ④电影娱乐游戏等　⑤查找学习资料　⑥其他

4. 在频繁使用智能手机后，你有感觉以下不适的情况吗？（多选）
①颈椎不适　②睡眠不佳　③视力不佳
④身体乏力　⑤其他不适　⑥没有不适

自身认识方面：

1. 对于玩手机对自己的学习有不好的影响这个观点，你同意吗？
①不同意　②一般　③同意
2. 你对智能手机的使用会影响到你身体健康，同意吗？
①不同意　②一般　③同意
3. 由于使用了太多手机的交流，你忽视和影响了现实的沟通？
①不同意　②一般　③同意
4. 手机上传播的一些负面信息会对你产生不良的影响？
①不同意　②一般　③同意

手机管理方面：

1. 你觉得每天使用手机的时间控制在多长比较合理？
①少于 1h　②少于 2h　③少于 3h　④无所谓
2. 你觉得可以通过哪些方式减少自己使用手机的时间？（多选）
①强制禁止　②自己有意控制　③忙起来充实自己
④多参加运动　⑤参加学生活动　⑥其他
3. 如果老师在课堂上对手机进行适当的管理，你愿意吗？
①不愿意　②可能愿意　③愿意
4. 你认为学校有必要对大家使用智能手机进行引导管理吗？
①没有必要　②有一定必要　③很有必要
5. 对于手机上传播的不良信息，或未经查实的社会影响大的信息，你会怎么做？
①会转发　②不会乱转，会谨慎　③自觉进行抵制

感谢你在百忙之中抽空填写我们的调查问卷，谢谢！祝生活愉快！

一、选择题

（1）问句“你现在用哪种牌子的电视机？”属于（　　）。
A. 事实性问题　B. 行为性问题　C. 动机性问题　D. 封闭式问题

（2）问句“大家都认为该品牌的饮料味道特别好，你认为呢？”违反了（　　）。
A. 目的性原则　B. 明确性原则　C. 易整理原则　D. 非诱导性原则

（3）问句“你为什么购买这个牌子的空调？”属于（　　）。
A. 事实性问题　B. 行为性问题　C. 动机性问题　D. 态度性问题

（4）问句“你上个月手机的消费额是多少？”属于（　　）。
A. 事实性问题　B. 行为性问题　C. 动机性问题　D. 态度性问题

（5）假设一种场景或情况，向被调查者询问的问题是（　　）。
A. 事实性问题　B. 行为性问题　C. 假设性问题　D. 态度性问题

（6）问句“你认为沃尔玛超市的经营特色是什么？”属于（　　）。

A．事实性问题　　B．行为性问题　　C．假设性问题　　D．态度性问题

（7）调查问卷中最核心的部分是（　　）。

A．问卷说明　　B．主体内容　　C．问卷标题　　D．作业记载

二、判断题

（1）问卷中的题目越多越好。（　　）

（2）被调查者对产品的态度属于被调查者基本情况。（　　）

（3）编码是对调查问卷中的问题及备选答案进行统计的代码设计。（　　）

（4）问卷里面的问答题越多越好。（　　）

（5）封闭式问题是指不提供明确的备选答案的问题类型。（　　）

（6）单项选择题的备选答案必须是一个问题的完整空间的划分。（　　）

（7）多项选择题的备选答案必须是一个问题的完整空间的划分。（　　）

（8）选择题中备选答案之间可以有包含关系。（　　）

（9）选择题中任何一个备选答案不能有多重含义。（　　）

（10）量表类题是根据被调查者在同意与不同意之间设立的等级来选择答案而设计的提问题型。（　　）

（11）“你家在过去的一年中，医药费总共是多少？”这个问题设计得很好。（　　）

三、简答题

（1）问卷的结构主要包含哪几个部分？

（2）问卷设计应注意哪几个原则？

（3）单项选择题与多项选择题的备选答案有什么区别？

（4）问卷的题型有哪些？各有什么特点？

情景实践题

（1）大学生消费状况调查问卷设计：为了了解本地大学生的消费状况和消费需求，某校拟在近期对本地大学生的日常消费情况进行调查，可以从不同角度进行调查，详细的问卷设计题目自己确定。请同学们设计一份关于大学生消费状况的调查问卷。

（2）你认为下列有关问题的设计合理吗？如果不合理，请指出。

① 很多人都喜欢这个品牌的洗发水，你也喜欢吗？

② ××牌的运动鞋既舒适又便宜，你喜欢吗？

③ 你在去年喝过多少瓶可口可乐？

④ 你去年全家的收入是多少？

⑤ 你认为××牌的手机质量有明显提高吗？

⑥ 你通常在哪里购买日用品？

⑦ ××牌洗衣粉是否清洁又不伤手？

⑧ 你经常穿衬衣吗？

项目 4

抽样方案设计

学习目标

知识目标	能力目标
（1）了解抽样调查的意义。 （2）掌握常用的抽样调查方法。 （3）了解抽样方案的内容和设计	（1）能正确应用几种抽样调查的方法。 （2）能正确应用抽样框。 （3）能根据步骤制订抽样调查的方案

为了了解大学生的消费状况和消费需求，某公司拟在近期对大学生的日常消费情况进行调查，可以从不同角度进行调查。公司市场部经理要求小周设计一份大学生消费状况抽样方案。

假如你是小周，应该如何完成抽样调查设计方案？抽样方案应该包含哪些内容？

4.1 抽样调查概述

在日常的商务统计和决策中，经常会涉及各类调查，而其中绝大多数的市场调查采用的是抽样调查。因此，必须了解抽样调查的常用方法，以及抽样调查是如何开展的，抽样调查方案是如何来设计开展的。

一、抽样调查的意义

抽样调查在商务活动中发挥着极其重要的作用。例如，在针对消费者的市场调查中，人们一般不可能对全部消费者进行调查。抽样调查虽然是非全面调查，但它能达到对总体数量特征的认识。总体来说，抽样调查具有以下意义：

（1）抽样调查只抽取部分样本，调查的成本要低得多。

（2）抽样调查抽取了部分样本，可以节省大量时间。

（3）抽样调查的适应性广，不仅经济，而且应用范围也广。

二、抽样调查的应用场合

抽样调查在各行各业、各种类型的调查研究中应用广泛。在商务市场领域中，以下情况可以采用抽样调查的方法：

（1）不能或无法采用全面调查的，如灯泡寿命的测试、炮弹的射程检验，必须采用抽样调查。

（2）没有必要进行全面调查的，如对消费者的某项调查。

（3）来不及进行全面调查的。

（4）全面调查后，采用抽样调查对调查分析进行详细补充的。

 **应用思考**

在日常的调查中，哪些调查属于抽样调查？举例说明。

4.2 常用的抽样方法

抽样调查的基本方法有简单随机抽样、分层抽样、系统抽样、整群抽样、多阶段抽样等几种。

一、简单随机抽样

简单随机抽样是指按照随机原则直接从总体中抽选样本单位的抽样方法。假设一个总体含有 N 个个体，从中抽取小于总体 N 的 n 个个体作为样本，如果每个个体被抽到的机会相等，并且在抽取一个个体后总体的组成情况不变，那么这种抽样方法称为简单随机抽样。

1．抽签法

抽签法即对于总体中的 N 个个体编号，把号码写在号签上，将号签放在一个容器中，搅拌均匀后，每次从中抽取一个号签，连续抽取 n 次，就得到一个容量为 n 的样本。

应用思考

在日常生活和学习中，什么时候会用到抽签法？

应用案例

某班级同学要参加帮助残疾人的志愿者活动，目前有32位报名者，但名额限定为13人，现从报名的32名志愿者中选取13人组成志愿者小组。为了保证对每个志愿者的公平性，应如何确定志愿小组的名单？经过慎重考虑，组织者决定采用简单随机抽样方法中的抽签法来决定志愿者名单。

2．随机数法

在随机抽样中，另一个经常被采用的方法是随机数法，即利用随机数表、随机数骰子或计算机产生的随机数进行抽样。

二、分层抽样

分层抽样是指先按照总体中个体的某种标志（如年龄、性别、住址、职业、教育程度、民族等）将总体中的个体分为若干群（统计学上称为层），然后通过简单随机抽样从每层抽取随机样本。这是从分布不均匀的研究人群中抽取有代表性样本的方法。

分层之后，不同群体所抽取的个体数分配有以下三种方法：

（1）等数分配法，即每一层都抽取相同的个体数。

（2）等比例分配法，即每一层抽取的个体数与该类总体的个体数之比都相同，即按同样的比例从各层中抽取个体。

（3）最优分配法，即各层抽样比例不同，内部变异小的层抽样比例小，内部变异大的层抽样比例大，此时获得的样本均数或样本率的方差最小。

分层抽样要求层内变异越小越好，层间变异越大越好，这样可以提高每层的精确度，而且便于层间进行比较。

应用案例

某公司在进行大学生消费状况调查的抽样设计时，采用了按年级进行分层抽样的方法，即按照年级将大学生分为大一、大二、大三和大四这四个层，然后从每个层中进行相应的抽样。

三、系统抽样

将总体分成均衡的几个部分，然后按照预先定出的规则，从每一部分抽取一个个体，得到所需要的样本，这种抽样称为系统抽样。一般来说，假设要从容量为 N 的总体中抽取容量为 n 的样本，可以先将总体的 N 个个体进行编号。通常可直接利用个体自身所带的号码，如学号、准考证号、门牌号等，再确定分段间隔 k，对编号进行分段。当 N/n（n 是样本容量）是整数时，取 $k=N/n$；在第一段用简单随机抽样确定第一个个体编号 1（$1\leqslant k$）；按照一定的规则抽取样本。通常是将 1 加上间隔 k 得到第 2 个个体编号（$1+k$），再加 k 得到第 3 个个体编号（$1+2k$）……依次进行下去，直到获取整个样本。

应用案例

某地教育厅要调查学生毕业设计完成的情况，准备对在某学校抽查到的 10 个班级采取系统抽样的方法，即抽查班级学号末位为 3 的学生的毕业设计。

四、整群抽样

整群抽样又称聚类抽样，是将总体中各单位划分成若干互不交叉、互不重复的集合，这个集合称为群，然后以群为抽样单位，从中抽取若干群的一种抽样方式。

应用思考

整群抽样和分层抽样有什么不同？

应用整群抽样时要求各群有较好的代表性，即群内各单位的差异要大，群间差异要小，如居民区、班级、乡、村、县、工厂、学校等，然后用以上几种方法从相同类型的群体中随机抽样。抽到的样本包括若干群体，要对群体内所有个体进行调查。群内个体数可以相等，也可以不等。

应用案例

某公司要在一所大学调查大学生对某种风味的薯片的喜好情况，有两种思路：一是整群抽样法，从该大学中抽取 5 个班的全部学生为样本做调查统计；二是分层抽样法，如先将该大学的学生按性别分成男生和女生两个层，再从两个层中分别抽取一定数量的样本。

五、多阶段抽样

多阶段抽样是进行大型调查时常用的一种抽样方法，将抽样过程分阶段进行，每个阶段使用的抽样方法往往不同，即将各种抽样方法结合使用，从总体中先抽取范围较大的单元，称为一级抽样单元（如县、市），再从抽中的一级单元中抽取范围较小的二级单元（如区、街）……依次再抽取范围更小的单元，即为多级抽样。多阶段抽样的操作方法如下：

（1）第一阶段，将总体分为若干一级抽样单元，从中抽选若干一级抽样单元入样。

（2）第二阶段，将抽选到的每个一级单元分成若干二级抽样单元，从抽选的每个一级单元中各抽选若干二级抽样单元。

依次类推，直到获得最终样本。

4.3 抽样方案设计步骤

在日常商务活动中，为了确保抽样调查的顺利实施，需要制订相应的抽样调查设计方案。抽样设计方案一般包含以下几个步骤。

一、界定目标总体

目标总体是抽样方案设计人员根据调查目的界定的调查研究对象的集合体。这一阶段要解决的基本问题：什么样的对象是人们感兴趣的总体？目标总体是具有重大意义的群体，因为是从他们身上收集有用的关键信息，并以此来推断分析研究对象的特征。界定目标总体必须考虑一些问题，如合格的被调查者的条件范围，群体或组织中能提供精确信息的最为关键的对象，调查的代表区域是否具有代表性。

二、制定抽样框

为了方便抽样的实施，必须有一个目录性清单，这个目录性清单中的每个目录项与实际总体的每个单元之间存在确定的对应关系，即一个目录项对应包含实际总体中特定的一个或一群单元。抽样框就是一种目录性清单。

抽样框又称抽样框架或抽样结构，是指将可以选择作为样本的总体单位列出名册或排序编号，以确定总体的抽样范围和结构。完成抽样框的设计后，便可采用抽签的方式或按照随机数表来抽选必要的抽样单元数。若没有抽样框，则不能计算样本单元的概率，从而也就无法进行概率抽样。好的抽样框应做到完整而不重复。

应用案例

在抽样调查中，常用来作为抽样框的有大学学生花名册、城市黄页里的电话列表、工商企业名录、街道派出所里的居民户籍册、意向购房人信息册等。在没有现成的名单的情况下，可由调查人员自己编制。应该注意的是，在利用现有的名单作为抽样框时，要先对名单进行检查，避免有重复、遗漏的情况发生，以提高样本对总体的代表性。

应用思考

抽样调查活动中还有哪些常见的抽样框？从全校100个班级中抽选10个班进行调查，怎样确定抽样单位和抽样框？若从5000名学生中抽选500名学生进行调查，又该如何确定抽样单位和抽样框？

抽样单元不一定是组成总体的最小单位——基本单元。抽样单元可能包含一个或一些基本单元，最简单的情况是只包含一个基本单元。在简单随机抽样中，抽样单元即为基本单元；而在整群抽样中，总体中的各个群即为抽样单元，而群可能包含相当多的基本单元。例如，在手机使用调查中抽中一栋居民楼，则居民楼是抽样单元，而楼中的每个居民就是基本单元。

三、抽样调查的方法

为了较好地控制抽样调查的误差，提高抽样调查的效果，可以根据调查的任务和调查对象的情况来选择合适的抽样调查方法，并在抽样设计方案中详细说明。如果是多阶段抽样，则应分别说明每一阶段所采用的抽样方法。

四、抽样过程说明

在这个阶段，应详细说明抽样调查的抽样过程。如果是多阶段抽样，则要说明一级抽样单元、二级抽样单元等的抽取样本的过程。若有必要，应制定相应表格详细列出样本的名称和数量。

情景解决

杭州市大学生消费状况抽样方案设计（案例）

一、抽样单位

本方案采用分层的四阶段不等概率抽样，各阶段的抽样单元如下：

第一阶段，以杭州所有的大学为一级抽样单元。

第二阶段，以各大学的各学院（系）为二级抽样单元。

第三阶段，以各学院（系）内的各专业为三级抽样单元。

第四阶段，以各专业抽取的10人为最终抽样单元。

二、构建抽样框

杭州共有5个大学城，即可以划分为5个抽样框。

1. 抽样框1：下沙大学城

杭州电子科技大学、浙江理工大学、杭州职业技术学院、浙江传媒学院、中国计量大学、浙江水利水电学院、浙江经贸职业技术学院、浙江警官职业学院、浙江财经大学、浙江工商大学、浙江育英职业技术学院、浙江经济职业技术学院、浙江金融职业学院、杭州师范大学。

2. 抽样框2：滨江大学城

浙江中医药大学、浙江警察学院、浙江机电职业技术学院、浙江商业职业技术学院、浙江艺术职业学院、浙江医药高等专科学校。

3. 抽样框3：萧山大学城

浙江同济科技职业学院、浙江旅游职业学院、浙江建设职业技术学院、浙江体育职业技术学院、浙江广播电视大学萧山学院、杭州广播电视大学湘湖校区。

4. 抽样框4：小和山大学城

浙江科技学院、浙江工业大学。

5. 抽样框5：其他大学

浙江大学、浙江树人大学、浙江交通职业技术学院、浙江广播电视大学、杭州广播电视大学、中国美术学院。

三、样本容量及分配

样本分配：总样本数1600，采用四阶段抽样方案。

（1）在抽样框1中抽出6个一级抽样单元，在抽样框2中抽出3个一级抽样单元，在抽样框3中抽出2个一级抽样单元，在抽样框4中抽出2个一级抽样单元，在抽样框5中抽出3个一级抽样单元。

（2）在每个抽选出的一级抽样单元中抽出5个二级抽样单元。

（3）在每个抽选出的二级抽样单元中抽出2个三级抽样单元。

（4）在每个抽选出的三级抽样单元中抽出10个最终抽样单元。

抽样方案见下表。

抽样阶段（抽样框）	一级单元（学校）	二级单元（学院）	三级单元（专业）	最后单元（人数）
抽样框1	6	6×5=30	30×2=60	60×10=600
抽样框2	3	3×5=15	15×2=30	30×10=300
抽样框3	2	2×5=10	10×2=20	20×10=200
抽样框4	2	2×5=10	10×2=20	20×10=200
抽样框5	3	3×5=15	15×2=30	30×10=300
合　　计	16	80	160	1600

四、一级抽样单元的抽取过程

1. 抽样框1中一级抽样单元的抽取

抽样框1中抽选出6个一级抽样单元列举，见下表。

学　　校	学　　院	专　　业
杭州电子科技大学	5	10
浙江理工大学	5	10
浙江警官职业学院	5	10
浙江经济职业技术学院	5	10
浙江工商大学	5	10
浙江财经大学	5	10

2. 抽样框2中一级抽样单元的抽取

抽样框2中抽选出3个一级抽样单元列举，见下表。

学　　校	学　　院	专　　业
浙江机电职业技术学院	5	10
浙江中医药大学	5	10
浙江警察学院	5	10

3. 抽样框3中一级抽样单元的抽取

抽样框3中抽选出2个一级抽样单元列举，见下表。

学　　校	学　　院	专　　业
浙江同济科技职业学院	5	10
浙江建设职业技术学院	5	10

4. 抽样框4中一级抽样单元的抽取

抽样框4中抽选出2个一级抽样单元列举，见下表。

学　　校	学　　院	专　　业
浙江科技学院	5	10
浙江工业大学	5	10

5. 抽样框5中一级抽样单元的抽取

抽样框5中抽选出3个一级抽样单元列举，见下表。

学　　校	学　　院	专　　业
浙江大学	5	10
浙江树人大学	5	10
中国美术学院	5	10

五、各抽样框二级抽样单元的抽取过程

抽样框1中在每个一级抽样单元中抽选出5个二级抽样单元列举，见下表。

学　　校	学　　院	专　　业
杭州电子科技大学	信息工程学院	2
	外语学院	2
	会计学院	2
	计算机学院	2
	人文学院	2
浙江理工大学	理学院	2
	生命学院	2
	建筑工程学院	2
	服装学院	2
	法政学院	2

续表

学　　校	学　　院	专　　业
浙江警官职业学院	刑事司法系	2
	安全防范系	2
	应用法律系	2
	信息技术管理系	2
	成人教育学院	2
浙江经济职业技术学院	汽车学院	2
	人文学院	2
	管理学院	2
	信息学院	2
	流通学院	2
浙江工商大学	工商学院	2
	法学院	2
	金融学院	2
	公共管理学院	2
	计算机学院	2
浙江财经大学	会计学院	2
	金融学院	2
	信息学院	2
	艺术学院	2
	外国语学院	2

抽样框 2、抽样框 3、抽样框 4 和抽样框 5 此处略。

一、选择题

（1）抽签法属于（　　）。

A．简单随机抽样　　B．整群抽样

C．等距抽样　　D．分层抽样

（2）某公司在连续生产的产品质量检验时，每隔 1h 抽取 5min 的产品进行检验，这是（　　）。

A．简单随机抽样　　B．整群抽样

C．等距抽样　　D．分层抽样

（3）在对学校的学生进行调查时，随机抽取其中的三个班级进行全面调查的方式是（　　）。

A．简单随机抽样　　B．整群抽样

C．等距抽样　　D．分层抽样

（4）某班 53 人，按学号每隔 10 人抽取 1 人，用抽样方法抽取了学号 3、13、23、33、43、53，则该抽样方法是（　　）。

A．分层抽样　　B．简单随机抽样

C．整群抽样　　D．等距抽样

(5) 整群抽样是对被抽中的群进行全面调查，所以整群抽样是（　　）。

A. 全面调查　　　　B. 非全面调查

C. 一次性调查　　　　D. 经常性调查

(6) 某小学按年级进行分类，对学生的近视情况进行调查是（　　）。

A. 简单随机抽样　　　　B. 整群抽样

C. 等距抽样　　　　D. 分层抽样

二、判断题

(1) 简单随机抽样就是从 N 个总体中抽取 n 个样本。（　　）

(2) 抽签法属于简单随机抽样。（　　）

(3) 分层抽样法要求层间差异越小越好。（　　）

(4) 等比例分配法中每层抽取的样本比例是一样的。（　　）

(5) 等数分配法中每层抽取的样本数量是一样的。（　　）

(6) 系统抽样是指从总体中抽取若干群的抽样方法。（　　）

(7) 整群抽样要求群内的差异要大，群间的差异要小。（　　）

(8) 从学校中抽取若干班级进行学生调查属于分层抽样调查。（　　）

(9) 将总体中的各单位按某一标志排列，再依固定的间隔抽选调查单位的抽样方式称为系统抽样方法。（　　）

(10) 多阶段抽样方法每个阶段采用的抽样方法必须是一样的。（　　）

(11) 抽样单元不一定是组成总体的最小单位。（　　）

三、简答题

(1) 简单随机抽样有哪两种基本方法？是如何进行抽样的？

(2) 简述分层抽样的几种抽样方法。

(3) 比较分层抽样和整群抽样的异同点。

情景实践题

(1) 某大学一年级学生有 2510 人，二年级学生有 2303 人，三年级学生有 2450 人，为了调查他们在大学不同年级时的想法，需要从他们中抽取一个容量约为 300 人的样本，可以采用什么抽样方法？请详细说明。

(2) 多阶段抽样方案设计：为了了解你所在高校的学生勤工俭学情况，拟以你校的全体学生为总体进行抽样调查。请你设计一份大学生勤工俭学状况抽样调查的方案。

模块 2

商务数据整理汇总

项目 5

数据的整理

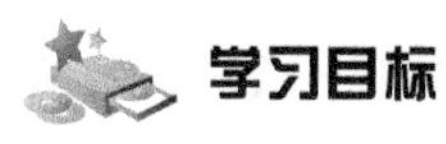

学习目标

知 识 目 标	能 力 目 标
（1）了解统计整理的主要内容。 （2）了解统计整理的步骤。 （3）掌握统计资料汇总的方法。 （4）掌握统计分组的原则和分类方法。 （5）掌握频数分布数列的分类和编制方法	（1）能制订合理的数据整理方案。 （2）能科学选择分组标志。 （3）掌握科学分组的方法。 （4）根据工作情景完成频数分布数列的编制

工作情景

小张是某大型电子制造企业人力资源部的员工，他所在企业刚刚对一线岗位的车间员工进行了岗位知识考核，各位员工的考核成绩已经确定，人力资源部领导让他制作一张统计表格，用统计分组的方式说明本次员工的岗位考核成绩。而且在不久的将来，公司的几千名员工都将进行岗位考核，到时小张将对全部的员工成绩进行统计分析。本次车间各员工的考核成绩为 73、95、50、53、65、79、86、97、69、83、76、70、69、72、89、76、84、78、88、79、80、82、94、86、87、73、88、89、92、63。

假如你是小张，需要掌握哪些知识？又该如何完成任务呢？

5.1 统计整理

商务数据的统计整理是指根据商务统计活动的任务，对所收集到的大量原始数据资料进行加工汇总，使其系统化、条理化、科学化，以得出能反映有价值的信息资料的工作过程。统计整理通常是指对统计调查所取得的原始信息资料的整理。当然，对某些已经加工的综合性统计资料也就是次级资料的再整理，也属于统计整理。

商务数据的统计整理属于统计工作的第二阶段。统计整理介于统计调查和统计分析之间，在统计工作中起到承上启下的作用，既是统计调查阶段的继续，又是统计分析的基础和前提。

一、统计整理的主要内容

（1）根据商务统计整理任务的要求，选择应整理的指标，并根据分析的需要确定具体的分组。

（2）对收集来的统计资料进行排序、筛选、分类汇总、计算等工作。

（3）采用经过排序、筛选、分类汇总等统计整理工作所得到的统计表或图来描述整理结果。

在统计整理中，抓住最基本的、最能说明问题本质特征的统计分组和统计指标对统计资料进行加工整理，这是进行统计整理必须遵循的原则。

二、统计整理的主要步骤

1．设计整理思路和方案

如果是对调查结果的整理，整理方案与调查方案应紧密衔接，整理的指标体系与调查项目要一致或者是其中的一部分，绝不能相互矛盾、脱节或超越调查项目的范围；如果是日常的商务数据的整理，则要设计期望得到的目标指标。整理方案是否科学，会影响统计整理乃至统计分析的质量。

2．对调查资料进行审核、订正

在汇总前，要对调查得来的原始资料进行审核。统计资料的审核包括对完整性、正确性、可比性、及时性的审核，审核它们是否准确、及时、完整，若发现问题，要加以纠正。统计资料的审核也包括对整理后次级资料的审核。

3. 进行科学的统计分组

用一定的组织形式和方法，对原始资料进行科学的分组。

4. 统计汇总

对分组后的资料进行汇总和必要的计算，得出各组指标和综合指标，使反映总体单位特征的统计资料转化为反映总体数量特征的有价值的统计资料。

5. 表示汇总的结果

表示汇总结果的方法有统计表、统计图和统计报告等。统计表是统计资料整理的结果，也是表达统计资料的重要形式之一。在商务统计中，统计图表是应用最多的统计整理表达方式。根据统计整理的目的，可编制各种统计图表。

三、统计资料的汇总

统计整理需要采取一定的组织形式，其形式主要有逐级汇总整理、集中汇总整理和综合汇总整理。

1. 逐级汇总整理

逐级汇总整理是指按照一定的统计管理方法，逐级设计合适的管理表格和统计方法说明，自下而上地对调查资料逐级进行整理。在企业内部的日常统计中，对产品质量、生产数据等的统计经常会应用逐级汇总整理的方式。

2. 集中汇总整理

集中汇总整理是指将收集到的全部统计资料集中组织到一起，由统计负责人员统一进行整理。这样可以省去中间环节，提高准确性，也可大大缩短统计整理的时间；同时，由于其可以进行统一部署，所以也有利于运用计算机技术进行汇总。

3. 综合汇总整理

综合汇总整理是指一方面对一些最基本的统计指标实行集中汇总，另一方面又将全部原始资料实行逐级汇总。

5.2 统计分组

统计分组就是根据商务统计任务的需要，将统计总体按照一定的标志分为若干组成部分的一种统计方法。其目的是把统计总体中的具有不同性质的数据分开，把性质相同的数据结合在一起，保持各组内统计资料的一致性和组与组之间的差异性，以便正确认识事物的本质及其规律。

一、统计分组的作用

1. 划分现象的类型

通过统计分组可以对不同类型的现象的特征进行比较和研究，揭示它们的发展变化规律。例如，在商务统计中，可以根据消费者的性别、年龄、区域等进行分组统计研究，从中发现有价值的信息，这些都有着重要的意义。

2. 揭示现象的内部结构

在同一总体内，总体单位间是存在差异的。按某种标志将总体划分为若干不同的部分，就可以反映总体的内部构成情况，揭示不同构成部分之间的差异。例如，将消费者按年收入分组，可以观察不同的消费者对产品的不同态度。对调查到的质量投诉分组后，通过计算各种原因的投诉比重指标，可以反映产品售后质量问题的构成情况。可以这样说，没有分组，就无法观察到内部结构。

3. 分析现象的依存关系

经济现象彼此间都是相互联系、相互依存的，现象之间的这种关系可以通过分组反映出来。例如，将不同城市的广告方法进行分组，观察广告方法与产品销售量之间的关系，从而做出科学的决策。在对现象间相互关系的分析中，统计分组起着重要的作用。

二、统计分组遵循的原则

1. 科学性原则

统计分组一定要从统计研究的目的出发，使组与组之间在某一方面具有显著的差异，并使组内各单位在该方面具有同质性。要遵循这一原则，关键是正确选择分组标志和划定分组界限。

2. 完备性原则

完备性原则是指任何一个总体单位或任何一个原始数据都能归属于某一个组，而不会遗漏在外。例如，如果把教育程度分为小学学历、中学学历、大学学历、硕士及以上学历四组，那么那些没有小学毕业的人就无所归属。这就违反了完备性原则，所以应将第一组改为小学及以下学历。

3. 互斥性原则

互斥性原则是指任何一个总体单位或任何一个原始数据，在一种统计分组中只能归属于某一个组，而不能归属于两个或两个以上的组。

三、统计分组的方法

统计分组的标志确定后，总体就要按照分组标志进行分组，体现出不同组之间的差异。统计分组的依据不同，统计分组的方法也有所不同。

1. 按分组标志分类

（1）简单分组。简单分组是指对总体只按一个标志进行分组。例如，将消费者按性别、出生地、职业、教育程度等其中一个标志进行分组。

（2）复合分组。复合分组是指对同一总体选择两个或两个以上标志进行重叠式分组。例如，将公司的员工先按“性别”分为男、女两组，而后在每组中又按“教育程度”进行分组。

2．按分组标志性质分类

（1）品质标志分组。品质标志分组是指选择能反映事物属性差异的品质标志作为分组标志来进行分组。例如，对消费者按性别、教育程度等品质标志进行分组；又如，企业按注册登记类型划分为内资企业、外资企业。

（2）数量标志分组。数量标志分组是指选择能反映事物属性差异的数量标志作为分组标志。例如，某公司按照年龄、工龄、工资等数量标志对公司员工进行分组。数量标志分组通过数量上的差异来反映事物在性质上的区别。

应用思考

试举例说明现实生活中进行统计分组的实例。

5.3 频数分布数列

一、频数分布数列概述

1．频数分布数列的概念

在统计分组的基础上，将总体的所有单位按组归类整理，按一定顺序排列并计算各组的单位数，称为频数分布或频数分布数列。分布在各组的个体单位数称为次数或频数，各组次数占总次数的比重称为频率。

2．频数分布数列的构成要素

频数分布数列的两个构成要素为分组标志序列（即分组）、各组相对应的分布频数和频率。其中，分组是指总体按照分组标志所分的组。

3．频数分布数列的种类

频数分布数列按照分组标志的不同可以分为以下几类：

（1）品质分配数列（简称品质数列）。品质分配数列是将总体按照品质标志分组形成的分配数列。品质分配数列由各组名称和次数组成，各组次数可以用绝对数表示，即频数或次数；也可以用相对数表示，即频率。

应用案例

杭州某移动通信公司为了解大学生的移动通信消费状况，决定对杭州市的大学生进行调查，调查完成后制作了一张表（表5-1），即是品质分布数列。

表 5-1　被调查大学生的性别分布

性　别	人数/人	频率/（%）
男　性	258	52.65
女　性	232	47.35
合　计	490	100.00

（2）变量分布数列（简称变量数列）。变量分布数列是将总体按照数量标志分组形成的分布数列。变量数列可以分为单项数列和组距数列。

① 单项数列。即只以一个变量值代表一组所编制的变量数列。每个变量值是一个组，按顺序排列，一般在不同变量值不多、变量值的变动范围不大且变量呈离散型的条件下采用。

应用案例

在对某大学入学新生班级的调查中发现，年龄的分布情况表（表 5-2）即是单项数列。

表 5-2　被调查大学生的年龄分布

年　龄	人数/人	频率/（%）
18	18	38.30
19	23	48.94
20	6	12.76
合　计	47	100.00

② 组距数列。即用变量值变动的一定范围（或距离）代表一个组而编制的变量数列。每个组由若干变量值形成的区间表示。一般来说，对于连续型变量或离散型变量在变量值变动幅度较大、总体单位数又多的情况下采用。

应用案例

某汽车销售公司调查其汽车经销的 4S 店，制作了一张汽车销售量的频数分布表（表 5-3），即是组距数列。

表 5-3　某公司某月汽车销售量的频数分布

销售量/辆	4S 店数量	频率/（%）
6～15	3	12
16～25	7	28
26～35	9	36
36～45	5	20
46～55	1	4
合　计	25	100

（3）累计分布数列。累计分布数列是将变量数列各组的频数和比率逐组累计相

加形成的累计频数分布，它表明总体在某一标志值的某一水平上或下总共包含的总体频数和频率。累计频数有向上累计和向下累计两种计算方法。

① 向上累计。即将变量值的频数和频率由变量值低的组向变量值高的组累计。表明各组上限以下总共所包含的总体频数和频率有多少。

② 向下累计。即将变量值的频数和频率由变量值高的组向变量值低的组累计。表明各组下限以上总共所包含的总体次数和比率有多少。

应用案例

某公司对各岗位的员工进行了一次年龄调查，制作了公司员工的年龄分布表，见表5-4。

表5-4 某公司员工的年龄分布

年龄/岁	人数/人	频率/（%）	向上累计		向下累计	
			人数/人	频率/（%）	人数/人	频率/（%）
18以下	3	3.1	3	3.1	97	100.0
18～25	17	17.5	20	20.6	94	96.9
26～35	36	37.1	56	57.7	77	79.4
36～45	22	22.7	78	80.4	41	42.3
45以上	19	19.6	97	100.0	19	19.6
合　计	97	100.0	—	—	—	—

二、变量分布数列的编制

1．选择分组标志

按照要分组的总体对象的特点和目的，确定分组的标志。

2．按顺序排列

将原始资料按数值大小的顺序排列，确定最大值、最小值和全距，了解分布的特征和规律，为编制分布数列提供依据。

3．确定变量数列的形式

依据变量的类型和波动幅度的大小，确定编制单项数列还是组距数列。如果变量是连续型变量，则只能编制组距数列；对于离散型变量，如果变量值少且变动幅度小，则可以考虑编制单项数列；如果变量值多、变动幅度大，则要编制组距数列。

4．确定组数、组距和组限

组数是指分布数列共分的组的数量。

组距是指各组所包含的变量值的变动范围，实际上组距就是每组上限、下限之间的距离，即“组距＝上限－下限”。

在组距数列中，各组组距可以是相等的，也可以是不相等的。在全距确定的情况下，组数越多，组距就越小。适当地确定分布数列的组数和组距，有利于反映总体的分布特征和总体的结构。

组限是指各组的数量界限，即数列中每个组两端表示各组界限的变量值，分为上限和下限。每个组中的最小值为下限，最大值为上限。确定组限要遵守一个基本原则：如果是连续型变量，相邻组的上、下限可以重叠，每一组的上限同时是下一组的下限；在归属问题上遵循“上组限不在内”；对于离散型变量，相邻两组的上、下限可以不重叠，也可以按照“上组限不在内”的原则写成重叠式组限。

应用思考

在实际中，组限应该如何表达才不至于引起歧义？

5．分组计算频数，编制分布数列

通过对收集到的数据进行统计分组，将变量值按组进行归类，再计算出各组的频数和频率，然后将组名与频数频率按顺序进行排序，最终得到所要编制的分布数列。

情景解决

小张在查阅和学习了相关知识后，着手完成自己的工作，工作流程如下所述。

（1）确定分组标志，将数据排序。将调查数据资料（成绩：分）按数值的大小顺序排列如下：

50、53、63、65、69、69、70、72、73、73、76、76、78、79、79、80、82、83、84、86、86、87、88、88、89、89、90、94、97、98

经过初步加工，从排序后顺序化的变量值（即员工分数）可以观察到全距和变量值分布的集中趋势，全距=98－50=48分。从变量的排列中可以看出成绩的分布集中在60～90分，成绩不及格和90分以上的均占少数。

（2）确定组数和组距。编制组距数列必须要确定组距和组数，使分组的结果尽可能反映出此次考核成绩总体分布的特点。先确定组数，再确定组距。组数的确定应该全面分析所反映现象的内容及变量值分布趋势。一般根据经验，组数为5～7组比较合适，并且尽量用奇数组数，根据成绩的特点和分析目的，定组数为5，则组距=R/K（R为全距，K为组数），即组距=（98－50）/5=9.6，现实中为了计算方便，通常取整数，因此组距为10。

（3）确定组限。确定组限与组中值应遵守此原则：50～60分，满60分应计入下一组60～70分这一组内。

（4）计算频数，编制分布数列。各组的组限确定后，就应根据资料计算各组变量值所包含的总体单位数，即频数或频率。现将30名员工的岗位考核成绩的资料编制为分布数列，见表5-5。

表5-5　某车间员工岗位的考核成绩

成绩/分	人数/人	频率/（%）
50～59	2	6.7
60～69	4	13.3
70～79	9	30.0
80～89	11	36.7
90～100	4	13.3
合　计	30	100

复习思考题

一、选择题

（1）统计分组是统计资料整理中常用的统计方法，目的是区分（　　）。

A．总体中性质相同的单位　　B．总体标志

C．不同的总体　　D．总体中性质相异的单位

（2）统计分组的关键在于确定（　　）。

A．组中值　　B．分组标志和分组界限

C．组数　　D．组距

（3）以下分组中，属于按品质标志分组的是（　　）。

A．人口按年龄分组　　B．在校学生按性别分组

C．职工按工资水平分组　　D．企业按职工人数规模分组

（4）对某校学生先按年级分组，在此基础上再按年龄分组，这种分组方法是（　　）。

A．简单分组　　B．复合分组

C．再分组　　D．平行分组

（5）组距和组数是组距数列中的一对基本要素，当变量的全距一定时，组距和组数（　　）。

A．没有关系　　B．关系不确定

C．有正向关系　　D．有反向关系

（6）在分组时，若遇到某单位的标志值刚好等于相邻两组上下限数值时，一般是（　　）。

A．将此标志值单独一组　　B．归入作为上限的那一组

C．归入作为下限的那一组　　D．归入作为上限的组或下限的组均可

（7）简单分组与复合分组的主要区别在于（　　）。

A．分组对象的复杂程度不同　　B．分组组数的多少不同

C．各自采用分组标志个数不同　　D．分组的目的和方式不同

（8）分布数列包含两个组成要素，即（　　）。

A．分组标志和组距　　B．分组和频数频率

C．分组标志和次数　　D．分组和表格

（9）品质分组和变量分组的区别在于（　　）。

A．分组的任务和作用不同　　B．选择分组标志的多少不同

C．选择分组标志的性质不同　　D．组数的多少不同

二、判断题

（1）统计整理仅仅是指对原始资料的整理。（　　）

（2）分组标志是将统计总体区分为不同性质的组的依据。（　　）

（3）统计分组的关键是选择分组标志和划分各组界限。（　　）

（4）统计整理在统计工作中起着承前启后的作用。（　　）

（5）将同一总体选择两个或两个以上的标志重叠起来进行分组，即复合分组。（　　）

（6）简单分组就是用简单标志进行的分组。（　　）

（7）在同一变量数列中，组数与组距成正比关系。（　　）

（8）在划分组限时，相邻两组的上下限如果重叠，则标志值应该计入上限。（ ）

三、简答题

（1）统计整理是什么？统计整理主要包括哪些内容？
（2）统计分组是什么？统计分组有哪些作用？
（3）统计分组有哪些类型？
（4）单项式分组和组距式分组分别在什么情况下运用？
（5）分布数列是什么？分布数列可以分为哪些类型？
（6）简述分布数列的编制过程。

情景实践题

（1）某班组20名工人的资料见表5-6，要求：
① 按性别、文化程度和技术等级分别编制分布数列。
② 按组距20～30岁、31～40岁、41～50岁、50岁以上分组。

表5-6　某班组工人的资料

工人序号	性　别	年　龄	文化程度	技术等级
1	男	20	高中	2
2	女	20	高中	2
3	男	22	初中	2
4	男	23	初中	2
5	女	24	初中	2
6	男	26	初中	3
7	女	26	初中	3
8	女	26	初中	3
9	男	28	中专	4
10	男	29	中专	4
11	女	29	中专	4
12	男	33	初中	4
13	女	34	初中	4
14	男	36	高中	5
15	男	36	高中	5
16	男	36	高中	5
17	男	41	高中	6
18	男	48	初中	7
19	男	52	初中	7
20	女	49	高中	7

（2）王某是某商场的工作人员，该商店收银组的职工月工资资料是（单位：元）：540、620、450、600、640、490、560、690、580、720，商店领导要求她将工资额进行统计整理。王某拟利用分组法，以100元为组距，将上述资料进行分组，制作成一张简单的表格，并列出各组频数和频率。具体该怎么完成呢？

（3）张某是某高校工商学院的辅导员，某班的商务统计实务课45名学生考试成绩分别为（单位：分）：47、57、89、78、49、84、86、89、87、75、73、90、72、68、75、82、97、81、77、

81、54、79、87、95、76、71、60、90、65、76、72、70、86、85、89、89、64、57、83、81、78、87、72、61、66。

按照学校规定的划分标准：60 分以下为不及格，60～69 分为及格，70～79 分为中，80～89 分为良，90～100 分为优。张某该如何去完成统计整理？

① 如何分组？分为哪几个组？编制一份频数分布表。

② 指出分组标志及类型、分组方法的类型，并分析该班学生的考试情况。

项目 6
数据的筛选

学习目标

知识目标	能力目标
（1）了解数据排序的种类和方法。 （2）了解数据筛选的种类和方法	（1）能根据情景进行数据排序。 （2）能根据情景进行数据筛选

工作情景

小李是某公司人力资源部门的员工，他所在的部门经常要对员工的人事信息及数据进行分析，详细任务见情景案例。由于小李没有系统学习过商务统计方面的知识，他不知道该如何运用软件工具快速排序和查找所需要的数据，并制作成数据表格，所以完成工作任务的速度比较慢，为此还受到了领导的点名批评。

假如你是小李，应该掌握哪些知识？又如何快速解决问题？

6.1 数据排序

在日常商务工作中，除了存储商业数据外，更重要的工作是如何处理数据，得到所需要的信息。本项目将介绍日常商务工作中使用频率很高的统计整理工具之一：Excel 的数据筛选功能。

如果没有掌握必要的软件工具来辅助工作，数据筛选将是一项复杂、枯燥的工作，例如，从几万甚至几十万条数据中找出满足条件的数据。本项目主要介绍如何运用常用统计工具软件来帮助人们快速完成日常的商务统计工作。

利用 Excel 的排序功能可以将无序的数据有序化，这样便于用户对数据进行查询或统计。根据排序的复杂程度划分，可以将数据排序分为简单排序、复杂排序和自定义排序三种。

情景案例

图 6.1 所示为某公司的员工工资表（部分截图，仅作示例，后同），公司领导要求查看满足以下条件的数据表：

（1）按应发工资从高到低排序的统计表。

（2）按应发工资进行主排序，相同的数据再根据基本工资从高到低排序的工资表。

（3）按照职务进行排序的工资表。

该如何完成任务呢？

姓名	职务	基本工资	住房补贴	奖金	应发工资
周琳琳	副组长	700	300	200	1200
赵秀秀	员工	600	220	100	920
赵同国	员工	600	200	200	1000
赵杰	总经理	900	300	200	1400
张子非	组长	750	180	200	1130
张力	部门经理	800	200	250	1250
于晓萌	员工	600	220	150	970
许庆龙	组长	750	200	200	1150
徐亮	部门经理	850	320	200	1370
魏宏明	员工	600	200	200	1000
王珊珊	员工	650	150	200	1000
王娜	员工	600	200	300	1100
王明浩	员工	600	200	200	1000
王辉	部门经理	800	300	180	1280

图 6.1

一、简单排序

简单排序是指按照表中的一个关键字进行排序，例如，在员工工资表中按照应发工资的高低进行排序。

情景解决

（1）先选择排序的数据区域，然后选择【数据】【排序】命令。

（2）在“排序”对话框的“主要关键字”下拉列表框中选择“应发工资”选项，在“次序”下拉列表框中选择“降序”选项，然后单击【确定】按钮，如图 6.2 所示。

此时就完成了要求的排序表，如图 6.3 所示。

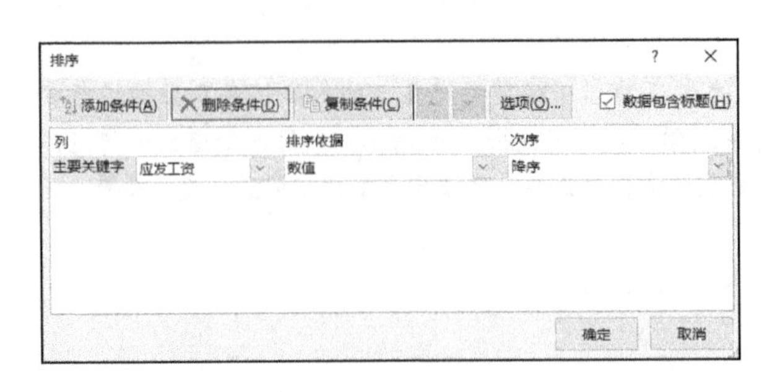

图 6.2

姓名	职务	基本工资	住房补贴	奖金	应发工资
赵杰	总经理	900	300	200	1400
徐亮	部门经理	850	320	200	1370
贾青青	部门经理	800	220	300	1320
王辉	部门经理	800	300	180	1280
张力	部门经理	800	200	250	1250
白成飞	组长	750	180	300	1230
李岩松	副组长	700	320	200	1220
周琳琳	副组长	700	300	200	1200
李元锴	部门经理	800	300	100	1200
李敏新	副组长	700	320	180	1200
许庆龙	组长	750	200	200	1150
张子非	组长	750	180	200	1130
白小康	组长	750	220	150	1120
王鹏	员工	600	200	300	1100
孙春红	员工	600	300	200	1100

图 6.3

二、复杂排序

复杂排序是指按照两三个关键字对数据进行排序。在根据主要关键字进行排序时，会有几条记录相同的情况，这时可以用次要关键字对主要关键字相同的记录进行再次排序。例如，在员工工资表中按照基本工资和应发工资进行复杂排序时，以应发工资为主要关键字排序，应发工资相同的再以基本工资为次要关键字进行排序。

情景解决

（1）先选择排序的数据区域，然后选择【数据】【排序】命令。

（2）在“排序”对话框的“主要关键字”下拉列表框中选择“应发工资”选项，在“次序”下拉列表框中选择“降序”选项，单击【添加条件】按钮，再在“次要关键字”下拉列表框中选择“基本工资”选项，然后单击【确定】按钮，如图 6.4 所示。

图 6.5 所示为完成的排序表。

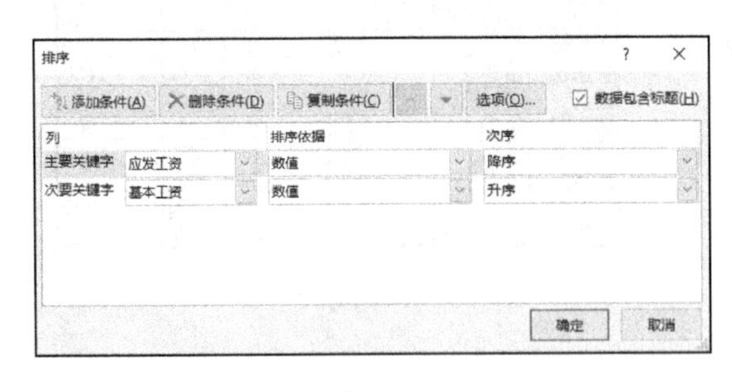

图 6.4

姓名	职务	基本工资	住房补贴	奖金	应发工资
赵杰	总经理	900	300	200	1400
徐亮	部门经理	850	320	200	1370
贾青青	部门经理	800	220	300	1320
王辉	部门经理	800	300	180	1280
张力	部门经理	800	200	250	1250
白成飞	组长	750	180	300	1230
李岩松	副组长	700	320	200	1220
周琳琳	副组长	700	300	200	1200
李敏新	副组长	700	320	180	1200
李元锴	部门经理	800	300	100	1200
许庆龙	组长	750	200	200	1150
张子非	组长	750	180	200	1130
白小康	组长	750	220	150	1120

图 6.5

三、自定义排序

当人们在工作中想要的数据排序不是升序或降序，也不是按照汉字排序时，可使用自定义排序。自定义排序可以利用系统内部设定的序列排序，如按照月份进行排序，也可以按照自定义的序列进行排序。例如，在对员工的职称进行排序时，系统无法按照职称高低进行排序，则可以通过自定义排序的方法来解决。

情景解决

（1）选择【文件】【选项】命令，在弹出的“Excel 选项”对话框中单击【高级】按钮，在窗口中单击“常规”组中的【编辑自定义列表】按钮。

（2）在“自定义序列”对话框中的“输入序列”列表框中输入自定义的序列“总经理，部门经理，组长，副组长，员工”，单击【添加】按钮，自定义序列就会添加到左边的“自定义序列”列表框中，然后单击【确定】按钮，如图 6.6 所示。

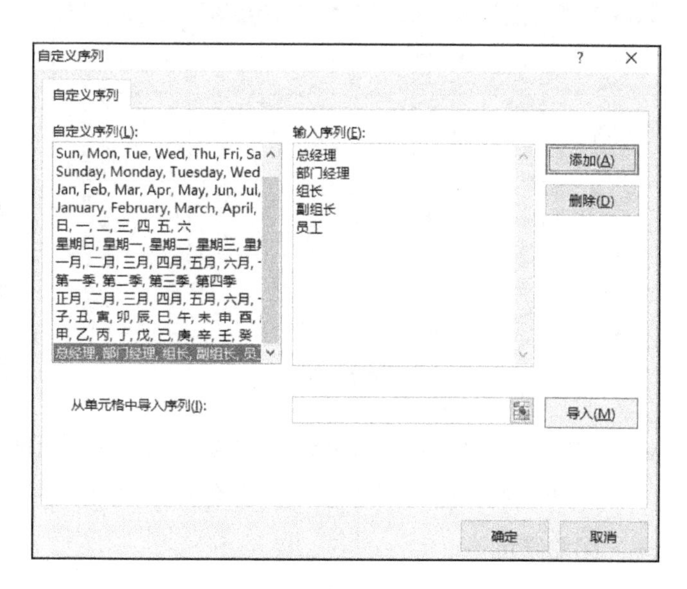

图 6.6

（3）回到工作表，选择排序的数据区域，然后选择【数据】【排序】命令。

（4）在“排序”对话框中的“主要关键字”下拉列表框中选择“职务”选项，在“次序”下拉框中选择“自定义序列”选项，在弹出的“自定义序列”对话框中选择刚才设置的序列，然后单击【确定】按钮，如图 6.7 所示。

图 6.8 所示为完成后的表。

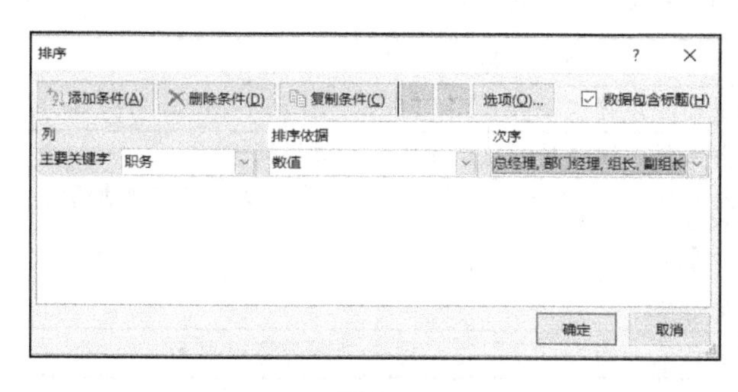

图 6.7

姓名	职务	基本工资	住房补贴	奖金	应发工资
赵杰	总经理	900	300	200	1400
贾青青	部门经理	800	220	300	1320
王辉	部门经理	800	300	180	1280
张力	部门经理	800	200	250	1250
李元锴	部门经理	800	300	100	1200
徐亮	部门经理	850	320	200	1370
白威飞	组长	750	180	300	1230
许庆龙	组长	750	200	200	1150
张子非	组长	750	180	200	1130
白小康	组长	750	220	150	1120
李岩松	副组长	700	320	200	1220
周琳琳	副组长	700	300	200	1200
李敏新	副组长	700	320	180	1200
马中安	员工	500	250	200	950
李洋洋	员工	500	220	180	900

图 6.8

6.2 数据筛选

在日常商务工作中，往往需要从大量数据中找出符合某一特定条件的数据信息，如果逐条查找就需要大量的时间，利用 Excel 的数据筛选功能可以使用户方便、快速地找出自己所需要的数据记录。对数据表进行筛选后，用户只能看见满足筛选条件的数据，但事实上其他行的数据仍然存在，只是被隐藏起来了，所以引用的公式仍然能返回正确的结果。按照数据筛选的功能划分，可以将数据筛选分为自动筛选、自定义筛选和高级筛选三种。

情景案例

图 6.9 所示为某公司的员工基本情况表，人力资源部的小李刚接到任务，需要完成以下数据表：

（1）统计出各学历层次员工的信息表。

（2）筛选出部门为开发部（包括图书开发部和软件开发部），并且年龄大于25岁小于35岁的员工的信息表。

（3）筛选出性别为“男”且年龄大于等于25岁小于等于35岁的，籍贯为“浙江”或“上海”的员工的信息表。

小李在接到这个工作任务后，该如何在最短的时间内来完成？

员工基本情况表						
姓名	部门	职位	性别	年龄	学历	籍贯
王小东	图书开发部	部门经理	男	35	研究生	浙江
张明明	软件开发部	部门经理	女	32	研究生	江苏
白亮	软件开发部	开发工程师	男	23	本科	上海
高华	基础部	部门经理	男	29	本科	吉林
李明亮	图书开发部	程序员	男	25	本科	海南
钱多多	软件开发部	开发工程师	女	22	本科	广东
孙娜	基础部	文员	女	21	大专	浙江
李小莲	软件开发部	开发工程师	女	26	本科	上海
梁天	图书开发部	程序员	男	27	本科	浙江
刘丽东	基础部	文员	女	19	本科	海南
李宁	图书开发部	程序员	男	31	本科	广东
韩冰	基础部	文员	女	26	本科	吉林
李明	基础部	文员	男	24	大专	吉林
冯艳艳	人事部	部门经理	女	35	本科	浙江

图 6.9

一、自动筛选

自动筛选是指利用 Excel 提供的自动筛选功能在工作表中筛选出满足条件的数据。自动筛选按既定的条件进行筛选，因此，适用于简单的筛选工作。如果需要统计员工基本情况表中的员工的学历信息，数据量可能会非常庞大，用人工筛选是件非常费力的事情，而用自动筛选功能就能大大提高工作效率。自动筛选中的主要选项的含义见表 6-1。

表 6-1　自动筛选项的含义

筛选条件	说　　明
按颜色	可以根据单元格颜色等进行颜色筛选
文本筛选	可以按等于、不等于、开头是、结尾是、自定义等条件进行筛选
数字筛选	可以按等于、不等丁、大丁或等于、小于或等于、介于、前 10 项、高干平均值、低于平均值等条件进行筛选
前 10 个	筛选前 1～500 个，后 1～500 个；或者百分比，如前 10% 或后 3%（正如所看到的，这个名称容易产生误解）
自定义	允许用户定义两个条件表达式。当为“真”时，意味着该行将被显示

情景解决

（1）选择【数据】【筛选】命令，进入自动筛选状态。

（2）此时工作表的每个字段右侧添加了一个下拉按钮，单击“学历”字段右侧的下拉按钮，从弹出的下拉列表框中选中“研究生”复选框，如图 6.10 所示。

（3）此时工作表中学历为研究生的数据都被筛选出来了，其他数据则被隐藏，如图 6.11 所示。

（4）如果要显示全部的数据，只需在字段的下拉列表框中选中“全选”复选框，即可恢复显示全部数据。

（5）重复步骤（2）～（4），分别在“学历”的下拉列表框中选中“本科”和“大专”复选框，把需要的数据筛选出来，完成工作任务。

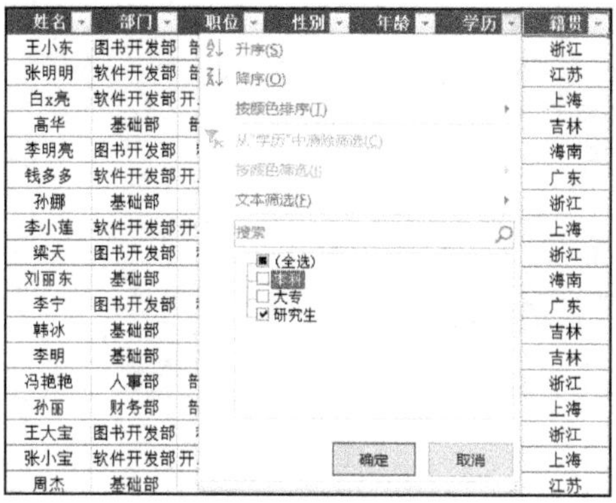

图 6.10

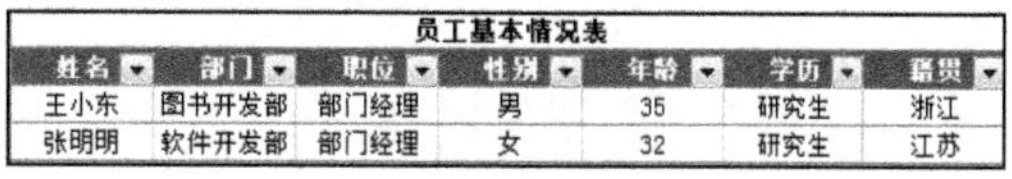

图 6. 11

二、自定义筛选

一般通过自动筛选，大部分的筛选工作可以得到解决，但有时在工作中可能需要更详细、更复杂的筛选，这时可以用自定义筛选功能。自定义筛选中的主要选项含义见表 6-2。

表 6-2 自定义筛选选项含义表

筛选条件	说 明
等于、不等于、小于、大于、小于或等于、大于或等于	主要用于比较大小条件
开头是、开头不是、结尾是、结尾不是	主要用于字符的开始与结束条件
包含、不包含	其中包含或不包含的条件
与、或	同时满足两个条件，只需要满足其中一个条件

如果需要找出开发部的员工信息，但由于表格中有图书开发部和软件开发部，所以通过自动筛选无法实现，那么可以用自定义筛选功能来完成。

情景解决

（1）选择【数据】【筛选】命令，进入自动筛选状态。

（2）单击“部门”字段右侧的下拉按钮，从下拉列表框中选择“文本筛选”选项，在打开的级联菜单中选择“自定义筛选”选项，弹出“自定义自动筛选方式”对话框。

（3）单击对话框中的“部门”组合框中的第一个条件的下拉按钮，从弹出的下拉列表框中选择“包含”选项，然后在右侧下拉列表框中输入“开发部”，如图 6.12 所示，单击【确定】按钮，即可得到第一步结果。

（4）在筛选出来的数据表中单击字段“年龄”右侧的下拉按钮，从弹出的下拉列表框中选择“自定义”选项，弹出“自定义自动筛选方式”对话框。

（5）单击对话框中的“年龄”组合框中的第一个条件的下拉按钮，从弹出的下拉列表框中选择“大于”选项，再在右侧下拉列表框中选择或输入“25”，单击【与】按钮，然后在第二个条件的第一个下拉列表框中选择“小于”选项，最后在右侧下拉列表框中选择或输入“35”，设置完成如图 6.13 所示，单击【确定】按钮。

自定义自动筛选方式
显示行:
部门
包含 开发部
与(A) 或(O)
可用 ? 代表单个字符
用 * 代表任意多个字符
确定 取消

图 6.12

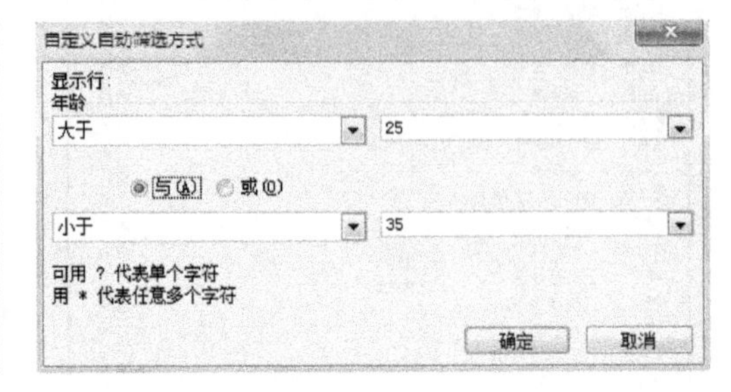

图 6.13

（6）筛选完成的数据表如图 6.14 所示。

姓名	部门	职位	性别	年龄	学历	籍贯
张明明	软件开发部	部门经理	女	32	研究生	江苏
李小莲	软件开发部	开发工程师	女	26	本科	上海
梁天	图书开发部	程序员	男	27	本科	浙江
李宁	图书开发部	程序员	男	31	本科	广东
王大宝	图书开发部	程序员	男	32	本科	浙江
张小宝	软件开发部	开发工程师	男	29	本科	上海
张成伟	图书开发部	程序员	男	28	本科	上海

图 6.14

三、高级筛选

在实际的工作应用中经常要根据多个条件进行所需要的数据筛选，且各条件有“与”的关系，也有“或”的关系，这种复杂的筛选用自动筛选和自定义筛选无法完成，需要用到高级筛选。高级筛选除了能完成自动筛选的功能外，还能完成任意条件的筛选。

高级筛选的关键是建立条件区域，将表头上需要的字段名称复制到某个空白区域，然后在其下方输入条件。需要注意的是，同行的字段条件相互间是“与”的关系，不同行之间的条件是“或”的关系。

情景解决

（1）在数据表的空白区域建立条件区域 A27:D29，如图 6.15 所示。

（2）选中数据表中任一含有数据的单元格，选择【数据】【高级】命令，弹出“高级筛选”对话框。

（3）单击“列表区域”框右侧的折叠按钮，拖动鼠标指针选择数据区域 A2:G25，然后单击“条件区域”框右侧的折叠按钮，拖动鼠标指针选择设置的条件区域 A27:D29，如图 6.16 所示。

如果需要将筛选结果复制到其他位置，则在“方式”选项中单击【将筛选结果复制到其他位置】按钮，并单击“复制到”框右侧的折叠按钮，然后点击需要复制筛选结果的目标区域的第一个单元格即可。

	A	B	C	D	E	F	G
1	员工基本情况表						
2	姓名	部门	职位	性别	年龄	学历	籍贯
3	王小东	图书开发部	部门经理	男	35	研究生	浙江
4	张明明	软件开发部	部门经理	女	32	研究生	江苏
5	白x亮	软件开发部	开发工程师	男	23	本科	上海
6	高华	基础部	部门经理	男	29	本科	吉林
7	李明亮	图书开发部	程序员	男	25	本科	海南
8	钱多多	软件开发部	开发工程师	女	22	本科	广东
9	孙娜	基础部	文员	女	21	大专	浙江
10	李小莲	软件开发部	开发工程师	女	26	本科	上海
11	梁天	图书开发部	程序员	男	27	本科	浙江
12	刘丽东	基础部	文员	女	19	本科	海南
13	李宁	图书开发部	程序员	男	31	本科	广东
14	韩冰	基础部	文员	女	26	本科	吉林
15	李明	基础部	文员	男	24	大专	吉林
16	冯艳艳	人事部	部门经理	女	35	本科	浙江
17	孙丽	财务部	部门经理	女	38	本科	上海
18	王大宝	图书开发部	程序员	男	32	本科	浙江
19	张小宝	软件开发部	开发工程师	男	29	本科	上海
20	周杰	基础部	文员	男	26	大专	江苏
21	王萍	基础部	文员	女	25	大专	江苏
22	张成伟	图书开发部	程序员	男	28	本科	上海
23	曹刚	软件开发部	开发工程师	男	25	本科	江苏
24	吴文	基础部	文员	男	19	本科	浙江
25	周明明	图书开发部	程序员	女	22	本科	浙江
26							
27	性别	年龄	年龄	籍贯			
28	男	>=25	<=35	上海			
29	男	>=25	<=35	浙江			

图 6.15

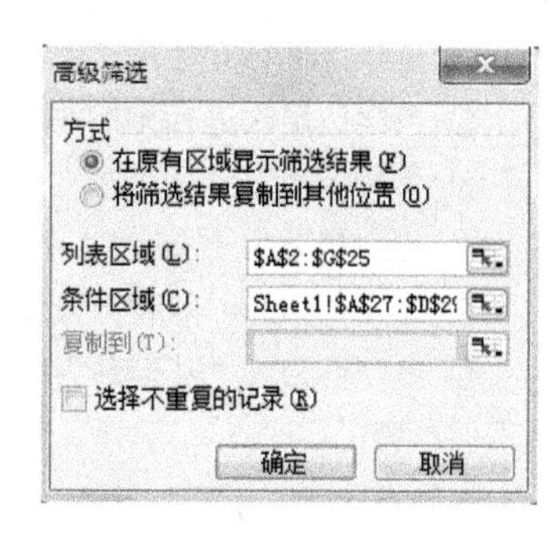

图 6.16

（4）单击【确定】按钮，返回工作表，即可得到满足条件的员工信息表，如图 6.17 所示。高级筛选的删除方法同自动筛选。

姓名	部门	职位	性别	年龄	学历	籍贯
王小东	图书开发部	部门经理	男	35	研究生	浙江
梁天	图书开发部	程序员	男	27	本科	浙江
王大宝	图书开发部	程序员	男	32	本科	浙江
张小宝	软件开发部	开发工程师	男	29	本科	上海
张成伟	图书开发部	程序员	男	28	本科	上海

图 6.17

复习思考题

简答题

（1）简述排序的种类和方法。

（2）简述自定义排序的步骤。

（3）简述数据筛选的种类和方法。

（4）说明自动筛选各部分功能的含义。

（5）说明自定义筛选各部分功能的使用方法。

（6）高级筛选的关键是什么？

情景实践题

（1）以情景案例中某公司的员工工资表中的数据为例，小李现在接到新的工作任务，要求完成以下条件的数据表：

① 按基本工资从高到低排序，相同的数据按奖金进行降序排列的数据表。

② 分别提供职务为部门经理、组长、副组长和员工的工资表。

③ 提供应发工资大于 1000 元小于 1300 元的员工工资明细表。

④ 提供工资大于 1000 元或者奖金小于 250 元的员工工资明细表。

⑤ 提供职务为部门经理或组长，奖金大于 200 元的员工工资明细表。

（2）以情景案例中某公司的员工基本情况表中的数据为例，小李现在接到的新工作任务，要求完成以下条件的数据表：

① 按年龄进行升序排序的员工信息表。

② 按学历层次进行排序的员工信息表。

③ 为每个部门的员工建立一张员工信息表。

④ 建立年龄大于 20 岁小于 30 岁的员工信息表。

⑤ 建立部门为“软件开发部”，并且学历是“本科”或“研究生”的员工信息表。

⑥ 建立部门为“基础部”或“软件开发部”，并且年龄大于 20 岁小于 28 岁性别为“男”的员工信息表。

项目 7

数据报表的制作分析

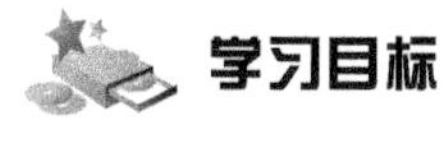

学习目标

知 识 目 标	能 力 目 标
（1）了解报表的结构。 （2）了解报表的分类。 （3）掌握 Excel 分类汇总的方法。 （4）掌握 Excel 数据透视表的方法	（1）能根据情景完成汇总报表的制作。 （2）能根据情景完成多种报表的制作分析。 （3）能运用 Excel 分类汇总处理工作情景任务。 （4）能运用 Excel 数据透视表处理工作情景任务

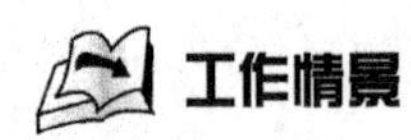

工作情景

小胡大学毕业后应聘成为某大型企业销售部门的员工，销售部门每天要处理大量的数据，并需要根据这些数据制作统计报表，有时还需要将报表打印出来交给相关的领导查看。小胡在大学学过统计知识，对统计整理的知识比较熟悉，但在刚开始统计数据时，经常需要进行手工或计算器辅助运算，然后将数据填入，工作效率非常低，为此他非常苦恼。

假如你是小胡，你有什么好的办法去解决这些问题？

7.1 统计报表的结构

原始的数据资料缺乏直观的特点，因此需要进行统计整理，经过统计整理后的统计信息可以用统计表的形式加以概括。在商务活动中，很多企业每天要将大量的数据信息加工整理成各种数据报表，如商品汇总报表、市场调查报表、商品销售报表、生产报表等。

一、统计报表

将调查所获得的原始数据和二手数据资料汇总整理后，得到系统化的统计数据，将这些数据信息按照一定的顺序排列在表格上，这种具有数据信息的表格称为统计报表或数据报表。

统计报表可以使混乱无序的数据信息系统化、条理化和明晰化，使数据信息一目了然，便于快速掌握统计信息。

二、统计报表的形式

统计报表主要是由总标题、横行标题、纵栏标题和数字资料四个部分构成。还有一些统计报表在下端有注释，说明资料的来源及某些指标的计算方法、填表的说明和其他需要说明的事项。

（1）总标题是统计报表的名称，它用概括性的文字简要说明统计报表的时间、内容和范围等信息，一般放在报表的第一行的居中位置。

（2）横行标题是统计分组项的名称，反映统计报表的主要分组项，一般放在报表的左端。

（3）纵栏标题是统计指标的名称，一般放在报表的上端。

（4）数字资料也称指标值，列在横行和纵栏的交叉处，反映统计报表的具体内容，具体的数值由横行标题和纵栏标题所限定。

三、统计报表的内容

统计报表由主词栏和宾词栏构成。主词栏是统计报表所要说明的对象，可以是总体的名称、总体的分组名称或合计，一般在报表的左端。宾词栏是说明主词的各项指标，包括指标名称和具体的指标值，一般在表格的右端。此外，统计报表可能还有补充资料、注解、资料来源、填表单位、填表人等附加内容。

7.2 统计报表的分类

一、按主词分类

统计表根据主词的分组程度，可以分为简单报表、分组报表和复合报表。

1．简单报表

简单报表是指主词没有经过任何分组的统计报表。它只是把总体单位的指标按单位或按照时间进行简单排列形成。

2．分组报表

分组报表是指总体按照某一标志进行分组形成的统计报表。它可以用来反映总体各组之间的特征，说明总体的内部结构。

应用案例

某电视机厂按电视机类型进行分组，形成的各种类型电视机的月产量报表，见表 7-1。

表 7-1　某电视机厂电视机月产量报表

电视机类型	产量/万台
CRT 电视机	25.3
液晶电视机	78.5
合　　计	103.8

3．复合报表

复合报表是指主词按照两个或两个以上标志进行复合分组形成的统计报表。它可以更深入、详细地反映复杂的现象，揭示现象的客观规律和有价值的信息。

应用案例

某电视机厂按电视机类型和电视机的尺寸两个标志进行分组，从而形成复合的统计报表，见表 7-2。

表 7-2　某电视机厂电视机月产量报表

电视机类型	电视机尺寸	产量/万台
CRT 电视机	32in 及以下	17.2
	32in 以上	8.1
液晶电视机	32in 及以下	41.5
	32in 以上	37.0
合　　计		103.8

二、按用途分类

统计报表根据用途不同，可以分为调查报表、汇总报表和分析报表。

1．调查报表

调查报表主要是指用来登记调查数据信息的原始资料的报表。它反映调查中所得到的原始资料，是由被调查对象进行加工整理后得到的数据信息。

2．汇总报表

汇总报表主要是指用于统计整理和分组汇总资料的统计报表。它经过对数据的分组，将零乱、分散的数据信息进行汇总，可以反映各组的统计信息。

3．分析报表

分析报表主要是指对统计资料按照一定的统计原理和计算方法进行科学的分析后所得到的数据报表。它是比较高级的报表，对数据信息进行了整理和分析，能深入地反映事物的客观规律。

7.3 分类汇总

在日常商务工作中，汇总报表是常用的统计报表。人们可以用一种简单、快捷的方法来进行汇总——Excel 的分类汇总。分类汇总是指将数据表按指定的字段进行分组，然后进行统计处理，可以自动对各组的数据进行求和、求平均值等多种计算。

姓名	性别	职务	部门	工资	奖金	病假天数
柴新梨	男	营业员	服装部	605.1	146	7
单国威	男	营业员	服装部	521.4	48	9
龚雪平	女	营业员	家电部	456.8	321	4
黄力科	男	柜组长	食品部	654.3	124	1
李利英	女	营业员	家电部	521.6	214	0
林霞芳	女	经理	服装部	621.5	129	5
刘志民	男	营业员	食品部	546.1	175	7
曲晓东	男	营业员	服装部	435.2	245	1
苏丹平	女	营业员	食品部	561	174	8
孙朝民	男	柜组长	家电部	741.2	194	8
汤沐化	女	经理	家电部	582.5	155	0
吴华辉	女	柜组长	服装部	781.2	152	0
武力涛	男	营业员	食品部	654.3	167	2
杨目林	男	经理	食品部	841.1	185	0
钟家明	男	经理	服装部	741.5	185	4

图 7.1

应用案例

图 7.1 所示为某公司的各部门员工工资表，公司领导要求查看如下数据表：

（1）查看各个部门的总工资和总奖金。

（2）查看各职务的平均工资和奖金。

（3）查看各部门员工的工资和奖金的最大最小值。

情景解决

（1）按照要分类依据的字段进行排序，对字段“部门”进行排序。选择数据区域，选择【数据】【排序】命令，在“排序”对话框的“主要关键字”下拉列表框中选择“部门”选项，然后单击【确定】按钮，完成按部门进行排序的数据表，如图 7.2 所示。

（2）查看各部门的总工资和资金。选择数据区域，选择【数据】【分类汇总】命令，弹出“分类汇总”对话框，如图 7.3 所示。

姓名	性别	职务	部门	工资	奖金	病假天数
柴新梨	男	营业员	服装部	605.1	146	7
单国威	男	营业员	服装部	521.4	48	9
林霞芳	女	经理	服装部	621.5	129	5
曲晓东	男	营业员	服装部	435.2	245	1
吴华辉	女	柜组长	服装部	781.2	152	0
钟家明	男	经理	服装部	741.5	185	4
龚雪平	女	营业员	家电部	456.8	321	4
李利英	女	营业员	家电部	521.6	214	0
孙朝民	男	柜组长	家电部	741.2	194	8
汤沐化	女	经理	家电部	582.5	155	0
黄力科	男	柜组长	食品部	654.3	124	1
刘志民	男	营业员	食品部	546.1	175	7
苏丹平	女	营业员	食品部	561	174	8
武力涛	男	营业员	食品部	654.3	167	2
杨目林	男	经理	食品部	841.1	185	0

图 7.2

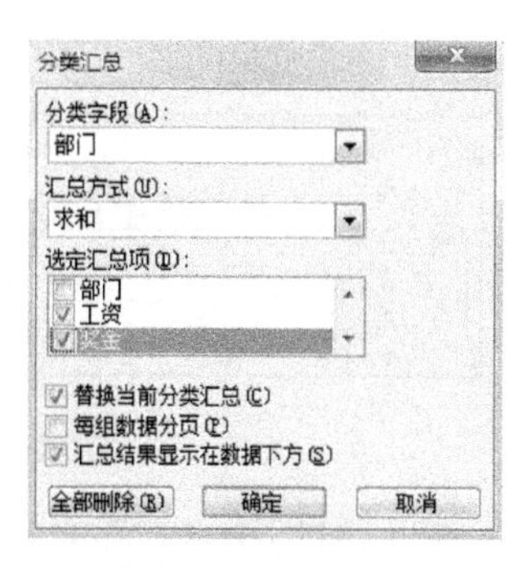

图 7.3

（3）在“分类字段”下拉列表框中选择“部门”选项，在“汇总方式”下拉列表框中选择“求和”选项，在“选定汇总项”下拉列表框中选中“工资”和“奖金”复选框，其他选项保持默认项，单击【确定】按钮，得到各部门工资和资金的汇总表，如图 7.4 所示。

	A	B	C	D	E	F	G
1				员工工资表			
2	姓名	性别	职务	部门	工资	奖金	病假天数
3	柴新梨	男	营业员	服装部	605.1	146	7
4	单国威	男	营业员	服装部	521.4	48	9
5	林霞芳	女	经理	服装部	621.5	129	5
6	曲晓东	男	营业员	服装部	435.2	245	1
7	吴华辉	女	柜组长	服装部	781.2	152	0
8	钟家明	男	经理	服装部	741.5	185	4
9				服装部 汇总	3705.9	905	
10	龚雪平	女	营业员	家电部	456.8	321	4
11	李利英	女	营业员	家电部	521.6	214	0
12	孙朝民	男	柜组长	家电部	741.2	194	8
13	汤沐化	女	经理	家电部	582.5	155	0
14				家电部 汇总	2302.1	884	
15	黄力科	男	柜组长	食品部	654.3	124	1
16	刘志民	男	营业员	食品部	546.1	175	7
17	苏丹平	女	营业员	食品部	561	174	8
18	武力涛	男	营业员	食品部	654.3	167	2
19	杨目林	男	经理	食品部	841.1	185	0
20				食品部 汇总	3256.8	825	
21				总计	9264.8	2614	

图 7.4

（4）在图 7.4 所示的明细汇总表中，若只显示各部门的总体数据，只需点击左上角的行号“2”，就可得到各部门总工资和奖金的直观对比图，如图 7.5 所示。若要还原成明细数据表，只需点击行号“3”；若要汇总数据，只需点击行号“1”即可。

（5）如果要恢复到统计之前的数据显示状态，只需要在“分类汇总”对话框中单击【全部删除】按钮即可。

（6）要统计查看各职务的平均工资和奖金，只要在“分类汇总”对话框中的“汇总方式”下拉列表框中分别选中“平均值”选项即可，其他操作步骤同上。

（7）要统计查看各部门的工资和奖金的最大值和最小值，只需在“分类汇总”对话框中的“汇总方式”下拉列表框中分别选择“最大值”“最小值”选项即可，其他操作步骤同上。

分类汇总的关键步骤：先根据要统计分组的字段进行排序，然后进行相应的分类汇总。

数据分页打印的步骤如下：

（1）若要对数据按分类的数据信息进行分页显示，只需在“分类汇总”对话框中选中“每组数据分页”复选框，其他选项保持默认设置，如图 7.6 所示，然后单击【确定】按钮即可。

	A	B	C	D	E	F
1	员工工资表					
2	姓名	性别	职务	部门	工资	奖金
9				服装部 汇总	3705.9	905
14				家电部 汇总	2302.1	884
20				食品部 汇总	3256.8	825
21				总计	9264.8	2614

图 7.5

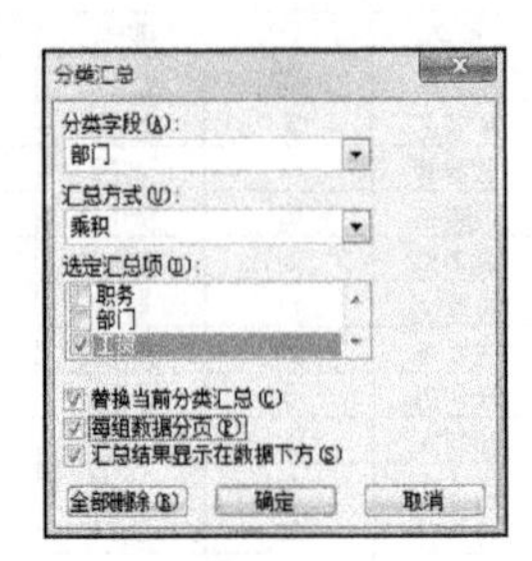

图 7.6

（2）返回工作表，选择【页面布局】【页面设置】命令。

（3）在弹出的“页面设置”对话框中选择“工作表”选项卡，单击“顶端标题行”右侧的折叠按钮，然后在数据表中选择表格名和字段名这两行为标题行，如图 7.7 所示。

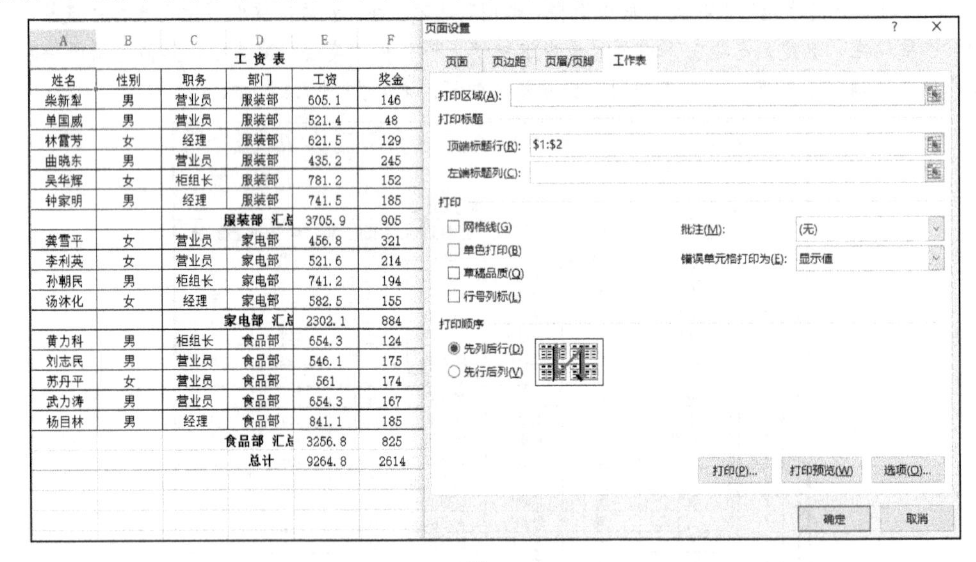

A	B	C	D	E	F
工 资 表					
姓名	性别	职务	部门	工资	奖金
柴新梨	男	营业员	服装部	605.1	146
单国威	男	营业员	服装部	521.4	48
林霞芳	女	经理	服装部	621.5	129
曲晓东	男	营业员	服装部	435.2	245
吴华辉	女	柜组长	服装部	781.2	152
钟家明	男	经理	服装部	741.5	185
			服装部 汇总	3705.9	905
龚雪平	女	营业员	家电部	456.8	321
李利英	女	营业员	家电部	521.6	214
孙朝民	男	柜组长	家电部	741.2	194
汤沐化	女	经理	家电部	582.5	155
			家电部 汇总	2302.1	884
黄力科	男	柜组长	食品部	654.3	124
刘志民	男	营业员	食品部	546.1	175
苏丹平	女	营业员	食品部	561	174
武力涛	男	营业员	食品部	654.3	167
杨目林	男	经理	食品部	841.1	185
			食品部 汇总	3256.8	825
			总计	9264.8	2614

图 7.7

（4）单击工具栏中的【打印预览】按钮，就可以分页浏览或打印分类汇总的数据，如图 7.8 所示。

员工工资表

姓名	性别	职务	部门	工资	奖金	病假天数
柴新梨	男	营业员	服装部	605.1	146	7
单国威	男	营业员	服装部	521.4	48	9
林霞芳	女	经理	服装部	621.5	129	5
曲晓东	男	营业员	服装部	435.2	245	1
吴华辉	女	柜组长	服装部	781.2	152	0
钟家明	男	经理	服装部	741.5	185	4
			服装部 汇总	3705.9	905	26

图 7.8

7.4 数据透视表

在日常统计工作中，数据透视表可以满足大多数任务的要求，并且通过原始数据的数据透视表可以对原始数据进行统计和计算，得出更多更有用的信息。数据透视表是日常统计的最佳选择。

一、理解数据透视表

在建立数据透视表之前，清楚理解数据透视表的作用及其结构，这对合理使用数据透视表非常重要。

数据透视表为用户提供数据的三维视图，数据元素沿着三条不同的坐标轴排列，可以根据自己的爱好和实际工作的需要任意摆放每个元素所在的坐标轴，以切换到满足自己需求的视图。

下面以分类统计中的员工工资表（图 7.1）为例来剖析数据透视表的结构。工资表中包含字段为“姓名”“性别”“职务”“部门”“工资”“奖金”和“病假天数”，分别用来记录各部门员工的工资、奖金和病假情况，而人们更想知道的是各部门或各职务的工资、奖金和病假天数的统计情况。

数据透视表是二维的，它通过二维的视图表示三维的内部结构，如图 7.9 所示。区域中灰色的行字段、列字段和页字段分别代表其三维结构的 X 轴、Y 轴和 Z 轴，而数据项则相当于三维结构的具体数据。

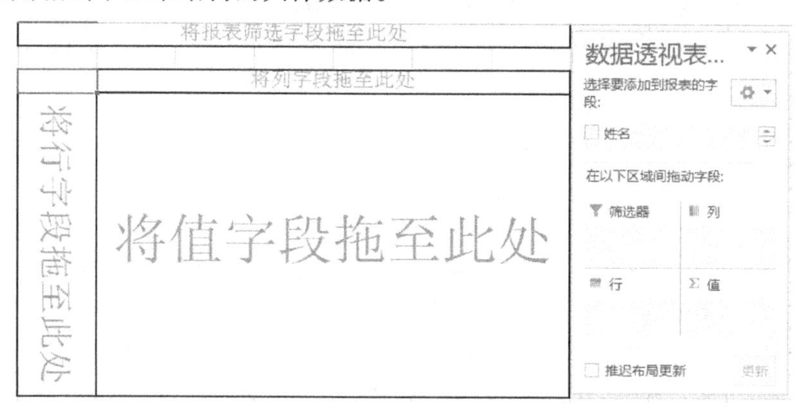

图 7.9

建立好数据透视表后，最初得到的视图实际就是页字段取默认值时的一张截面图。当更改页字段的值时，对应的视图表会相应变动。

二、数据透视表的建立

数据透视表的功能是能够将筛选、排序和分类汇总等操作依次完成的，并生成汇总表格，这也是 Excel 强大数据处理能力的具体体现。数据透视表综合集成了多种功能，为处理数据提供了极大便利。

情景解决

现在，人力资源部的经理想得到各部门各种职务不同性别的员工的工资和奖金总额。

（1）点击表格中任意一个单元格，然后选择【插入】【数据透视表】命令，弹出如图 7.10 所示的对话框。

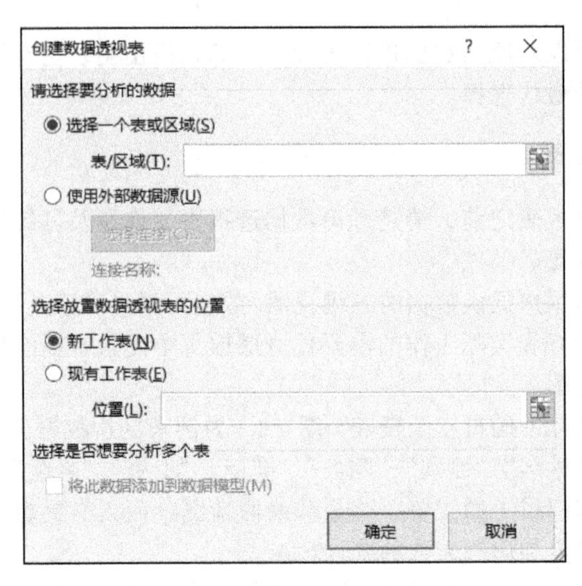

图 7.10

（2）在对话框的“请选择要分析的数据”项中，先单击【选择一个表或区域】按钮，再单击“表/区域”右侧的折叠按钮，弹出如图 7.11 所示的对话框。

（3）在员工工资表中选择数据源区域“$A$2:$G$17”，如图 7.11 所示，回到原对话框。

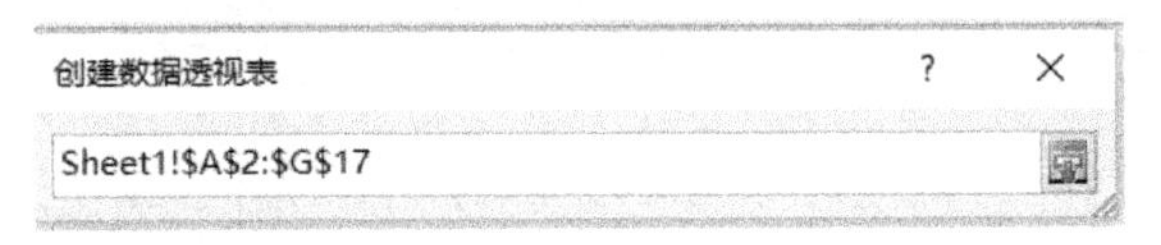

图 7.11

（4）如图 7.12 所示对话框，在“选择放置数据透视表的位置”选项中单击【新工作表】按钮。

（5）在“创建数据透视表”的对话框中定义数据透视表布局。

（6）分别将“部门”字段拖入“筛选器”栏目，将“性别”字段拖入“列”栏目，将“职务”字段拖入“行”栏目，将“工资”“奖金”和“病假天数”字段拖入“值”栏目，如图 7.13 所示。

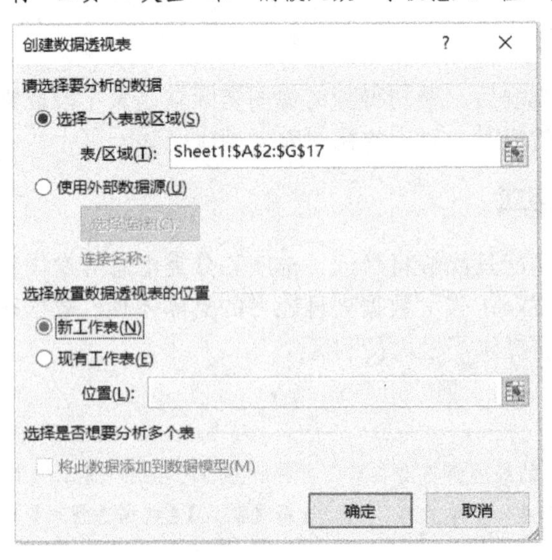

图 7.12

数据透视表字段

选择要添加到报表的字段:

☑ 性别
☑ 职务
☑ 部门
☑ 工资
☑ 奖金
☑ 病假天数

在以下区域间拖动字段:

筛选器：部门

列：性别

行：职务；Σ 数值

Σ 值：求和项:工资；求和项:奖金；求和项:病假天数

☐ 推迟布局更新　　更新

图 7.13

（7）系统会在自动透视表区域中自动生成透视表，并且能够实时更新和改变，可随时查看透视表的变化，如图 7.14 所示。

	A	B	C	D	E
1	部门	(全部)			
2					
3			性别		
4	职务	数据	男	女	总计
5	柜组长	求和项:工资	1395.5	781.2	2176.7
6		求和项:奖金	318	152	470
7		求和项:病假天数	9	0	9
8	经理	求和项:工资	1582.6	1204	2786.6
9		求和项:奖金	370	284	654
10		求和项:病假天数	4	5	9
11	营业员	求和项:工资	2762.1	1539.4	4301.5
12		求和项:奖金	781	709	1490
13		求和项:病假天数	26	12	38
14	求和项:工资汇总		5740.2	3524.6	9264.8
15	求和项:奖金汇总		1469	1145	2614
16	求和项:病假天数汇总		39	17	56

图 7.14

此时，所需要的数据透视表已经生成了。如果对原始表进行改动，数据透视表会相应发生变化。数据透视表的布局设计具有很高的灵活性，完全可以根据实际需求进行合理的布局。

另外，数据透视表具有筛选功能，如图 7.14 所示，每个字段右侧都有下拉按钮，数据透视表的筛选功能的筛选的层次也由二维变成三维。如果想查看男员工的工资情况，只需单击“性别”字段的下拉按钮，在下拉列表框中选择“男”选项，即可完成。

数据透视表是一张交互式的工作表，可以在不改变原始数据的情况下，按照所选的格式和计算方法对数据进行汇总，也可以根据实际工作要求得出需求数据，并且通过对数据的合理运算可得到原始数据以外的有用信息。建立一张数据透视表可以满足很多视图的需要，从而可以省下大量去为每个需求建立相应视图的工作时间。

一、选择题

（1）统计表的结构从形式上看包括（　　）、横行标题、纵栏标题、数字资料四个部分。

A．计量单位　　B．附录　　C．指标注释　　D．总标题

（2）如果统计表中数据的单位都一致，可以把单位填写在（　　）。

A．左上角　　B．左下角　　C．右上角　　D．左下角

（3）统计报表主要是由（　　）、横行标题、纵栏标题和数字资料部分构成。

A．总标题　　B．副标题　　C．小标题　　D．复合标题

（4）现有姓名、性别、工资和部门四个字段，在 Excel 分类统计各部门的工资汇总数据，要对（　　）字段进行排序。

A．姓名　　B．性别　　C．工资　　D．部门

（5）统计报表按主词分类，可以分为（　　）。

A．简单报表　　B．分组报表　　C．统计报表　　D．复合报表

（6）统计报表按用途不同，可以分为（　　）。

A．调查报表　　B．汇总报表　　C．分析报表　　D．复合报表

二、判断题

（1）用统计表表示次数分布，各组频率相加之和应等于 100%。（　　）

（2）统计表是表达统计整理结果的唯一形式。（　　）

（3）复合报表是指主词按照两个或两个以上标志进行复合分组形成的统计报表。（　　）

（4）分类汇总按某分组依据进行统计前不需要进行排序。（　　）

三、简答题

（1）简述统计报表的种类。

（2）简述统计报表的结构。

（3）简述分类汇总的关键步骤。

（4）说明数据透视表的页字段、行字段和列字段的含义。

（1）某班学生商务统计学考试成绩次数分布见表 7-3。

表 7-3　考试成绩次数分布表

考分/分	人数/人	比率/（%）	向上累计		向下累计	
			人数/人	比率/（%）	人数/人	比率/（%）
60 以下	5					
60～70	8					
71～80	16					
81～90	20					
90 以上	4					
合　计						

要求：根据上表资料，计算相应的数据填入表中，并说明各指标的意义。

（2）以项目6中的情景案例员工工资表中的数据为例（图6.1），要求完成符合以下条件的数据表：

① 按照职务汇总基本工资、奖金、住房补贴、应发工资的员工工资报表。

② 按照部门计算基本工资、住房补贴、奖金、应发工资的平均值员工工资报表。

③ 用数据透视表工具，按职务分类统计制作关于基本工资、奖金、住房补贴、应发工资和总额、平均值和最大值及最小值的工资报表，其中表格的布局自定。

项目 8 数据统计图形

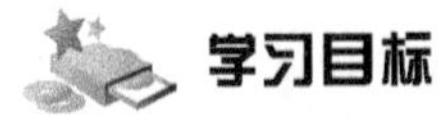

学习目标

知 识 目 标	能 力 目 标
（1）了解统计图形的种类。 （2）了解柱形图及其制作方法。 （3）了解饼图及其制作方法。 （4）了解折线图及其制作方法。 （5）了解面积图及其制作方法。 （6）了解圆环图及其制作方法。 （7）了解直方图及其制作方法	（1）能制作常用统计图形。 （2）能根据情景完成多种统计图形的制作分析。 （3）能根据数据选择合适的统计图。 （4）掌握直方图的两种制作方法

工作情景

表8-1为某公司的销售计划报表，要求预测各地区计算机的销售量，并根据报表制作柱形图。你该如何完成任务呢？

表8-1　某计算机公司销售计划

单位：万台

地区＼年份	2019年	2020年	2021年
华　北	37	42	51
华　南	58	65	72
华　东	75	80	83
华　西	39	42	47
东　北	46	50	53
西　北	20	25	39

8.1　柱形图

数据筛选、数据报表等是用表格的形式来反映统计整理的结果，还可以用统计图来描述反映统计整理的资料。统计图具有形象、直观、生动、简洁地反映统计数据的特征。

用点、线、面、几何图形或形象符号等形式来表示统计整理资料的数量关系或动态变化的图形称为统计图。

统计图可以形象、直观地表示事物或指标间的数量关系；统计图通俗易懂、直观形象，便于阅读和记忆，可以使管理决策者迅速掌握事物的特征和客观规律。因此，统计图在市场调查统计、销售统计、生产统计、质量统计、库存统计、财务分析等诸多商务办公领域有着广泛的应用。

柱形图是指利用宽度相等的条形的长度差异来表达指标值的大小区别的一种图形。柱形图可以纵向放置条形，也可以横向放置条形，横向放置时也称为条形图。在纵向的柱形图中，通常水平轴表示分组类别，而垂直轴表示各分组类别的数值。在横向的柱形图中，表示方法则刚好同纵向的柱形图相反。

柱形图主要应用于显示一段时间内数据的变化，或者显示统计分组后不同组之间的对比关系。

一、簇状柱形图

簇状柱形图适于比较各个类别的数值。簇状柱形图可以以二维形式比较各类别的值，也可以以三维格式展现（三维簇状柱形图）。三维簇状柱形图仅仅以三维格式显示各类别数值的柱形，而不以三维格式显示数据。

情景解决

（1）打开 Excel，将数据按表中的排列格式输入工作表中。

（2）选择【插入】【创建图表】命令，弹出“插入图表”对话框；或者直接选择“推荐的图表”右边的具体图表类型，如图 8.1 所示。

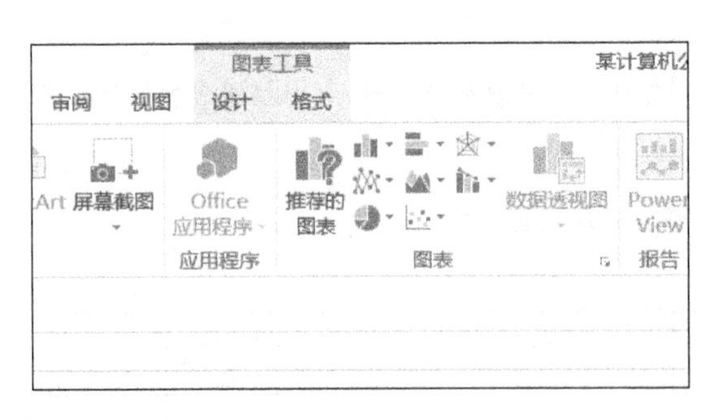

图 8.1

（3）打开“更改的图表类型”对话框，在“推荐图表”中的“所有图表”中选择“簇状柱形图”选项，单击【确定】按钮，如图 8.2 所示，如果没有选择数据，出现的将是空白的图表区域。

图 8.2

（4）在图表区域右击，在弹出的快捷菜单中选择【选择数据】命令，弹出“选择数据源”对话框，如图 8.3 所示。

（5）单击“选择数据源”对话框中的选择按钮，选择数据区域，如图 8.4 所示。

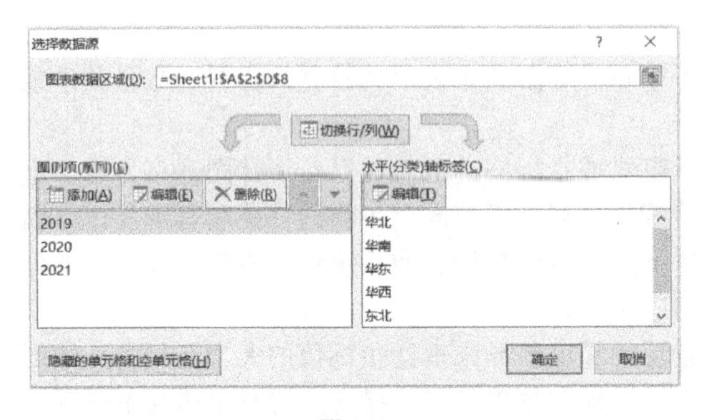

图 8.3

（6）返回“选择数据源”对话框，单击【确定】按钮，即生成图表。

（7）适当改变图表格式，添加标题，完成柱形图。

选择数据源

=Sheet1!$A$2:$D$8

图 8.4

（8）如果要制作三维格式的簇状柱形图，只需在“图表”中选择三维簇状柱形图即可。所形成的簇状柱形图如图8.5所示。

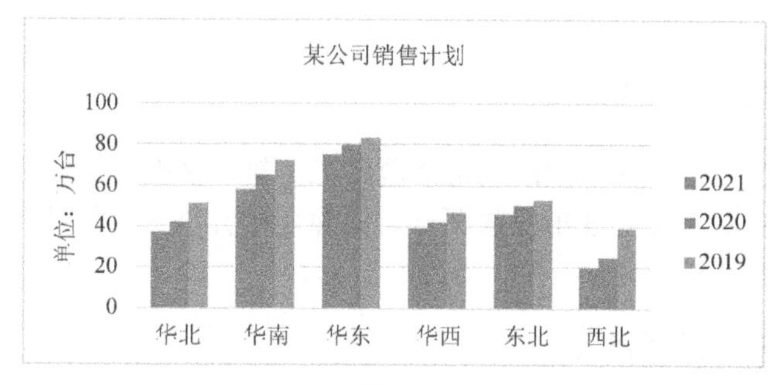

图 8.5

二、堆积柱形图

堆积柱形图适于显示单个类别项目与整体之间的关系，比较各个类别的数值所占总数值的大小。堆积柱形图也可以以三维格式展现（三维堆积柱形图）。三维堆积柱形图仅以三维格式显示各类别数值的柱形，不以三维格式显示数据。

情景解决

（1）选择数据区域，然后选择【插入】【柱形图】命令。

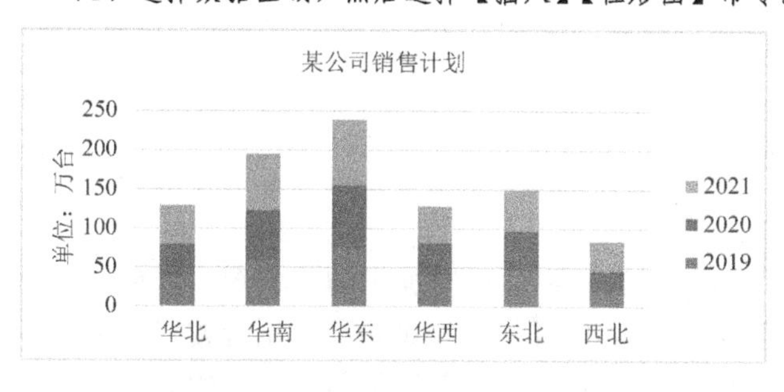

图 8.6

（2）在弹出的下拉列表中选择“堆积柱形图”选项。其他步骤操作方法同上，即可制作出堆积柱形图，如图8.6所示。也可以按照上面制作柱形图的方法进行制作。

如果要制作一系列的图形，也可以将上图的柱形图复制后粘贴，然后在图形区域右击，在弹出的快捷菜单中选择【更改图表类型】命令，选择柱形图中的堆积柱形图。其他图形的制作同理，这是快速制作系列图形的技巧。

三、百分比堆积柱形图

百分比堆积柱形图是以百分比形式比较各类别数值在总数值中的分布情况。它同样可以以三维格式展现（三维百分比堆积柱形图）。百分比堆积柱形图三维格式仅显示柱形，不以三维格式显示数据。

情景解决

（1）选择数据区域，然后选择【插入】【柱形图】命令。

（2）在弹出的下拉列表中选择“百分比堆积柱形图”选项。其他步骤操作方法同制作簇状柱形图的方法，即可制作出百分比堆积柱形图，如图8.7所示。

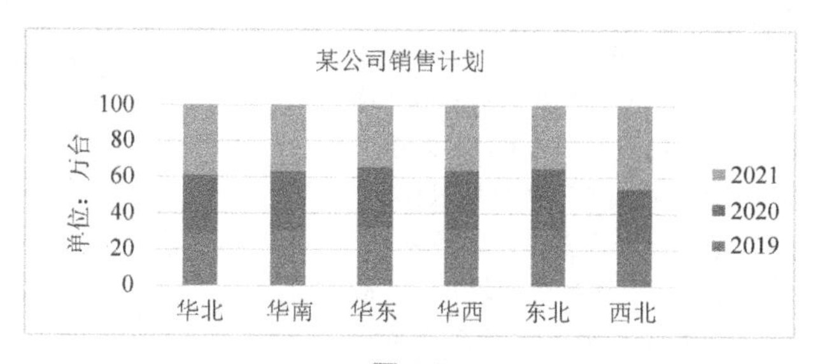

图 8.7

四、三维柱形图

三维柱形图使用可修改的三个轴（水平轴、垂直轴和深度轴），可沿水平轴和深度轴比较所分布的数据点。同前面的几种三维图不同的是，三维柱形图是真正的三维坐标图表。

情景解决

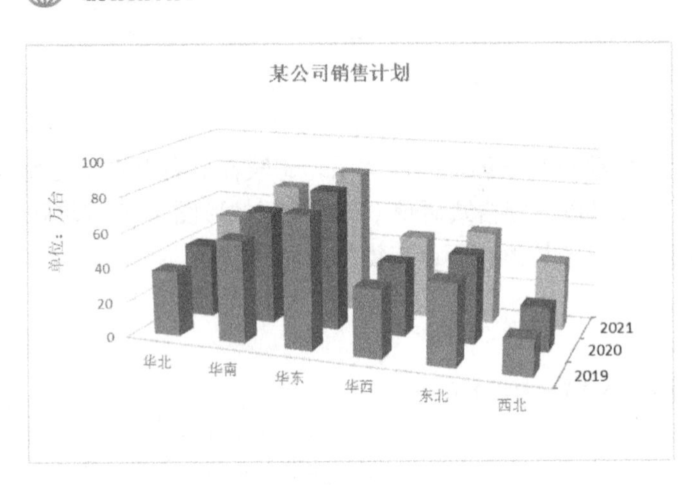

图 8.8

（1）选择数据区域，然后选择菜单【插入】【柱形图】命令。

（2）在弹出的下拉列表中选择“三维柱形图”选项。其他步骤操作方法同制作簇状柱形图的方法，即可制作出三维柱形图，如图 8.8 所示。

五、圆柱图、圆锥图和棱锥图

圆柱图、圆锥图和棱锥图也可以使用为矩形柱形图提供的簇状图、堆积图、百分比堆积图和三维图表类型，并且它们以完全相同的方式显示和比较数据。唯一的区别是这些图表类型显示圆柱、圆锥和棱锥形状，而不是条形。下面的案例以制作三维圆柱图为例进行讲解。

情景解决

（1）选择制作图形所需的数据区域，然后选择【插入】【柱形图】命令。

（2）在弹出的下拉列表中选择“三维柱形图”选项，制作出三维柱形图。

（3）点击数据图中的柱形区域，在右侧弹出的菜单中选择“设置数据系列格式”选项，在对话框中的“柱体形状”中选择圆柱图，即可通过一些设置得到如图 8.9 所示的圆柱图。需要注意的是，对每一年的数据系列可以选择不同的柱体形状，例如，三年的数据分别选择圆柱形、完整棱锥、完整圆锥。

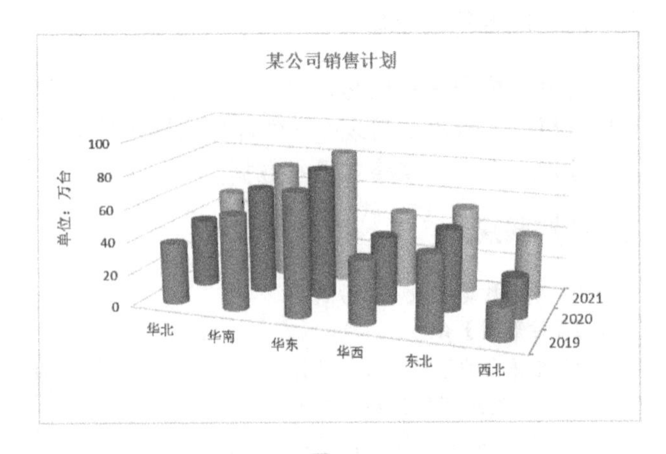

图 8.9

8.2 饼图

饼图是指用圆内扇形面积的大小来反映统计分组数据的一种图形，主要用于反映总体内部的结构及其变化，对研究结构性问题比较有用。饼图通常只能用于一个数据系列。

一、饼图

饼图用于表示总体各个组成部分的个体数量在总体中占的比例。除了普通类型外，饼图还有分离型的饼图。普通饼图和分离型饼图还可以以三维效果显示。

情景解决

（1）选择制作图形所需的数据区域，选择【插入】【饼图】命令。

（2）在弹出的下拉列表中选择“饼图”选项，制作出饼图。然后进行一定的图表设置，增加标题，点击饼图的区域进行数据标签的设置，显示百分比和类别名称，即可得到如图 8.10（a）所示的饼图；三维饼图的制作过程同饼图，只是在类型选择时选择“三维饼图”选项即可，所得如图 8.10（b）所示的饼图。

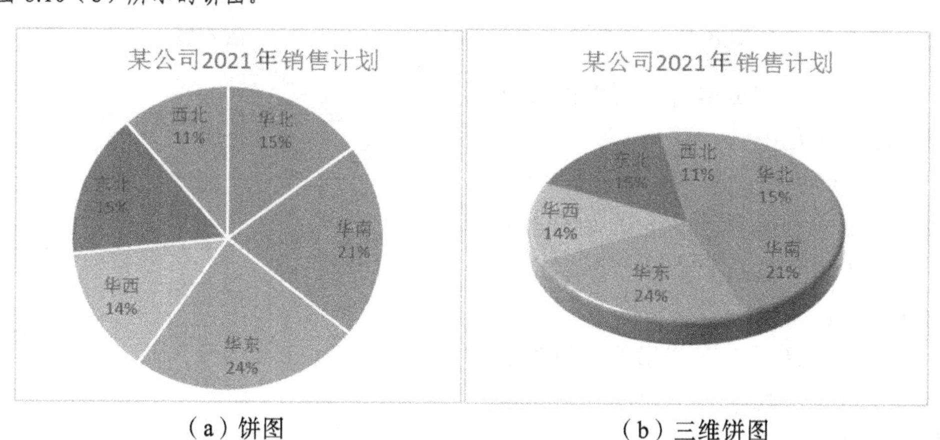

（a）饼图　　（b）三维饼图

图 8.10

二、复合型饼图

复合饼图是指将饼图中定义的其中一个分组的数值取出来在另一个饼图中进行重点详细显示的饼图。有时有些比例细小的分类在一张饼图中可能无法看清楚，可以将它们组成一个分组项目，在主饼图旁边的小型饼图或条形图中将这个分组项目的各个分类显示出来。在饼图中将其中分组项目的各个分类用堆积条形图显示出来的称为复合条饼图。

复合饼图和复合条饼图会默认将后面的自动归类到其他项，并在附属饼图或条形图中显示，其显示的百分比标志和常规饼图中显示的数字相同。这些数字仅代表移动到附属图表中的各个扇区，它们的总和并不等于 100%。

情景解决

（1）选择制作图形所需的数据区域，然后选择【插入】【饼图】命令。

（2）在弹出的下拉列表中选择“复合饼图”选项，制作出复合饼图，然后进行一定的图表设置，增加标题，点击饼图的区域进行数据标签的设置，显示百分比和类别名称。另外，可以设置饼图右侧小饼图显示的大小、数量等，进行适当调整后即可得到如图 8.11 所示的复合饼图。复合条饼图的制作过程同复合饼图，只需在类型选择时选择“复合条饼图”选项即可，如图 8.12 所示。

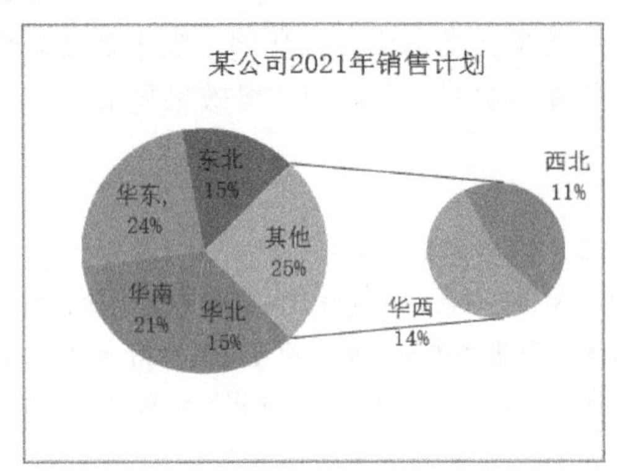

图 8.11

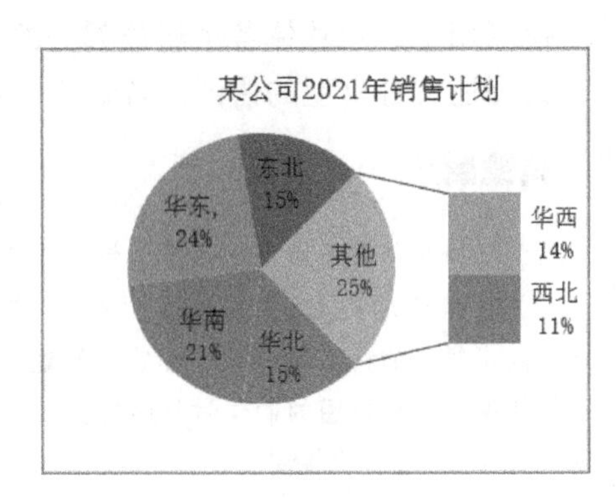

图 8.12

更改复合饼图或复合条饼图的数据系列选项方法如下：

（1）在图表中，选中整个数据系列。若要选中整个数据系列，先确保未选中任何其他内容，然后点击两个图表中任意一个图表。

（2）右击图表并在弹出的下拉列表中选择【数据系列格式】命令，弹出对话框如图 8.13 所示。

（3）若要指定系列分割时的数据类型，则选择“系列分割依据”右侧下拉列表框中的选项，本例中选择百分比。

若要调整在附属图表中显示哪些数据，则可以在对话框中进行更改，在“小于该值的值”中设为 14%。

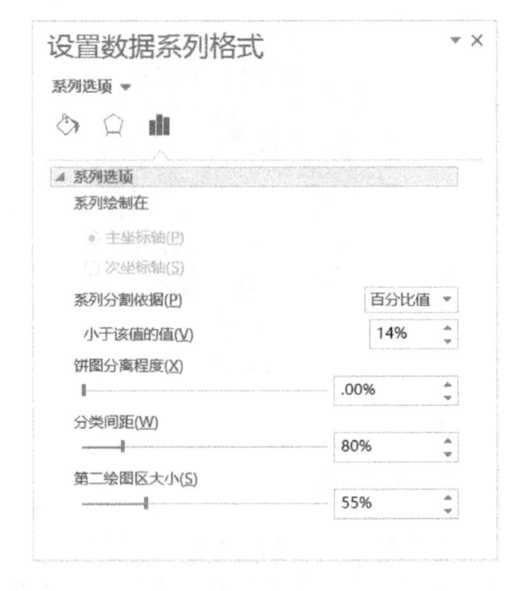

图 8.13

若要进行“饼图分离程度”和“分类间距”的设置，则需要更改右侧的百分比数字。

（4）若要更改附属图表的大小，可增大或减小“第二绘图区大小”数值选择框中的数字。此数字表示附属图占主图表大小的百分比大小。

8.3 折线图

折线图是指在平面坐标上用折线表示数量变化特征规律的统计图。折线图经常用来描述时间序列数据，用于表示某些指标随时间的变化趋势。在绘制折线图时应注意以下两点：

（1）折线图的数据指标值一般放在纵轴，分组类别或时间序列一般放在横轴。

（2）图形的比例要恰当，一般横轴略长，不可过分压缩或延伸某一坐标轴，因为坐标轴比例不同，会使人产生两种完全不同的印象，就有可能传达不同的甚至是误导用户的信息。

一、折线图

折线图用于显示随时间或有序类别而变化的趋势，如果分类标签是文本并且代表均匀分布的数值（如月、季度或财政年度），则应该使用折线图。当有多个系列时，尤其适合使用折线图。

情景解决

（1）选择制作图形所需的数据区域，然后选择【插入】【折线图】命令。

（2）在弹出的下拉列表中选择“带标记的折线图”选项，制作出带标记的折线图，然后进行一定的图表设置，增加标题，进行适当调整后即可制作出数据点折线图，如图 8.14 所示。

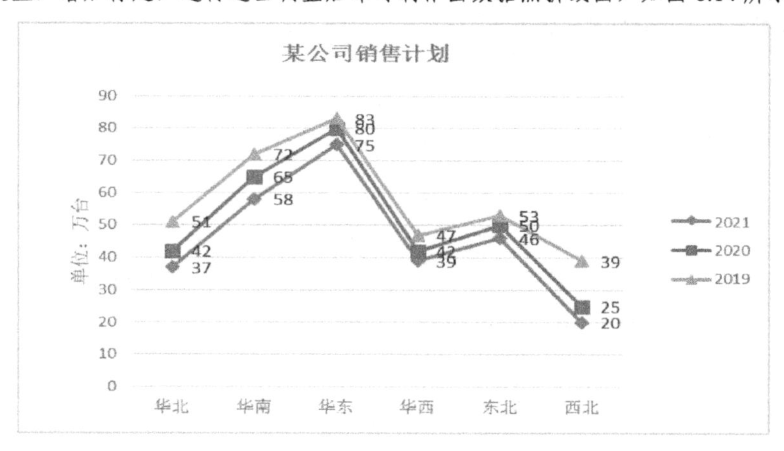

图 8.14

二、堆积折线图

堆积折线图显示各个值的分布随时间或类别的变化趋势。

情景解决

（1）选择制作图形所需的数据区域，然后选择【插入】【折线图】命令。

（2）在弹出的下拉列表中选择“堆积折线图”选项，制作出堆积折线图，然后进行一定的图表设置，增加标题，进行适当调整后效果如图 8.15 所示。

若要显示数据标记，则选择“带标记的堆积折线图”选项即可。

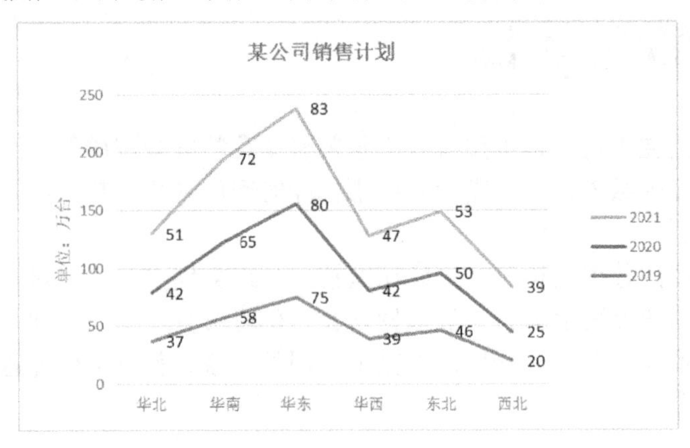

图 8.15

三、百分比堆积折线图

百分比堆积折线图以百分比的方式显示各个值的分布随时间或类别的变化趋势。

情景解决

（1）选择制作图形所需的数据区域，然后选择【插入】【折线图】命令。

（2）在弹出的下拉列表中选择“百分比堆积折线图”选项，制作出百分比堆积折线图，然后进行一定的图表设置，增加标题，进行适当调整后即可制作出百分比堆积折线图，如图 8.16 所示。

若要显示数据标记，则选择“带数据标记的百分比堆积折线图”选项即可，图 8.16 所示为显示了带数据标记的百分比堆积折线图。

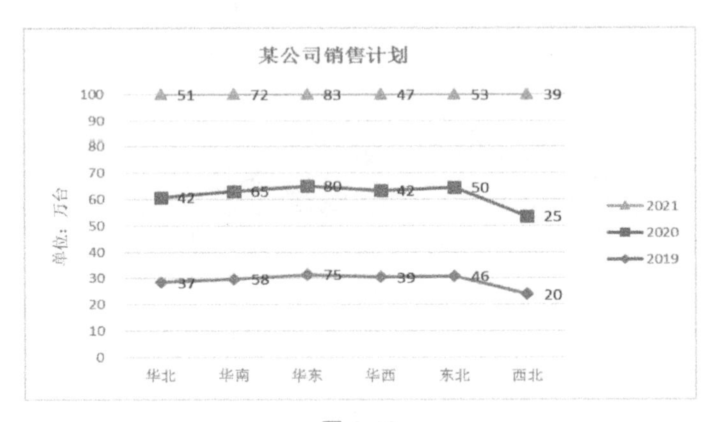

图 8.16

四、三维折线图

三维折线图将每一行或列的数据显示为三维标记。三维折线图具有水平轴、垂直轴和深度轴。

情景解决

（1）选择制作图形所需的数据区域，然后选择【插入】【折线图】命令。

（2）在弹出的下拉列表中选择“三维折线图”选项，制作出三维折线图，然后进行一定的图表设置，增加标题，进行适当调整后可制作出三维折线图，如图8.17所示。

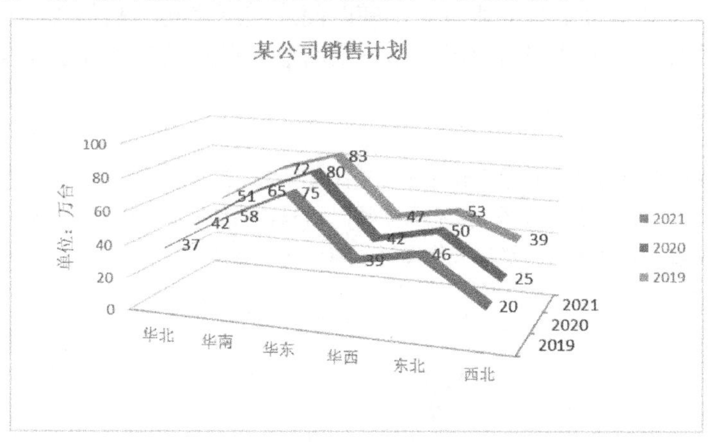

图8.17

8.4 面积图

面积图用于强调指标值随着时间序列各分组类别的变化情况。面积图也有堆积面积图、百分比堆积面积图几种类型，还可以以三维效果显示。

一、面积图（三维面积图）

面积图强调数量随时间而变化的程度，显示各种数值随时间或类别变化的趋势线。三维面积图以三维形式显示各种数值随时间或类别变化的趋势线。

情景解决

（1）选择制作图形所需的数据区域，然后选择【插入】【面积图】命令。

（2）在弹出的下拉列表中选择“三维面积图”选项，制作出三维面积图，然后进行一定的图表设置，增加标题，进行适当调整后制作完成，如图8.18所示。

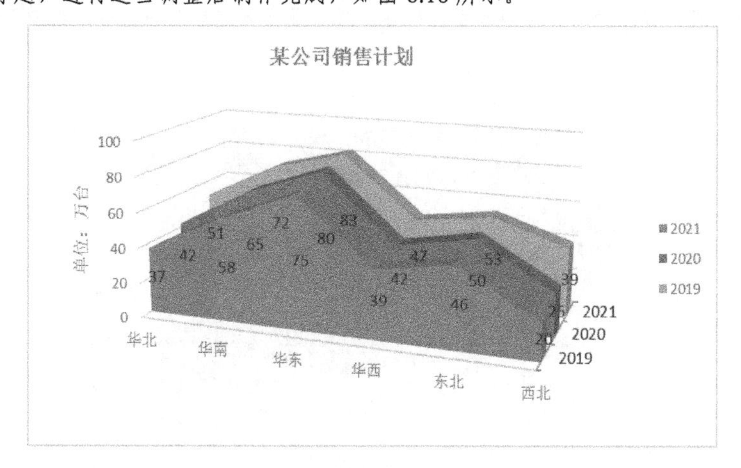

图8.18

二、堆积面积图（三维堆积面积图）

堆积面积图显示每个数值所占大小随时间或类别变化的趋势线，还可以显示部分与整体的关系。三维堆积面积图是以三维图形的形式展现的堆积面积图。

情景解决

（1）选择制作图形所需的数据区域，然后选择【插入】【面积图】命令。

（2）在弹出的下拉列表中选择“堆积面积图”选项，制作出堆积面积图，然后进行一定的图表设置，增加标题，进行适当调整后制作完成，如图 8.19 所示。

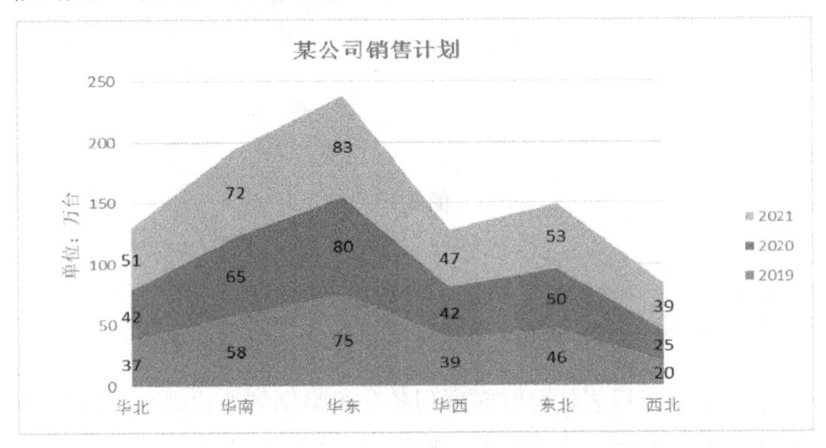

图 8.19

三、百分比堆积面积图（三维百分比堆积面积图）

百分比堆积面积图显示每个数值所占百分比随时间或类别变化的趋势线。三维百分比堆积面积图是以三维的形式展现的百分比堆积面积图。

情景解决

（1）选择制作图形所需的数据区域，然后选择【插入】【面积图】命令。

（2）在弹出的下拉列表中选择“三维百分比堆积面积图”选项，制作出三维百分比堆积面积图，然后进行一定的图表设置，如增加标题和数据标签，进行适当调整后制作完成，如图 8.20 所示。

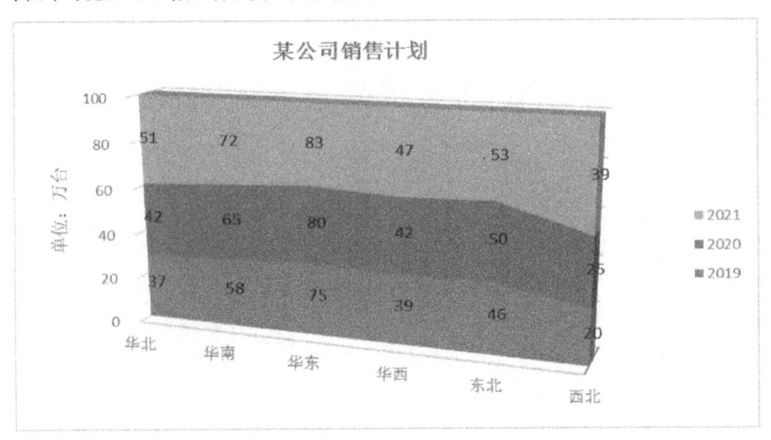

图 8.20

8.5 圆环图

圆环图用于表示各分组类别与总体之间的关系，可以包含多个数据系列。

情景解决

（1）选择制作图形所需的数据区域，然后选择【插入】【饼图】命令。

（2）在弹出的下拉列表中选择“圆环图”选项，制作出圆环图，然后进行一定的图表设置，如增加标题和数据标签，进行适当调整后制作完成，如图 8.21 所示。也可在数据系列选项中进行圆环分离和圆环大小的设置。

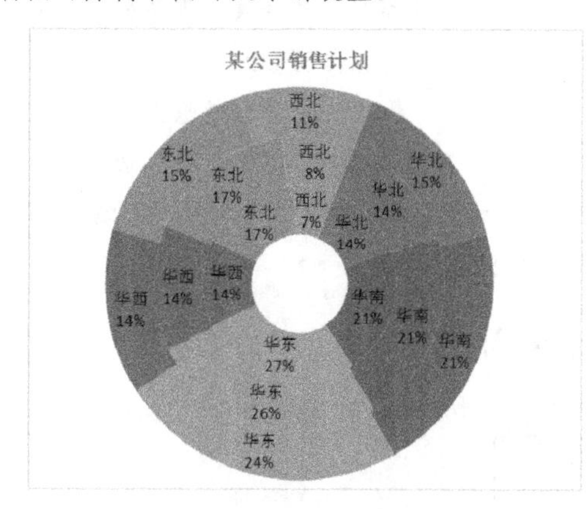

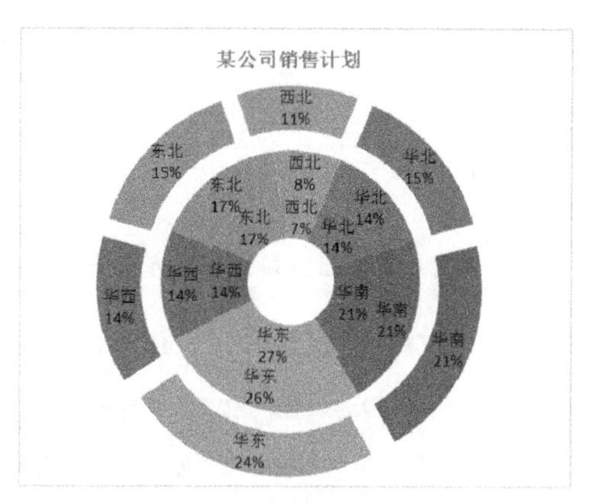

图 8.21

8.6 直方图

直方图是各条形之间没有间距的柱形图。直方图是用条形的宽度和高度来表示统计分组数据，以组距（宽度）为底边，以落入各组的数据频数（高度）为依据，按比例构成的若干长条矩形排列的图。直方图主要用于表示分组数据的频数分布特征，是分析总体数据分布特征的有用的工具之一。

柱形图和直方图的区别：柱形图的各矩形高度表示分组类别的频数多少，宽度是固定的；而直方图的高度表示该组距内的频数，各矩形宽度则表示组距。

一、按频数分布表制作直方图

对数据进行过统计整理，制作出频数分布表，并根据频数分布表来制作直方图，即制作频数之间没有间距的柱形图。

情景案例

某汽车公司统计了各家 4S 店的汽车销售数量，根据汽车销量统计分组得到数据表，现在想根据数据表制作直方图。该如何完成任务呢？

情景解决

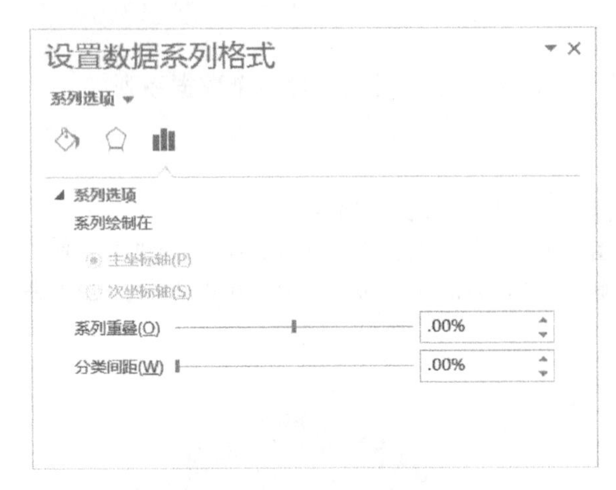

图 8.22

（1）选择【插入】【柱形图】命令，在弹出的下拉列表中选择“柱形图”选项。

（2）按照前面所述的柱形图的画法，完成制作柱形图。

（3）在生成的柱形图中，点击柱形的任一位置，然后右击，在弹出的快捷菜单中选择【数据系列格式】命令，弹出如图 8.22 所示的对话框。

（4）在“设置数据系列格式”对话框中选择“系列选项”选项卡，将“系列选项”中的“分类间距”设为“0”，然后单击【确定】按钮，即完成直方图的制作，如图 8.23 所示。

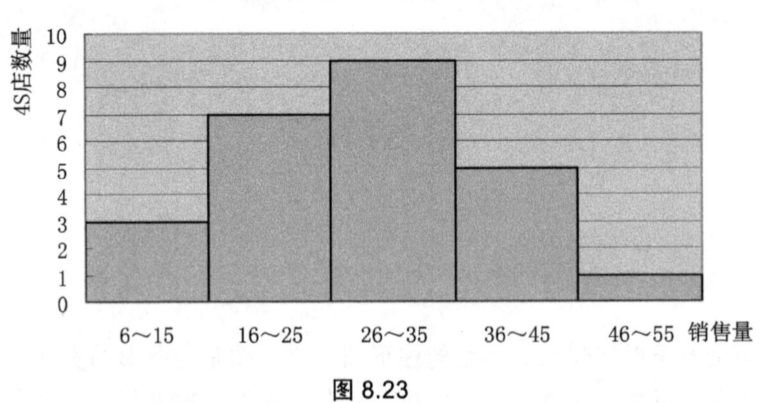

图 8.23

二、直方图（用 Excel 数据分析）

当数据没有经过整理的时候，可以利用 Excel 的数据分析功能来进行制作，在该功能中，还可以同时制作正态分布图和帕累托图（排列图）。

情景案例

某汽车公司统计了各家 4S 店的汽车销售数量，数据没有经过统计分组，现在根据这些数据来制作直方图。原始数据为 24、7、33、30、18、37、29、38、35、38、17、19、6、30、41、13、44、34、20、54、27、16、28、22、34。该如何完成任务呢？

情景解决

（1）将数据输入 Excel 工作表，如图 8.24 所示。

	A	B	C	D	E	F	G
1	某公司各4S店月汽车销售量						分组接收区域
2	24	7	33	30	18		15
3	37	29	38	35	38		25
4	17	19	6	30	41		35
5	13	44	34	20	54		45
6	27	16	28	22	34		55

图 8.24

（2）定义接收区域。假设按上例中直方图的分组方式进行分组，则需要在工作表空白处按升序输入一列数据，这列数据被定义为接收区域。图 8.24 中定义的分组接收区域数据为 15、25、35、45、55。这组数表示数据将被分为小于等于 15 的数据、大于 15 且小于等于 25 的数据、大于 25 且小于等于 35 的数据、大于 35 且小于等于 45 的数据、大于 45 且小于等于 55 的数据，其他的数据将被列入其他分类。

（3）加载“数据分析”模块。选择【文件】【选项】命令，弹出“Excel 选项”对话框，在对话框中选择“加载项”选项，在“加载项”列表框中选择“分析工具库”选项，然后单击对话框左下方的【转到】按钮，弹出如图 8.25 所示的“加载宏”对话框，选中“分析工具库”复选框，单击【确定】按钮。

（4）选择【数据】【数据分析】命令，弹出“数据分析”对话框，如图 8.26 所示，在“分析工具”列表框中选择“直方图”选项，单击【确定】按钮，弹出“直方图”对话框。

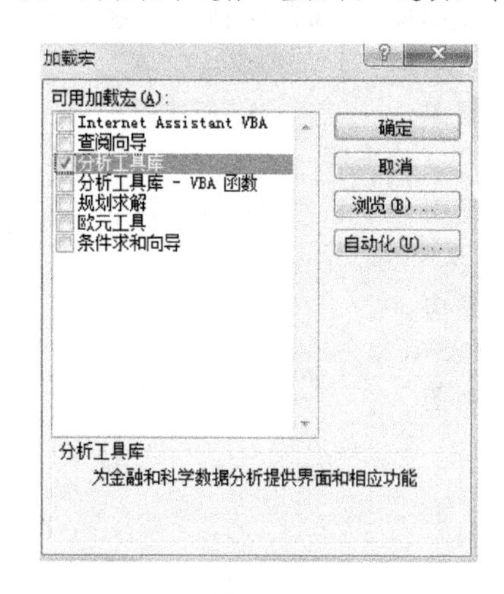

图 8.25

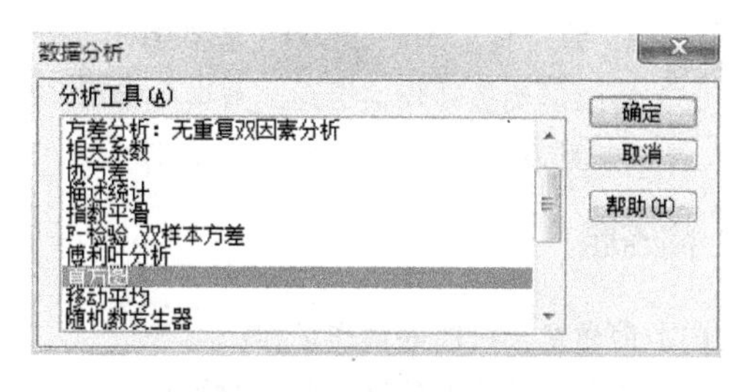

图 8.26

（5）首先，在“直方图”对话框中单击“输入区域”右侧的折叠按钮，在工作表中选择数据，单击“接收区域”右侧的折叠按钮，选择设置的接收区域的数据。然后，在“输出选项”组中单击【输出区域】按钮，单击右侧的折叠按钮，在工作表空白处选择输出图表的区域，选中“图表输出”复选框，如图 8.27 所示。如果选中“柏拉图”复选框，则可以输出排列图（帕累托图）。最后，单击【确定】按钮。

（6）右击直方图的柱形，在弹出的快捷菜单中选择【设置数据系列格式】命令，在弹出的“设置数据系列格式”对话框中选择“系列选项”选项卡，将选项卡中的“分类间距”设为“0”，然后单击【确定】按钮进行一些图表的美化，即可完成直方图的制作，如图 8.28 所示。

图 8.27

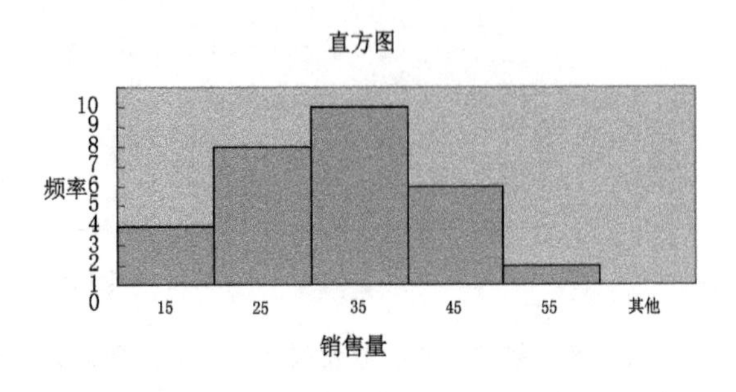

图 8.28

复习思考题

一、选择题

（1）小张收集了最近 20 年我国 GDP 的数据，如果要反映这 20 年我国 GDP 发展的趋势，用（　　）最为合适。

A．直方图　　B．散点图　　C．饼图　　D．折线图

（2）小张收集了销售 1 部、销售 2 部和销售 3 部去年的销售值，如果要反映去年这三个销售部门的结构，用（　　）最为合适。

A．直方图　　B．散点图　　C．饼图　　D．折线图

（3）要了解各次培训考试成绩的分布情况，可用（　　）来表示。

A．直方图　　B．散点图　　C．饼图　　D．折线图

（4）要了解某指标随时间变化的趋势，可用（　　）来表示。

A．直方图　　B．散点图　　C．饼图　　D．折线图

（5）连续型变量制作的组距式数据，可用（　　）来表示。

A．直方图　　B．散点图　　C．饼图　　D．折线图

二、简答题

（1）简述复合饼图的制作过程。

（2）未分组的数据的直方图该如何制作？

（3）简述直方图和条形图的区别。

情景实践题

（1）张某是某高校工商学院的辅导员，某班的商务统计实务课 45 名学生的考试成绩分别为 47、57、89、78、49、84、86、89、87、75、73、90、72、68、75、82、97、81、77、81、54、79、87、95、76、71、60、90、65、76、72、70、86、85、89、89、64、57、83、81、78、87、72、61、66。

张某在前面已经制作了一张统计报表，现在还需要再制作一张统计图，请你帮助他制作一张统计图。

（2）指出表 8-2 表示的分布数列所属的类型，并按表中的数据制作一张统计图。

表 8-2　实践情景题 2 表

按劳动生产率分组/（件/人）	职工人数/人
50～60	15
61～70	25
71～80	35
81～100	15
总　和	90

（3）某公司制订了未来多年的产品计划销售量数据见表 8-3，根据表中数据制作统计图。

表 8-3　实践情景题 3 表

年份/年	销售额/万元
2018	400
2019	558
2020	629
2021	750
2022	800
2023	990
2024	1100
2025	1300
2026	1500
2027	1689
2028	1780

（4）某电视机厂 2017 年四个季度电视机生产情况见表 8-4，根据表中数据制作统计图。

表 8-4　实践情景题 4 表

季　　度	一季度	二季度	三季度	四季度
32in 及以下/万台	32.5	34.6	32.9	35.5
32in 以上/万台	22.7	20.8	27.5	28.5

（5）某公司的商品销售中，鼠标的销售数量共 399 个，其中鼠标销售中又分为无线鼠标、有线鼠标和蓝牙鼠标，在图 8.29 中分别对三种鼠标的销售数量进行统计。当碰到这种既有产品总量又有各项产品销售明细的表格，可以用复合饼图来表示。请制作一张统计图。

（提示：可以将鼠标产品的销售数量删除，因为无线鼠标、有线鼠标和蓝牙鼠标的销售总和就是鼠标的销售数量。）

	A	B
1		销售数量
2	MP3	432
3	电视	234
4	鼠标	399
5	无线鼠标	134
6	有线鼠标	89
7	蓝牙鼠标	176

图 8.29

模块 3
商务数据分析

项目 9

描述性指标分析

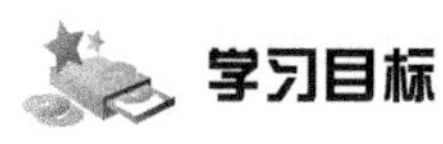

学习目标

知识目标	能力目标
（1）掌握总量指标的概念。 （2）掌握常用的相对指标。 （3）掌握常用的平均指标。 （4）掌握常用的变异指标	（1）掌握各种指标的计算方法。 （2）能应用 Excel 工具进行常用指标的计算。 （3）能根据工作情景运用指标解决相关问题

工作情景

小陈是某大型电子制造企业销售部的员工，他所在企业每隔一段时间就要对各类产品的销售数据进行统计分析，如各月的销售额、年度总销售额、人均销售额、各类产品占总销售额的比重、产品计划完成指标等数据，这些数据指标也是小陈的上司必看的数据。

假如你是小陈，应该掌握哪些知识？又应该如何去完成这些任务呢？

9.1 总量指标

在实际的商务统计中，经常用总量指标来反映商务经济中的规模、水平和工作总量。

一、总量指标的概念和分类

1．总量指标的概念

总量指标是用来反映在一定的时间、空间条件下社会经济现象的总规模、总水平或工作总量的统计指标。总量指标用有一定计量单位的绝对数表示，即用一个绝对数来反映特定现象在一定时间上的总量状况。它是一种最基本的统计指标。

应用案例

某企业制订的销售计划是2020年的产品产量达到500万台，销售额达到50亿元，其中出口销售总额达20亿元。该企业的员工总人数为525人，某月发放的工资总额为183.75万元。

2．总量指标的分类

（1）总量指标按反映的内容不同分为总体单位总量和总体指标总量。

① 总体单位总量。是指一个总体所包含的总体单位的总数量，表示总体自身规模的大小。例如，某企业的职工总人数、某地区的学校数量、某经济技术开发区的企业总数量、某高校大学生的人数等。

② 总体指标总量。是指统计总体各单位某一方面数量标志值的总和，说明总体指标特征的总数量。例如，某企业职工的月工资总额、某学校学生的课本发放数量、某经济技术开发区企业的总厂值、某高校大学生的粮食消费总量等。

（2）总量指标按时间状况不同分为时期指标和时点指标。

① 时期指标。它是反映社会经济现象在一段时间内发展变化结果的总量。时期指标是流量指标，如销售额、产品产量、一段时间内的投资额等。时期指标具有以下特点：

A. 具有可加性。时间上相邻的时期指标相加能够得到另一更长时期的总量指标。

B. 指标数值的大小与时期的长短直接相关。一般来说，时期越长，指标数值就越大。

C. 连续登记而得。时期指标数值的大小取决于整个时期内所有时间上的发展状况，只有连续登记得到的时期指标才会准确。例如，1月份的产量和2月份的产量可以相加成两个月的产量，一年的总产量则是十二个月产量的相加；而一个月的产量则必须是这个月内每一天的产量连续累计相加所得，否则就没有意义。

② 时点指标。它是反映社会经济现象在某一时刻或某一时点上的状况的总量。时点指标的大小与时间长短没有直接关系，各项时间指标值相加没有什么意义，时点指标所收集的数据是一个时点的数据。时点指标具有以下特点：

A. 不具有可加性。不同时点上的两个时点指标数值相加没有实际意义。

B. 指标值的大小与时间的间隔长短无关。时点指标仅仅反映社会经济现象在一瞬间上的数量，每隔多长时间登记一次对它没有影响。

C. 指标数值只能间断计数。时点指标没有必要进行连续登记。

应用案例

某公司年初的固定资产为2500万元，年末的固定资产值为2575万元，不能把期初和期末的固定资产值相加得出年固定资产值为5075万元，固定资产的值同时间长短也没有关系，因为它的值是一个时点的值。企业年初的员工人数为55人，年末员工的人数为53人，都是一个时点的指标值。

二、总量指标的计量单位

总量指标是总量的具体体现，采用绝对数的形式，都有计量单位，其计量是否准确会影响总量指标反映事物现象的准确程度。根据总量指标所反映现象的性质不同，总量指标的计量单位可以分为实物单位、价值单位和劳动单位三种。

1. 实物单位

实物单位是根据事物的外部特征或自然属性而采用的单位，有自然单位、度量衡单位、复合单位、双重单位和标准实物单位几种类型。

（1）自然单位。例如，员工的人数以“人”为单位，汽车以“辆”为单位，鞋以“双”为单位，海报以“张”为单位，拖拉机以“台”为单位等。

（2）度量衡单位。度量衡单位是以已经确定出的标准来计量实物的重量、长度、面积、容积等的单位。例如，钢铁产量以“t”为单位，汽车行驶里程以“km”为单位，天然气的产量以“m^3”为单位等。

（3）复合单位。复合单位是用相乘的方法将两个计量单位结合起来一起表示事物数量的单位。例如，日常用电的度数用“kW·h”为单位进行计量，某风景区的旅游人数以“人次”为单位等。

（4）双重单位。双重单位是用两个或多个计量单位结合起来进行计量的。例如，起重机的计量单位是“台/吨”，货轮用“艘/马力/吨位”计量。

（5）标准实物单位。标准实物单位是按照统一的折算标准来计量数量的一种计量单位。例如，集装箱吞吐量以20ft（1ft≈0.3m）货柜为标准箱进行折算，把含氮量不同的化肥折算成含氮100%的标准化肥，把各种能源都折合成热量值为7000kCal/kg的标准煤等。

2. 价值单位

价值单位也称为货币单位，它是以货币作为价值尺度来计量社会财富的一种计量单位。例如，企业发放给员工的工资总额、企业年销售额、固定资产值、月消费总额等都必须用货币单位来计量。价值单位有人民币、美元、欧元等。

3. 劳动单位

劳动单位是用劳动时间来计量劳动成果的计量方式，通常用于企业计量员工的劳动成果。例如，企业根据自身的情况所制定的工时定额、工作日等。

三、总量指标的统计方法

总量指标是通过对研究对象进行全面调查登记，主要由直接计量、推算和估算等方法统计出来的。直接计量法是对统计对象进行直接计量得到的。例如，企业的统计报表中的总量数据是采用这种直接计量法取得的。在不能直接计算或不必直接计算总体的总量指标的少数情况下，才采用估计推算的方法取得有关的总量资料。

总量指标值在计算的思路上非常明确，但是在计算过程中可能会相当复杂。如果事先没有统一好总量指标的单位和统计的过程方法，那么可能导致单位和方法不统一，这样总量指标数值的计算就不只是一个单纯技术性的加总了。因此，总量指标值的计算必须要事先确定计量单位、范围、计算方法，然后才能进行计算汇总。例如，要正确计算员工的工资收入，必须事先明确工资收入的内容和构成，如确定其中的津贴、公积金等是否是其构成部分，否则工资计算的标准不统一。

9.2 相对指标

一、相对指标的概念和表现形式

总量指标只是描述事物或现象总体的指标，难以对事物或现象进行准确的判断分析，因此，日常工作中经常需要用相对指标来描述事物或现象的对比情况。

1. 相对指标的概念

相对指标也称为相对数，是两个有联系的统计指标进行对比的比值，如企业的人均收入、产品的利润率、各产品销售百分比等。相对指标通过对比的方式，使人们对客观现象的数量特征具有更清晰的认识。相对指标在企业的商务统计中应用广泛，例如，发展速度反映企业发展的速度，计划执行率反映计划的执行情况，顾客的性别年龄构成反映顾客的类别等。

2．相对指标的表现形式

（1）无名数。它是一种抽象化的数值，一般用系数、倍数、成数、百分数或千分数表示。

（2）有名数。它是用来表示强度的相对指标，可表明事物的密度、强度和普遍程度等，如城市人口密度用“人/平方千米”表示。

3．相对指标的意义

（1）通过数量的对比，可表明事物相关程度、发展程度。相对指标可以弥补总量指标的不足，使人们清楚地了解现象的相对水平。例如，某电器商场 2016 年销售总额为 5000 万元，2017 年实现销售额 6000 万元，则 2017 年的销售额比 2016 年增长了 20%。

（2）通过绝对差异抽象化，使原来无法直接对比的指标变为可比的。例如，调查各地区消费者的消费行为，可以通过调查某类支出占总支出的比例来进行对比，而不是简单的对比金额，因为各地区的经济收入水平不一样。

（3）相对指标可以体现总体的结构特征。例如，通过对比某电视机厂各型号电视机的销量结构，可以说明该电视机厂的产品销售情况；又如，计算某产品各部分之间的成本，可以说明该产品成本的构成情况等。

二、相对指标的种类和计算

相对指标通常包括结构相对指标、比例相对指标、比较相对指标、强度相对指标、计划完成程度相对指标和动态相对指标。

1．结构相对指标

结构相对指标也称为结构相对数，是通过按某种标志进行统计分组，将总体分为几个分组部分，各分组部分的数值与总体数值之间的对比获得的比率。结构相对指标能反映总体内部的结构组成，一般用百分数表示，可以用公式表示为

$$\text{结构相对指标}=\frac{\text{总体某部分值}}{\text{总体数值}}\times 100\%$$

因为结构相对指标所对比的是同一总体中各分组数值占总数值的比值，所以各部分（或组）所占比重之和应当等于 100%（或 1）。

结构相对指标在统计分析中应用广泛，常用于产品调查分析、消费结构分析、顾客投诉问题分析等。

应用案例

从表 9-1 中的资料可以看出，该公司的顾客投诉情况分析表明了顾客投诉结构的特点。

表 9-1　顾客投诉分析

投诉项目	占全部投诉总数的比例/（%）
服务态度差	38.5
电话长时无人接听	29.4
咨询业务能力差	13.5
服务出错	10.4
其　他	8.2
合　计	100

从表 9-2 的资料中可以看出，该公司计划对 55in 及以上的液晶电视机所占的比重进行结构性的调整，比例逐年上升。这也是伴随人们生活水平提高而产生的必然结果。

表 9-2　某公司 55in 及以上液晶电视机计划销售数

年　份	2018 年	2019 年	2020 年	2021 年	2022 年
电视机总产量	50.5	63.6	69.0	78.5	85.0
其中：55in 及以上电视机	20.3	30.0	35.0	45.0	55.0
占全部电视机产量的百分比/（%）	40.2	47.2	50.7	57.3	64.7

某高校为了提高整体的师资水平，按职称结构将教师分为表 9-3 中的几种职称情况，根据对统计资料的分析，计算结构相对指标，可为今后职称比例的调整提供辅助决策。

表 9-3　某高校教师职称分布情况

职　称	人　数/人	比　重/（%）
教　授	125	12.5
副教授	350	35.0
讲　师	273	27.3
助教及以下	252	25.2
合　计	1000	100.00

2．比例相对指标

比例相对指标是反映总体中各个组成部分之间的比例关系的指标。比例相对指标反映同一总体中某一分组部分数值与另一分组部分数值的比例关系，一般用百分数表示，也可以用“几比几”或“一比几”的形式表示。在实际工作中，通过计算各种比例相对指标值，能直观地反映各部分之间的比例关系，其计算公式为

$$\text{比例相对指标}=\frac{\text{总体中某一部分数值}}{\text{总体中另一部分数值}}\times 100\%$$

应用案例

某次市场调查共调查了消费者 550 人，男性消费者 350 人，女性消费者 200 人，被调查消费者的构成比例关系，即男性与女性消费者的比例可以用百分数表示为 175%，也可以用“几比几”的形式来表示为 1.75∶1。

3．比较相对指标

比较相对指标又称为类比相对指标，是将不同地区、单位或企业之间的同类指标进行静态对比得出的相对指标，主要用来表明同类现象（地区、单位或企业）在不同空间条件下的数量对比关系。比较相对指标可以用百分数和倍数表示，需要注意的是，分子、分母的统计指标的含义、口径、计算方法和计量单位必须一致，其计算公式为

$$比较相对指标=\frac{甲地区（单位或企业）同类指标数值}{乙地区（单位或企业）同类指标数值}\times 100\%$$

在商务管理工作中，经常会使用比较相对指标进行计算。例如，企业之间产品销量的比较和产品质量、产品成本等的比较。

比较相对指标和比例相对指标有些类似，分子和分母可以互换，两者的关键区别在于比例相对指标是同一总体中不同部分之间的对比，比较相对指标则是同类指标在不同空间的对比。

应用案例

甲生产线生产某产品的合格数量为 5500 只，乙生产线生产某产品的合格数量为 4500 只，则甲、乙两条生产线产品的合格数量的比较相对指标值为(5500÷4500)×100%≈122.2%。

4．强度相对指标

强度相对指标又称为强度相对数，是指在同一地区或单位内，两个性质不同但有一定联系的数量指标的对比。强度相对指标是用以表明现象的强度、密度和普遍程度的指标，其计算公式为

$$强度相对指标=\frac{某一总量指标数值}{另一个有联系而性质不同的总量指标数值}\times 100\%$$

强度相对指标值从表现形式上看带有“平均”的意义。例如，按人口计算的主要产品产量指标用“吨（千克）/人”表示。强度相对指标与平均值有根本的区别：强度相对指标是两个性质不同但有联系的总量指标数值之比，它表明两个不同总体之间的数量对比关系；平均值是同一总体中的标志总量与单位总量之比，是将总体的某一数量标志的各个变量值加以平均。

应用思考

强度相对指标和平均值有什么区别？

应用案例

某手机厂年生产手机数量为 110 万台，而该企业生产一线员工的平均人数为 3200 人，那么生产线生产能力为人均生产量 =1100000÷3200=343.75（台/人）。

5．计划完成程度相对指标

计划完成程度相对指标是实际完成数与计划完成数的对比结果，用以表明计划的完成程度，一般用百分数来表示。在商务活动中，计划完成程度相对指标通常用来检查监督计划执行和完成的情况，计算公式为

$$\text{计划完成程度相对指标}=\frac{\text{实际完成数}}{\text{计划任务数}}\times 100\%$$

由于计划任务数在实际计算中可以表现为绝对数、平均值和相对数等多种形式，所以计算计划完成程度相对指标的方法也不尽相同。

（1）计划任务数表现绝对数或平均值形式。使用绝对数和平均值计算计划完成程度相对指标时，计算公式为

$$\text{计划完成程度}=\frac{\text{实际完成绝对数}}{\text{计划任务绝对数}}\times 100\%$$

应用案例

某洗衣机厂2016年产品计划产量25万台，实际完成28.5万台，则产量计划完成程度为计划完成程度＝(28.5÷25)×100％=114％。这表明洗衣机厂超额14%完成产量计划，实际产量比计划产量增加了3.5万台。

（2）计划任务数表现为相对数。计划任务数为相对数时，计算公式为

$$\text{计划完成程度相对指标}=\frac{\text{实际达到的百分数}}{\text{计划规定的百分数}}\times 100\%$$

应用案例

某企业通过引进先进的生产线，预计产量会增加6%，同时单位成本预计会下降5%，结果实际产量增加了10%，实际单位成本下降了9.3%，那么通过引进先进生产线的计划完成程度指标为产量计划完成程度相对指标＝［(100%＋10%)÷(100%＋6%)］×100%≈103.77%；单位成本降低计划完成程度相对指标＝［(100%－9.3%)÷(100%－5%)］×100%≈95.47%。

产量计划完成程度相对指标为103.77%，表明产量比计划产量提高；单位成本降低计划完成程度相对指标为95.74%，表明先进生产线引进生产的产品实际成本比预计成本更低。

6．动态相对指标

动态相对指标是指不同时期的两个指标值进行动态对比而得出的相对数，用来反映现象在不同时间的发展变化的情况，一般用百分数或倍数表示，也称为发展速度。其计算公式为

$$\text{动态相对指标}=\frac{\text{报告期指标值}}{\text{基期指标值}}\times 100\%$$

作为比较标准的时期称为基期，与基期对比的时期称为报告期。基期可以是前期、上年同期或某个具有意义的历史时期。

2017年2月份，某企业的销售额为2.5亿元，2016年2月同期则为1.9亿元，如果把2016年2月作为基期，则2017年2月为报告期，将2017年2月的销售额与2016年2月的销售额对比，经过计算后可以得出动态相对指标值为131.58%。

9.3 平均指标

一、平均指标的概念和特点

数据的平均指标用来反映数据的一般水平，是指总体某一数量指标在一定时期一定条件下的一般水平，如平均收入、平均成本、平均房价等。

平均指标具有以下几个特点：

（1）平均指标有利于消除不同总体之间的数量差异，从而可以进行对比。例如，两个企业发放的总工资金额不一样，企业员工数量也不一样，但可以通过计算平均值来比较人均工资收入。

（2）平均指标可以反映总体各单位分布的集中趋势。一般来说，标志值很大或很小的情况比较少，靠近平均值上下的数量会比较多。

（3）平均指标可以反映现象之间的依存关系。例如，某企业根据不同机器设备生产的产量进行分组，然后把每类机器的产量与成本进行比较，计算出每类机器所生产的平均成本，可以分析出机器设备同成本之间的关系。

（4）平均指标可以作为科学推断的基础。例如，通过对某地区的调查，计算出居民的月平均生活消费额，从而推断出该地区居民的平均月消费额。

应用思考

人们在哪些场合会计算平均指标？

二、各类平均指标和计算

1．算术平均值

算术平均值是总体标志总量与总体单位总数之比。它是集中趋势测度中最重要的一种，是在所有平均值中应用最广泛的平均值。其计算公式为

$$算术平均值=\frac{总体标志总量}{总体单位总量}$$

（1）简单算术平均值。它是指根据未经分组整理的原始数据计算的均值。设一组数据为 x_1，x_2，…，x_n，则简单算术平均值的计算公式为

$$\bar{x}=\frac{x_1+x_2+\cdots+x_n}{n}=\frac{\sum x}{n}$$

（2）加权算术平均值。它是指根据分组整理的数据计算的算术平均值，计算公式为

$$\overline{x}=\frac{x_1 f_1+x_2 f_2+\cdots+x_n f_n}{f_1+f_2+\cdots+f_n}=\frac{\sum xf}{\sum f}$$

式中：f 表示各组变量值出现的频数。

注意： 如果是分组数据的话，则 x_n 取各组的组中值，见表 9-4。

表 9-4　产值利润率

产值利润率/（%）	一季度	
	企业数/个	实际产值/万元
5～10	30	5700
11～20	70	20500
21～30	50	22500
合　计	150	48700

表 9-4 中给出的是按产值利润率分组的企业个数、实际产值资料。应该注意的是，产值利润率是一个相对指标，而不是平均指标。为了计算全行业的平均产值利润率，必须以产值利润率的基本公式为依据。

$$产值利润率=\frac{实际利润}{实际产值}\times 100\%$$

选择适当的权数资料、适当的平均值形式，对各组企业的产值利润率进行加权平均，容易看出，计算第一季度的平均产值利润率应该采用实际产值加权，如进行算术平均，即有一季度平均产值利润率 $=\frac{\sum xf}{\sum f}=\frac{0.075\times 5700+0.15\times 20500+0.25\times 22500}{5700+20500+22500}=\frac{9127.5}{48700}\approx 18.74\%$。

2．调和平均值

调和平均值也可以看成是变量 x 的倒数的算术平均值的倒数，故有时也称为倒数平均值。调和平均值与算术平均值类似，也有简单的和加权的两种形式，计算公式分别为

$$H=\frac{n}{\frac{1}{x_1}+\frac{1}{x_2}+\cdots+\frac{1}{x_n}}=\frac{n}{\sum_{i=1}^{n}\frac{1}{x_i}}$$

$$H=\frac{m_1+m_2+\cdots+m_n}{\frac{m_1}{x_1}+\frac{m_2}{x_2}+\cdots+\frac{m_n}{x_n}}=\frac{\sum_{i=1}^{n}m_i}{\sum_{i=1}^{n}\frac{m_i}{x_i}}$$

算术平均值和调和平均值在本质上是相同的。

3．几何平均值

几何平均值包括简单几何平均值和加权几何平均值两种。

直接将 n 项变量连乘，然后对其连乘积开 n 次方根所得的平均值即为简单几何平均值。它是几何平均值的常用形式，计算公式为

$$G=\sqrt[n]{x_1 \cdot x_2 \cdot x_3 \cdot \cdots \cdot x_n}=\sqrt[n]{\prod_{i=1}^{n} x_i}$$

式中：G表示几何平均值；Π是连乘符号。

与算术平均值一样，当资料中的某些变量值重复出现时，简单几何平均值就相应地变成加权几何平均值，计算公式为

$$\overline{x}_G=\sqrt[\Sigma f]{x_1^{f_1} \cdot x_2^{f_2} \cdot x_3^{f_3} \cdot \cdots \cdot x_n^{f_n}}=\sqrt[\Sigma f]{\prod_{i=1}^{n} x_i^{f_i}}$$

式中：f_i表示各个变量值出现的次数。

应用案例

某流水生产线有前后衔接的五道工序，某日各工序产品的合格率分别为95%、92%、90%、85%、80%，则整个流水生产线产品的平均合格率为 $G=\sqrt[5]{0.95\times0.92\times0.90\times0.85\times0.80}=\sqrt[5]{0.5349}\approx88.24\%$。

某工商银行某项投资年利率是按复利计算的，表9-5为其20年的利率分配表，需要计算20年的平均年利率。

表9-5　投资年利率分组表

年　　限	年利率/（%）	本利率 x_i/（%）	年数 f_i/个
第1年	5	105	1
第2～4年	8	108	3
第5～15年	15	115	11
第16～20年	18	118	5
合　计	—	—	20

按公式计算20年的平均年利率为 $\overline{x}_G=\sqrt[20]{1.05^1\times1.08^3\times1.15^{11}\times1.18^5}\approx114.14\%$，即20年的平均年利率为 $114.14\%-100\%=14.14\%$。

应用思考

在什么情况下人们会使用几何平均值？

4．众数

众数是一种位置平均值，是指总体中出现次数最多的变量值。如果数列是品质数列和单项式变量数列，那么确定众数比较容易，变量值出现次数最多的即众数。

5．中位数

将数据按大小顺序排列形成一组数列，居于数列中间位置的数据即中位数，用M_e表示。中位数先要将标志值按大小排序，即 $x_1\leqslant x_2\leqslant x_3\leqslant\cdots\leqslant x_n$。中位数的计算公式为

$$M_e=\begin{cases} x_{\frac{n+1}{2}} & (n\text{为奇数}) \\ \dfrac{x_{\frac{n}{2}}+x_{\frac{n+1}{2}}}{2} & (n\text{为奇数}) \end{cases}$$

9.4 变异指标

常用的变异指标主要包括极差（全距）、方差和标准差、样本方差和标准差、离散系数等。

一、极差（全距）

极差（全距）是指总体各单位的两个极端标志值之差，用 R 表示，即

$$R=\text{最大标志值}-\text{最小标志值}$$

因此，全距可反映总体标志值的差异范围。

二、方差和标准差

方差是各个数据与其算术平均值的离差平方的平均值，通常以 σ^2 表示。方差的计量单位和量纲不便于从经济意义上进行解释，所以实际统计工作中多用方差的算术平方根——标准差来测度统计数据的差异程度。标准差又称均方差，一般用 σ 表示。方差和标准差的计算也分为简单平均法和加权平均法。另外，对于总体数据和样本数据的计算，公式略有不同。

设总体方差为 σ^2，对于未经分组整理的原始数据，方差的计算公式为

$$\sigma^2=\frac{\sum_{i=1}^{N}(X_i-\overline{X})^2}{N}$$

方差的平方根即为标准差，相应的计算公式为

$$\sigma=\sqrt{\frac{\sum_{i=1}^{N}(X_i-\overline{X})^2}{N}}$$

三、样本方差和标准差

样本方差与总体方差在计算上的区别是，总体方差是用数据个数或总频数去除离差平方和，而样本方差则是用样本数据个数或总频数减 1 去除离差平方和。其中，样本数据个数减 1 即 $n-1$，称为自由度。设样本方差为 S_{n-1}^2，根据未分组数据和分组数据计算样本方差和样本标准差的公式分别为

$$\text{样本方差 } S_{n-1}^2=\frac{\sum_{i=1}^{n}(x_i-\overline{x})^2}{n-1}$$

$$\text{样本标准差 } S_{n-1}=\sqrt{\frac{\sum_{i=1}^{n}(x-\overline{x})^2}{n-1}}$$

变量值绝对水平越高，离散程度的测度值自然也就越大；绝对水平越低，离散

程度的测度值自然也就越小。另外，它们与原变量值的计量单位相同，采用不同计量单位计量的变量值，其离散程度的测度值也就不同。

四、离散系数

离散系数通常是用标准差来计算的，也称为标准差系数，它是一组数据的标准差与其相应的均值之比，是测度数据离散程度的相对指标，计算公式为

$$V_\sigma=\frac{\sigma}{X} \quad 或 \quad V_S=\frac{S}{x}$$

式中：V_σ 和 V_S 分别表示总体离散系数和样本离散系数。

离散系数越大，说明该组数据的离散程度越大；离散系数越小，说明该组数据的离散程度越小。

应用思考

变异指标主要用来说明数据的什么特征？

9.5 常用指标计算

一、单独计算

1．简单平均值计算

情景解决

对某产品的 10 个批次抽查进行质量合格的全面检验，每批次产品数量为 100 只，合格的产品数分别为 98、96、92、96、100、90、95、96、99、92，如何求其平均值指标？

（1）将需要计算的平均值数据输入工作表中，数据区域为 A1:B5。

（2）在工作表中输入以下公式，如图 9.1 所示。

算术平均值：在单元格 E1 中输入公式“=AVERAGE（A1:B5）”。

调和平均值：在单元格 E2 中输入公式“=HARMEAN（A1:B5）”。

几何平均值：在单元格 E3 中输入公式“=GEOMEAN（A1:B5）”。

众数：在单元格 E4 中输入公式“=MODE（A1:B5）”。

中位数：在单元格 E5 中输入公式“=MEDIAN（A1:B5）”。

	A	B	C	D	E
1	98	96		算术平均数	=AVERAGE(A1:B5)
2	92	96		调和平均数	=HARMEAN(A1:B5)
3	100	90		几何平均数	=GEOMEAN(A1:B5)
4	95	96		众数	=MODE(A1:B5)
5	99	92		中位数	=MEDIAN(A1:B5)

图 9.1

（3）在输入各组公式后按 Enter 键即可完成计算，如图 9.2 所示。

	A	B	C	D	E
1	98	96		算术平均数	95.40
2	92	96		调和平均数	95.30
3	100	90		几何平均数	95.35
4	95	96		众数	96.00
5	99	92		中位数	96.00

图 9.2

2．简单变异度指标计算

情景解决

按上例计算平均值的数据，同样计算其全距、方差和标准差。

（1）在工作表中输入以下公式，如图 9.3 所示。

全距：在单元格 E6 中输入公式“＝MAX（A1:B5）－MIN（A1:B5）”。

方差：在单元格 E7 中输入公式“＝VAR（A1:B5）”。

标准差：在单元格 E7 中输入公式“＝STDEV（A1:B5）”。

	A	B	C	D	E
1	98	96		算术平均数	=AVERAGE(A1:B5)
2	92	96		调和平均数	=HARMEAN(A1:B5)
3	100	90		几何平均数	=GEOMEAN(A1:B5)
4	95	96		众数	=MODE(A1:B5)
5	99	92		中位数	=MEDIAN(A1:B5)
6				全距	=MAX(A1:B5)-MIN(A1:B5)
7				方差	=VAR(A1:B5)
8				标准差	=STDEV(A1:B5)

图 9.3

（2）计算的结果如图 9.4 所示。

	A	B	C	D	E
1	98	96		算术平均数	95.40
2	92	96		调和平均数	95.30
3	100	90		几何平均数	95.35
4	95	96		众数	96.00
5	99	92		中位数	96.00
6				全距	10
7				方差	10.49
8				标准差	3.24

图 9.4

二、数据分析工具计算

情景解决

某次调查获得的数据分为 A 组和 B 组，需要统计每组数据的平均值、区间，以及给出各组数据内部差异的量化标准，并要求统计各类常用指标。但是样本数据分布区间、标准差等都是描述样本数据范围及波动大小的统计量，统计标准差需要得到样本均值，计算较为烦琐。这些都是描述样本数据的常用变量，使用 Excel 数据分析中的“描述统计”选项即可一次完成。需要注意的是，该功能需要使用 Excel 扩展功能，如果 Excel 尚未加载数据分析，需先加载“数据分析”

选项。选择【文件】【选项】命令，弹出“Excel 选项”对话框，在对话框中先选择“加载项”，再选择“分析工具库”选项，然后单击对话框左下方的【转到】按钮，弹出“加载宏”对话框，选中“分析工具库”复选框，单击【确定】按钮。加载成功后，可以在“数据”选项卡中看到【数据分析】命令。

（1）输入相关的数据，然后选择【数据】【数据分析】命令，弹出如图 9.5 所示对话框。

（2）在弹出的对话框中选择“描述统计”选项后，弹出“描述统计”对话框，如图 9.6 所示。依次选择如下：

① 输入区域。原始数据区域，可以选中多个行或列，注意选择相应的分组方式。因为有的数据有标志，注意选中“标志位于第一行”复选框；如果输入区域没有标志项，该复选框将被清除，Excel 将在输出表中生成适宜的数据标志。

	A	B
1	A组	B组
2	117	122
3	139	107
4	122	133
5	133	134
6	119	113
7	124	129
8	125	117
9	123	126
10	127	123
11	120	128
12	117	130
13	126	122
14	127	123
15	120	123
16	139	128

图 9.5

② 输出区域可以选样本表所在的区域、新工作表或是新工作簿。本例选择单元格 D1。

③ 汇总统计。如果选中，计算结果会出现包括平均值、标准误差（相对于平均值）、中位值、标准偏差、方差、峰值、偏度、最大值、最小值等相关项目。汇总统计的计算内容和结果可参考图 9.6。

④ 平均值置信度。数值 95% 可用来计算在显著性水平为 5% 时的置信度。

⑤ 第 K 大（小）值。输出表的某一行中包含每个数据区域中的第 K 个最大（小）值。

（3）结果示例如图 9.7 所示（这里是双列数据的描述统计结果）。

图 9.6

D	E	F	G
A组		B组	
平均	125.2	平均	123.8666667
标准误差	1.815803639	标准误差	1.886964473
中位数	124	中位数	123
众数	117	众数	123
标准差	7.032577256	标准差	7.308181977
方差	49.45714286	方差	53.40952381
峰度	0.200925646	峰度	0.751112048
偏度	0.965719141	偏度	-0.865900384
区域	22	区域	27
最小值	117	最小值	107
最大值	139	最大值	134
求和	1878	求和	1858
观测数	15	观测数	15
最大(1)	139	最大(1)	134
最小(1)	117	最小(1)	107
置信度(95.0%)	3.894511462	置信度(95.0%)	4.047136269

图 9.7

复习思考题

一、选择题

（1）下列统计指标中，属于总量指标的是（　　）。

A．工资总额　　B．商业网点密度

C．商品库存量　　D．人均国民生产总值

（2）全校学生人均月伙食费属于（　　）。

A．平均指标　　B．强度相对指标

C．计划完成相对指标　　D．比较相对指标

（3）按时间状况不同，总量指标又可分为（　　）。

A．时间指标和时点指标　　B．时点指标和时期指标

C．时期指标和时间指标　　D．实物指标和价值指标

（4）下列统计指标中，属于时点指标的有（　　）。

A．某地区人口数　　B．某地区年人口死亡数

C．某公司开会次数　　D．某农场每年鸭蛋产量

（5）下列指标中，属于时期指标的是（　　）。

A．职工人数　　B．工业总产值

C．银行存款余额　　D．商品库存量

（6）下列指标中，属于结构相对指标的是（　　）。

A．产品合格率　　B．人均粮食产量

C．轻、重工业之分　　D．大学生与研究生之比

（7）某种商品的年末库存额是（　　）。

A．时期指标并实物指标　　B．时点指标并实物指标

C．时期指标并价值指标　　D．时点指标并价值指标

（8）将不同地区、部门、单位之间同类指标进行对比所得的综合指标称为（　　）。

A．动态相对指标　　B．比较相对指标

C．比例相对指标　　D．结构相对指标

（9）下列指标中，属于比例相对指标的是（　　）。

A．工人出勤率　　B．净产值占总产值的比重

C．博士、硕士、本科、专科的比例关系　　D．产品合格率

（10）计划规定商品销售额较去年增长3%，实际增长5%，则商品销售额计划完成情况相对指标为（　　）。

A．166.67%　　B．101.94%　　C．60%　　D．98.1%

（11）某商场2017年空调销售额为200万元，年末库存量为500台，这两个总量指标是（　　）。

A．时期指标　　B．前者是时点指标，后者是时期指标

C．时点指标　　D．前者是时期指标，后者是时点指标

（12）某厂2017年创利100万元，2018年计划增长10%，实际创利120万元，则该企业超额完成计划（　　）。

A．9.09%　　B．20%　　C．110%　　D．120%

（13）中位数是一种（　　）。

A．计算平均数　　B．位置平均数

C．受极端值影响很大的平均数　　D．只有次数分布呈钟形时才有的平均数

（14）众数是（　　）。

A．总体中出现次数最多的变量值　　B．总体中出现的最大变量值

C．总体中出现的最小变量值　　D．变量值对应的最大次数

（15）如果所有标志的次数都增加1倍，各标志值不变，则算术平均数（　　）。

A．增加　　B．减少　　C．不变　　D．无法判断

（16）如果变量值中有一项为零，则不能计算（　　）。

A．算术平均数　　B．调和平均数　　C．众数　　D．中位数

（17）标志变异指标中易受极端值影响的有（　　）。

A．平均差　　B．标准差　　C．标准差系数　　D．全距

（18）标准差是各变量值与算术平均数的（　　）。

A．离差平方和平均数　　B．离差平方和平均数的平方根

C．离差平均数的平方根　　D．离差平均数平方的平方根

二、判断题

（1）年工资收入是时点指标。（　　）

（2）全国粮食总产量与全国人口对比计算的人均粮食产量是平均指标。（　　）

（3）同一总体的一部分数值与另一部分数值对比得到的相对指标是比较相对指标。（　　）

（4）比例相对指标是将总体分为几个分组部分，各分组部分的数值与总体数值之间的对比获得的比率。（　　）

（5）强度相对指标是将不同地区、单位或企业之间的同类指标进行静态对比得出的相对指标。（　　）

（6）众数是一种位置平均数，是指总体中出现次数最多的变量值。（　　）

（7）平均指标可以反映离散程度。（　　）

（8）某企业生产某种产品的单位成本，计划在上年的基础上降低 2%，实际降低了 3%，则该企业差一个百分点，没有完成计划任务。（　　）

（9）变异系数值越大，表明总体中各单位标志值的变异程度越大。（　　）

三、简答题

（1）总量指标有哪些分类？并说明时期指标和时点指标的特点。

（2）相对指标有哪些？如何计算？

（3）常有的平均指标有哪几种？如何计算？

（4）常用的变异指标主要包括哪几种？如何计算？

情景实践题

（1）某厂去年生产某产品的产量和成本资料见表 9-6，试计算该产品的平均单位成本。

表 9-6　实践情景题 1 表

季　　度	1	2	3	4
产品产量/万件	150	180	200	210
产品单位成本/元	3.50	3.46	3.40	3.41

（2）某公司所下三个企业生产同种产品，2017 年实际产量、计划完成情况及产品优质品率资料见表 9-7，要求计算：该公司产量计划完成百分比；该公司实际的优质品率。

表 9-7　实践情景题 2 表

企　业	实际产量/万件	完成计划/（%）	实际优质品率/（%）
甲	100	120	95
乙	150	110	96
丙	250	80	98

（3）设有某行业 150 个企业的有关产值和利润资料见表 9-8，要求计算平均产值利润率。

表 9-8　实践情景题 3 表

产值利润率/（%）	一季度		二季度	
	企业数/个	实际产值/万元	企业数/个	实际利润/万元
5～10	30	5700	50	710
11～20	70	20500	80	3514
21～30	50	22500	20	2250
合　计	150	48700	150	6474

（4）某地区商业局下属 20 个零售商店，某月按零售计划完成百分比资料分组见表 9-9，要求计算该局的平均计划完成百分比。

表 9-9　实践情景题 4 表

按计划完成百分比分组/（%）	商店数/个	实际零售额/万元
90 以下	2	510
91～100	5	760
101～110	9	1470
111～120	4	1840

（5）将表 9-10 所示的 50 个数据输入到 Excel 工作表中，要求用 Excel 计算这些数据描述统计量的具体步骤。

表 9-10　实践情景题 5 表

117	122	124	129	139	107	117	130	122	125
108	131	125	117	122	133	126	122	118	108
110	118	123	126	133	134	127	123	118	112
112	134	127	123	119	113	120	123	127	135
137	114	120	128	124	115	139	128	124	121

项目 10

假设检验

学习目标

知识目标	能力目标
（1）掌握假设检验的基本概念。 （2）掌握均值检验的过程。 （3）掌握方差检验的过程。 （4）掌握比例检验的过程	（1）能根据情景应用假设检验。 （2）能根据均值检验。 （3）能根据方差检验。 （4）能根据比例检验

工作情景

在实际工作中，人们有时需要判断某手机电池的待机时间到底能否达到预定的时间，要调查某专业大学生毕业工作一年后的工资差别是否大于预想的收入差距，要确定某机器生产的产品的质量合格率到底能否达到99%等。

针对这些问题，只是简单地根据计算样本的均值或比例来判断显然不行，那么该如何去解决这些问题？

10.1 假设检验的思想

一、假设检验的基本概念

假设检验是指先假设总体具有某种特征，然后通过对样本的加工，即统计量，来推断假设的结论是否合理。例如，某手机生产厂家的某型号手机电池的平均待机时间要求不低于150h，现从中抽取100块电池，测得平均待机时间为156h，标准差为23h，试问这批手机电池的平均待机时间是否符合要求？这类问题就属于假设检验问题。

下面通过一个例子来说明假设检验的基本思想。

应用案例

两位同学在玩猜硬币的游戏，A同学说自己能猜出用碗盖住的硬币的正面或反面，结果A同学竟然连续11次猜到了B同学随机旋转后用碗盖住的硬币的正、反面。A同学很得意，吹牛说自己有特异功能，B同学大为惊讶，将信将疑，最后怀疑A同学作弊。

从统计的角度来看，B同学的怀疑是有道理的，因为，如果硬币抛出后的正、反面是随机的，则连续11次猜中硬币正、反面的概率为$\left(\frac{1}{2}\right)^{11}=\frac{1}{2048}$，这是一个很小的数。在实际统计中，在一次试验中所发生的事件不应该是小概率事件，既然这样小概率的事件发生了，那么就可以推测A同学猜出硬币正、反面是有问题的，换句话说有作弊的嫌疑。

上述案例的推断过程实际上就是假设检验的全部过程。假设检验一般包括几个步骤：提出原假设和备择假设→选取和计算统计量→选择显著性水平→确定临界值→比较得出结论。为了便于操作，后面会把这一过程步骤表述得更加形式化一点。

二、假设检验的小概率原理

假设检验的基本思想是应用小概率原理。小概率原理是指发生概率很小的随机事件在一次实验中是几乎不可能发生的，根据这一原理，可以做出是否接受原假设的决定。

应用案例

某公司对客户声称其产品的合格率很高，可以达到99.8%。按照这种说法，从该公司的一批产品（如500件）中随机抽取1件，这1件产品恰好是不合格品的概率就会非常小，只有0.2%。如果该公司说的是真的，随机抽取1件是不合格品的情况几乎是不可能发生的。但该公司的客户却在随后的抽检中正好抽到了1件不合格品，因此，客户怀疑该公司的产品合格率没到99.8%。

上述案例中的小概率事件的概率是0.2%，如果这种情况确实发生了，人们就有理由怀疑原来的假设，即该公司宣称的产品中只有0.2%的不合格品的假设是否成立，便可以推翻原来的假设，得到该公司宣称是假的这样一个推断。

在这里，人们推断的依据就是小概率原理。但是，推断也可能会犯错误，因为就像买彩票一样，百万分之一也是有可能会中的。所以，这500件产品中如果确实只有1件是不合格品，正好在一次抽取的时候被客户抽到了，这种情况也是可能存在的。

在一个假设中，通常是指定一个正数α（$0<\alpha<1$），认为概率不超过α的事件是在一次试验中不会发生的事件，则称α为显著性水平。由此也可以看出，上述案例中的0.2%即为显著性水平。

应用思考

试举几例生活中的小概率事件。

三、假设检验的步骤

1. 提出原假设和备择假设

对每个假设检验问题，一般可同时提出两个相反的假设：原假设和备择假设。原假设用H_0表示；备择假设是拒绝原假设后可供选择的假设，用H_1表示。原假设和备择假设是相互对立的，检验结果两者必取其一。接受H_0则必须拒绝H_1；反之，拒绝H_0则必须接受H_1。

在实际中，人们一般把没有充分理由否定的命题作为原假设，把没有足够把握肯定是真的命题作为备择假设。

一般来说，假设有三种形式：

（1）H_0为$\mu=\mu_0$，H_1为$\mu\neq\mu_0$。这种形式的假设检验称为双侧检验。

（2）H_0为$\mu=\mu_0$，H_1为$\mu<\mu_0$（或H_0为$\mu\geqslant\mu_0$，H_1为$\mu<\mu_0$）。这种形式的假设检验称为左侧检验。

（3）H_0为$\mu=\mu_0$，H_1为$\mu>\mu_0$（或H_0为$\mu\leqslant\mu_0$，H_1为$\mu>\mu_0$）。这种形式的假设检验称为右侧检验。

左侧检验和右侧检验统称为单侧检验。采用哪种假设要根据所研究的实际问题来定。如果对所研究问题只需要判断有无显著差异，或要求同时注意总体参数偏大或偏小的情况，则采用双侧检验；如果要检验的是总体参数是否比某个值偏大（或偏小），则宜采用单侧检验。

2．选取和计算统计量

在参数的假设检验中，要借助于样本统计量进行统计推断。用于假设检验问题的统计量称为检验统计量。在具体问题中，选择什么统计量作为检验统计量需要考虑用于进行检验的样本是大样本还是小样本，总体方差是已知还是未知等，要根据不同的条件选择不同的检验统计量。

3．选择显著性水平

假设检验是用样本的信息对总体进行判断，有可能会犯错误，犯错误的概率称为显著性水平α。显著性水平是指原假设正确时将其拒绝的概率或风险，通常取$\alpha=0.05$或$\alpha=0.01$。这表明，当做出接受原假设的决定时，其正确的可能性（概率）为95%或99%。假设检验的基本思想是应用小概率事件实际极少发生的原理，这里的小概率就是指显著性水平α。

4．确定临界值

给定了显著性水平α，就可以确定其对应的概率度即临界值。临界值可以通过有关的概率分布表查取，也可以用计算机软件计算，从而确定H_0的接受区域和拒绝区域。临界值就是接受区域和拒绝区域的分界点。

对于不同形式的假设，H_0的接受区域和拒绝区域也有所不同。双侧检验的拒绝区域位于统计量分布曲线的两侧，即如果值处于两侧阴影部分，说明是小概率事件发生，拒绝原假设；如果值处于中间接受区域，则接受原假设。双侧检验曲线如图10.1所示。

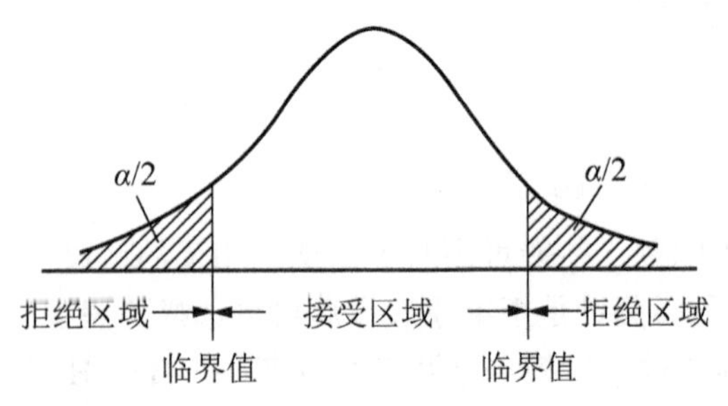

图 10.1

左侧检验的拒绝区域位于统计量分布曲线的左侧，即如果值处于左侧阴影部分，说明是小概率事件发生，拒绝原假设；如果值处于右侧接受区域，则接受原假设。左侧检验曲线如图10.2所示。

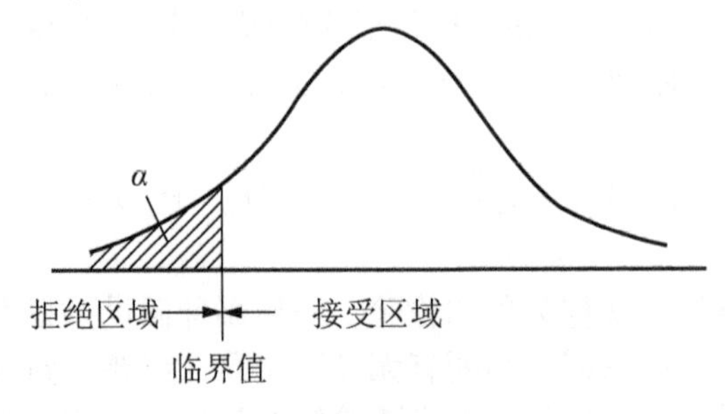

图 10.2

右侧检验的拒绝区域位于统计量分布曲线的右侧，即如果值处于右侧阴影部分，说明是小概率事件发生，拒绝原假设；如果值处于左侧接受区域，则接受原假设。右侧检验曲线如图 10.3 所示。

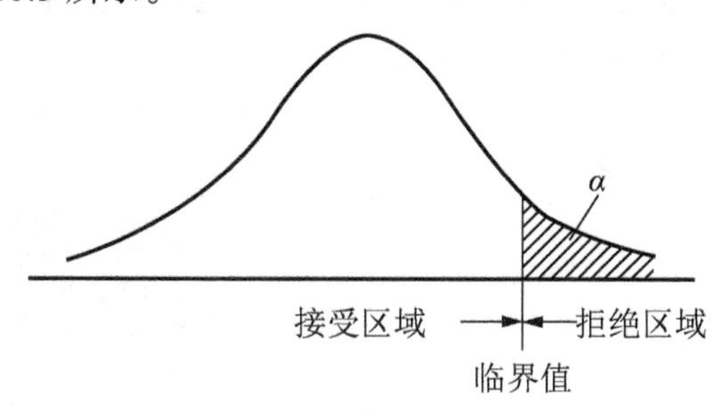

图 10.3

5. 比较得出结论

根据样本计算出检验统计量的具体值，与临界值进行比较，可以做出接受或拒绝原假设 H_0 的结论。如果检验统计量的值落在拒绝区域内，说明样本所描述的情况与原假设有显著性差异，应拒绝原假设；反之，则接受原假设。

10.2 总体均值的假设检验

一、总体方差已知情形（Z 检验）

假设 x_1，x_2，…，x_n 为简单随机样本，来自正态分布总体 $X\sim N(\mu, \sigma^2)$，总体方差 σ^2 为已知，根据样本均值对总体均值进行假设检验，在方差已知的情况下检验统计量采用标准正态分布。

如果 H_0 成立，则检验统计量 Z 及其分布为

$$Z=\frac{\overline{x}-\mu_0}{\sigma/\sqrt{n}}\sim N(0, 1)$$

利用服从正态分布的统计量 Z 进行的假设检验称为 Z 检验法。根据已知的总体方差、样本容量 n 和样本平均数 $\overline{x}$，可计算出检验统计量 Z 的值。

情景解决

某手机生产厂家的某型号手机的电池的平均待机时间要求不低于 150h，现在从中随机抽取 10 块电池，测得平均待机时间正好为 150h，假设已知总体方差为 100，问该批手机电池的平均待机时间符合要求吗？如果 $\alpha=0.05$，有无充分的证据说明电池的平均待机时间就是 150h?

（1）根据题意，提出检验的原假设和备择假设如下：

H_0 为 $\mu=150$

H_1 为 $\mu\neq150$

（2）这是一个双侧检验问题，在实际中可以通过 Excel 来计算检验统计量，具体步骤如下：

① 输入数据。打开 Excel 工作簿，在左侧分别输入各名称，如图 10.4 所示。

② 假设检验。在单元格 B2 中输入样本平均值“150”；在单元格 B3 中输入总体标准差“10”；在单元格 B4 中输入样本容量“50”；在单元格 B5 中输入显著性水平“0.05”；在单元格 B6 中输

入“＝NORMSINV（1－B5/2）”，按 Enter 键后得到标准正态分布的显著性水平 0.05 的双侧临界值为 1.96；在单元格 B7 中输入检验统计量的计算公式“＝B2－150/（B3/SQRT（B4））”，按 Enter 键后得到 Z 统计量的值为 43.94，如图 10.5 所示。

	A	B
1	手机电池待机时间	
2	样本平均值	
3	总体标准差	
4	样本量	
5	显著性水平	
6	临界值	
7	检验统计量	

图 10.4

	A	B
1	手机电池待机时间	
2	样本平均值	150
3	总体标准差	10
4	样本量	50
5	显著性水平	0.05
6	临界值	1.95996398
7	检验统计量	43.9339828

图 10.5

（3）结论分析。由于 $Z=43.94>Z_{\alpha/2}$，落入否定域内，所以拒绝原假设 H_0，即在 95%的可能情况下，这批手机电池的平均待机时间不为 150h。

二、总体方差未知时对正态总体均值的假设检验

设总体 $X\sim N(\mu,\ \sigma^2)$，总体方差 σ^2 未知，由于 Z 检验法的检验统计量 Z 中包含未知参数 σ，用一个不含未知参数的检验统计量，用总体方差的无偏估计量样本方差 S^2 来代替 σ^2，得到检验统计量 T。检验统计量 T 及其分布为

$$T=\frac{\overline{x}-\mu_0}{S/\sqrt{n}}\sim t(n-1)$$

情景解决

某公司推出一种新的食品包装机，声称该食品包装机在流水线上每小时能包装超过 300 包产品，公司的一家客户对该包装机进行 20 次试验，数据如下：

301 307 304 306 298 308 301 288 295 310

301 294 297 292 297 312 303 315 310 313

你认为样本数据在显著性水平为 0.025 时是否能达到该公司所宣称的水平？

（1）打开 Excel 的一个新工作表，单元格 A2:J3 输入样本数据，如图 10.6 所示。

	A	B	C	D	E	F	G	H	I	J
1	食品包装机样本数据									
2	301	307	304	306	298	308	301	288	295	310
3	301	294	297	292	297	312	303	315	310	313

图 10.6

（2）计算样本平均值。在单元格 B5 中输入公式“＝AVERAGE（A2:J3）”，得到样本平均值为 302.6。

（3）计算标准差。在单元格 B6 中输入公式“＝STDEV（A2:J3）”，得到标准差为 7.5071895。

（4）在单元格 B7 中输入样本数“20”。

（5）在单元格 B8 中输入显著性水平“0.025”。

（6）计算临界值（右侧检验）。在单元格B9中输入公式“=TINV（B8*2,B7−1）”，得到 $T_{0.025}$ 的值为2.093024。

（7）计算 T 检验值。在单元格B10中输入 T 检验值的计算公式“=（B5−300）/（B6/SQRT（B7））”，得到 T 检验统计量的值为1.5488557。

最后的计算结果如图10.7所示。

	A	B	C	D	E	F	G	H	I	J
1	食品包装机样本数据									
2	301	307	304	306	298	308	301	288	295	310
3	301	294	297	292	297	312	303	315	310	313
4										
5	样本均值	302.6								
6	标准差	7.5071895								
7	样本数	20								
8	显著性水平	0.025								
9	t临界值	2.093024								
10	t检验统计量	1.5488557								

图10.7

拒绝区域为 $T>T_{0.025}$，由上面的计算得到 $T=1.5488557<T_{0.025}=2.093024$，因此，检验的结果是不拒绝原假设，即无充分证据显示该食品包装机每小时的包装量大于300包。

上面的 T 检验法适用于小样本情况下总体方差未知时对正态总体均值的假设检验。随着样本容量 n 的增大，T 分布趋近于标准正态分布。当样本量 $n>30$ 时称为大样本量，总体方差未知时对正态总体均值 μ 的假设检验通常近似采用 Z 检验法。同理，大样本情况下非正态总体均值的检验也可用 Z 检验法。检验统计量 Z 中的总体标准差 σ 用样本标准差 S 来代替。因为，根据大样本的抽样分布定理，总体分布形式不明或为非正态总体时，样本平均数趋近于正态分布。

10.3 总体方差的假设检验

设 X_1，X_2，…，X_n 为出自 $N(\mu,\ \sigma^2)$ 的样本，要对参数 σ^2 进行检验，这里 μ 往往是未知的。假设的形式通常如下：

（1）H_0 为 $\sigma^2=\sigma_0^2$，H_1 为 $\sigma^2\neq\sigma_0^2$。

（2）H_0 为 $\sigma^2\leqslant\sigma_0^2$，$H_1$ 为 $\sigma^2>\sigma_0^2$。

（3）H_0 为 $\sigma^2\geqslant\sigma_0^2$，$H_1$ 为 $\sigma^2<\sigma_0^2$。

此时可以选择检验统计量

$$x^2=\frac{nS^2}{\sigma_0^2}$$

双侧检验的拒绝区域为

$$x^2<x_{1-\alpha/2}^2(n-1) \quad 或 \quad x^2>x_{\alpha/2}^2(n-1)$$

右侧检验的拒绝区域为

$$x^2 > x_{\alpha}^2(n-1)$$

左侧检验的拒绝区域为

$$x^2 < x_{1-\alpha}^2(n-1)$$

情景解决

某校管理学院对管理类专业的毕业生就业一年后的月工资情况进行了一次调查，共调查了40名学生的月工资情况，数据如图10.8所示。该学院对毕业学生的月工资标准差的预计值是差异不超过500元，要求在显著性水平为0.05的情况下，检验管理类专业毕业生一年后的工资差额是否不超过预计的500元。

根据题意，提出检验的原假设和备择假设是 H_0 为 $\sigma^2 \leqslant 500^2$，H_1 为 $\sigma^2 > 500^2$。

这是一个右侧检验问题，具体步骤如下：

（1）打开Excel工作簿，输入相关的数据，如图10.8所示。

C	D	E	F	G	H	I	J	K	L
40名学生的月工资									
1580	2000	1800	1900	1550	3000	2500	2600	3300	1900
1880	2460	2400	2500	2800	2600	2100	2000	1900	2300
1900	2200	1800	2150	2690	3400	2750	2200	2500	2700
2900	2300	2500	1900	2100	2600	1900	2600	2800	2900

图10.8

（2）在单元格B3中输入总体方差，即500的平方，公式“=POWER（500,2）”。

（3）在单元格B4中输入样本方差公式“=VAR（C2:L5）”。

（4）在单元格B5中输入样本容量“40”。

（5）在单元格B6中输入显著性水平“0.05”。

（6）在单元格B7中输入公式“=CHIINV（B6,B5－1）”，即输入“= CHIINV（0.05,40－1）”，按Enter键后得自由度为40－1=39的 x^2 分布的 α=0.05的右侧临界值为54.5722278。

（7）在单元格B8中输入检验统计量的计算公式“=（B5－1）*B4/B3”，按Enter键后得 x^2 统计量的值为31.69404。

（8）由于统计量值31.69404小于右侧临界54.5722278，所以不否定 H_0，接受原假设，即在5%的显著性水平上，认为管理类专业毕业生一年后的总体工资差异不大于500元。

10.4 总体比例的假设检验

对总体比例的假设检验实际上是两点分布总体均值的检验，即样本比例服从二项分布，可以由二项分布来确定对总体比例进行假设检验的临界值，但这种计算往往非常烦琐。因此，在实际应用中，可以在大样本情况下进行检验，此时二项分布近似服从正态分布。

 **应用思考**

比例检验调查时大样本数量应至少大于多少？

对总体比例的检验通常是在大样本条件下进行的，根据正态分布来确定近似临界值，即采用 Z 检验法，其检验步骤与均值检验时的步骤相同，只是检验统计量不同。

Z 检验的统计量为

$$Z=\frac{p-P_0}{\sqrt{\frac{p(1-p)}{n}}}\sim N(0,\ 1)$$

 **应用案例**

某电子产品公司引进某厂的国际先进生产线，厂商宣称该生产线性能优良、生产稳定，生产的产品合格率可达 99%。该公司的质量管理工程师随机抽查了 200 件产品，其中 195 件产品合格，请判断厂商宣称是否可信。（$\alpha=0.1$）

根据题意，可设置 H_0 为 $P_0=0.99$，H_1 为 $P_0\neq0.99$。

样本比例为

$$p=\frac{m}{n}=\frac{195}{200}=0.975$$

由于样本容量相当大，所以可近似采用 Z 检验法，即

$$U=\frac{p-P_0}{\sqrt{\frac{p(1-p)}{n}}}=\frac{0.975-0.99}{\sqrt{\frac{0.975\times0.025}{200}}}\approx-1.359$$

给定 $\alpha=0.1$，查正态分布表得 $\mu_{\alpha/2}=\mu_{0.05}=1.645$。

由于 $|U|<\mu_{\alpha/2}$，所以应接受原假设，即认为厂方的宣称是可信的。

 **应用思考**

统计量的调查和计算可否在 Excel 中完成？

10.5 检验中的两类错误

在假设检验中可能会犯错误，即检验的结论与实际情况不符，一般有两种情况：一是实际情况是 H_0 成立，而检验的结果表明 H_0 不成立，即拒绝了 H_0，这时称该检验犯了第一类错误或“弃真”的错误；二是实际情况是 H_0 不成立，H_1 成立，而检验的结果表明 H_0 成立，即接受了 H_0，这时称该检验犯了第二类错误或“取伪”的错误。

在样本容量 n 一定的情况下，要使两者都达到最小是不可能的。考虑到 H_0 的提出是慎重的，否定它也要慎重。因此，在设计检验时，一般采取控制第一类错误的

概率在某一显著性水平α内，对于固定的n，使第二类错误尽可能地小，并以此来建立评价检验是否最优的标准。

复习思考题

一、选择题

（1）假设检验中抽取的样本容量是（　　）。

A．抽取的样本单位的数目　　B．抽取的样本的数目

C．可能的样本数目　　D．样本指标的数目

（2）在假设检验中，原假设与备择假设（　　）。

A．都有可能被接受

B．都有可能不被接受

C．只有一个被接受且必有一个被接受

D．原假设一定被接受，备择假设不一定被接受

（3）假设正态总体方差未知，为对其均值进行假设检验，从其中抽取较小样本后使用的统计量是（　　）。

A．正态统计量　　B．x^2统计量

C．T统计量　　D．F统计量

（4）假设正态总体方差已知，为对其均值进行假设检验，从其中抽取较小样本后使用的统计量是（　　）。

A．正态统计量　　B．x^2统计量

C．T统计量　　D．F统计量

（5）对单个正态总体方差进行区间估计或假设检验，使用的统计量是（　　）。

A．正态统计量　　B．x^2统计量

C．T统计量　　D．F统计量

（6）在大样本情况下，以方差已知的正态总体的均值进行假设检验，使用的统计量是（　　）。

A．正态统计量　　B．x^2统计量

C．T统计量　　D．F统计量

（7）在假设检验中，不能拒绝原假设意味着（　　）。

A．原假设肯定是正确的　　B．原假设肯定是错误的

C．没有证据证明原假设是正确的　　D．没有证据证明原假设是错误的

（8）在假设检验中，通常犯第一类错误的概率称为（　　）。

A．第一类概率　　B．显著性水平

C．取伪概率　　D．取真概率

（9）拒绝域的大小与人们事先选定的（　　）。

A．统计量有一定关系　　B．临界值有一定关系

C．统计量的类型有一定关系　　D．显著性水平有一定关系

（10）在假设检验中，如果样本容量一定，则第一类错误和第二类错误（　　）。

A．可以同时减小　　B．不能同时减小

C．可以同时增大　　D．只能同时增大

二、判断题

（1）假设检验中原假设和备择假设可以一起接受。（ ）
（2）显著性水平是犯第一类错误的概率。（ ）
（3）单个总体大样本下检验均值用 T 检验法。（ ）
（4）单个总体检验方差用 Z 检验法。（ ）
（5）小样本下方差已知可用 F 检验法。（ ）
（6）比例检验时用正态分布统计量进行检验。（ ）

三、简答题

（1）显著性水平是指什么？请举例说明。
（2）单个总体检验均值时分为哪几种情况？分别用什么统计量？
（3）单个总体检验方差时用什么方法？
（4）单个总体检验比例时用什么方法？
（5）第一类错误和第二类错误分别是什么？

情景实践题

（1）假设某型号相机快门的使用寿命服从正态分布，要求其快门的平均使用次数大于10万次，今取一批相机中的10个，测得其快门寿命为（单位：万次）：10.5、9.7、9.9、10.8、11.2、10.2、9.5、10.9、11.3、9.9。

① 当 $\sigma=0.5$ 时，该批相机快门的平均寿命是否大于10万次？（$\alpha=0.05$）

② 当 σ 未知时，又怎样呢？（$\alpha=0.05$）

（2）一台包装机装洗衣粉，额定标准重量为500g，根据以往经验，包装机的实际装袋重量服从正态 $N(\mu,\sigma_0^2)$，其中 $\sigma_0=15$g，为检验包装机工作是否正常，随机抽取9袋，称得洗衣粉净重数据为（单位：g）：497、506、518、524、488、517、510、515、516。若取显著性水平 $\alpha=0.01$，则包装机工作是否正常？

（3）物价部门对当前市场的物价情况进行调查。现在调查了普通瘦猪肉的价格，共抽查了全市20个农贸市场的猪肉价格，售价（单位：500元/克）分别为：12.50、14.30、13.30、13.82、13.30、13.16、13.84、13.10、13.90、13.18、14.50、13.22、13.28、13.34、13.62、13.28、13.30、13.22、13.54、13.30。物价部门预计价格的差异不超过1.5元，要求在显著性水平0.05的情况下，检验价格差额是否不超过预计的1.5元。

（4）从某厂生产的产品中随机抽取200件样品进行质量检验，发现有9件不合格品，问是否可以认为该厂产品的不合格率大于3%？（$\alpha=0.05$）

项目 11

简单相关分析

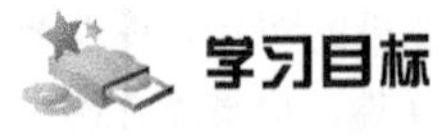

学习目标

知 识 目 标	能 力 目 标
（1）掌握相关分析的基本概念。	（1）能够运用 Excel 计算相关系数。
（2）掌握相关分析的应用思想。	（2）能够绘制相关散点图。
（3）了解相关分析的指标。	（3）能够结合相关系数和散点图进行判断分析。
（4）掌握相关分析的判断方法	（4）能够根据工作情景应用解决实际商务问题

工作情景

小王是某公司销售部门的员工，由于公司的产品是化妆品，所以广告投入非常大，为了研究广告投入与销售额之间的关系，销售部经理要求小王对公司的广告投入与销售额之间的关系做一次分析。

11.1 相关分析的基本概念

一般将描述和分析两个或两个以上变量之间相关的性质及其相关程度的过程称为相关分析。相关分析的主要目的是力求通过具体的数量描述，呈现研究变量之间的相互关系的密切程度及其变化规律，探求相互关系的研究模式，以利于统计预测和推断，为做出正确决策提供参考依据。

一、相关关系的概念

变量之间的关系包括确定的和不确定的两种。相关关系是研究变量之间不确定关系的方法，它是指现象之间确实存在依存关系，但这种关系不确定、不严格。相关关系的特点是变量之间确实存在数量上的依存关系，但数量依存关系的具体关系值是不固定的。函数关系则是反映现象之间存在着严格的依存关系。在函数关系中，变量之间的数值以确定的关系相对应，对于某一变量的每一个数值，都有另一个变量的确定的值与之相对应，因此，变量间的关系可以用一个确定的公式来反映。

应用案例

身高与体重之间存在某种依存关系，但是身高相同的人，体重不一定相同，体重除了与身高有关外，还受年龄、性别、区域、种族等因素影响。正因为身高与体重并无严格的对应关系，所以它们之间是相关关系。而给定一个圆的半径，就有唯一确定的面积与它对应，即 $S=\pi r^2$，所以半径和面积之间是函数关系。

应用思考

试举例说明相关关系和函数关系。

二、相关关系的种类

从不同的分类角度进行分析，相关关系可以有多种分类，如图 11.1 所示。

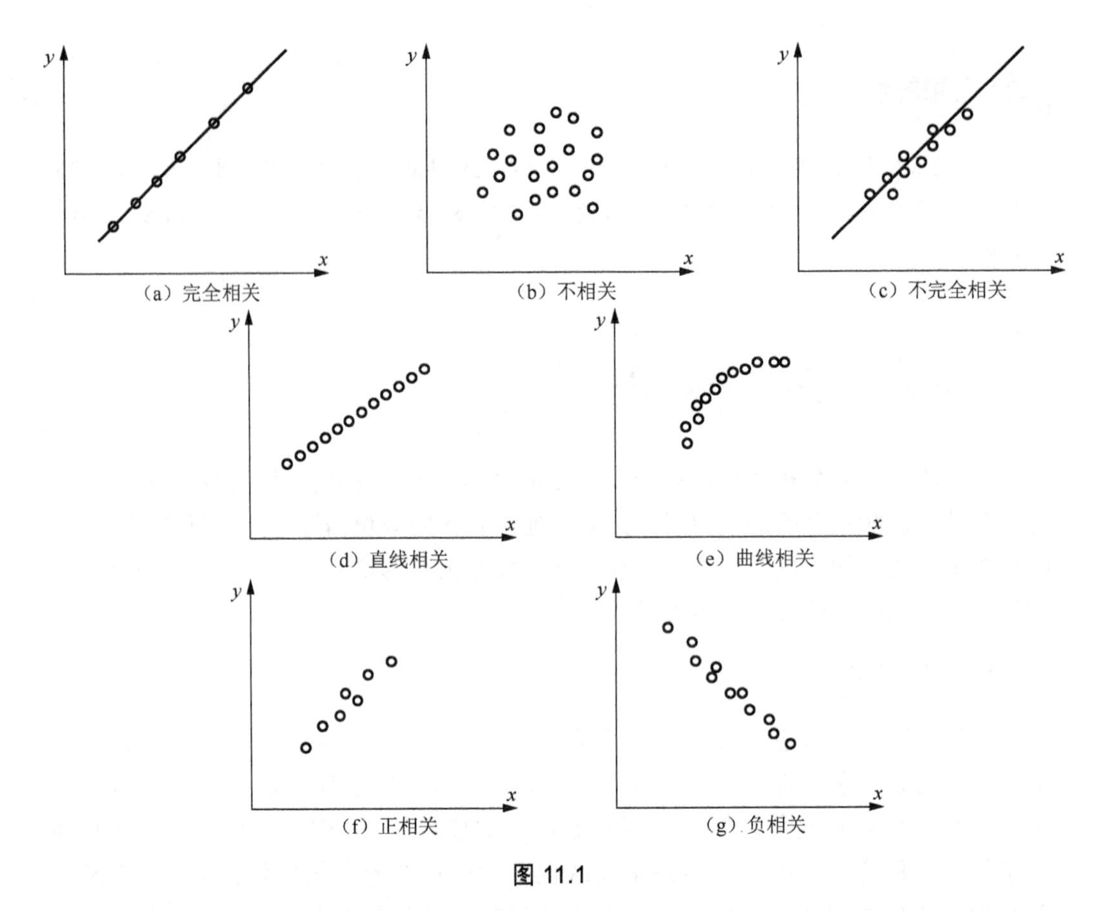

图 11.1

（1）根据相关程度的不同，相关关系可分为完全相关、不相关和不完全相关。

① 当一种现象的数量变化完全由另一种现象的数量变化所确定，这两种现象间的关系为完全相关。例如，在价格保持不变的情况下，某种商品的销售总额与其销售量之间的关系总是成正比。在这种情况下，相关关系就变成了函数关系，也可以说，函数关系是相关关系的一个特例。

② 如果两种现象之间互不影响，其数量变化各自独立，则称两种现象间的关系为不相关。例如，一般认为学习成绩的高低与天气变化是不相关的。

③ 如果两种现象之间的关系介于不相关和完全相关之间，则称两种现象间的关系为不完全相关。例如，通常人们看到的相关现象多属于这种不完全相关。

（2）根据变量关系的形态的不同，相关关系可分为直线相关和曲线相关。

① 两个变量中的一个变量增加，另一个变量随之发生大致均等的增加或减少，近似地表现为一条直线，这种相关关系就称为直线相关。直线相关在相关散点图上呈现为一条直线的倾向。

② 当两个变量中的一个变量变动时，另一个变量也相应地发生变动，但这种变动不是均等的，近似地表现为一条曲线，这种相关关系称为曲线相关。曲线相关在相关散点图上呈现为弯月形。

（3）根据变量值变动方向的趋势的不同，相关关系可分为正相关和负相关。

① 正相关是指一个变量数值增加或减少时，另一个变量的数值也随之增加或减少，两个变量变化方向相同。例如，技能水平随着练习次数的增加而提高。

② 负相关是指两个变量变化方向相反，即随着一个变量数值的增加，另一个变量的数值反而减少；或随着一个变量数值的减少，另一个变量数值反而增加。例如，练习次数与遗忘量之间的相关关系。

应用思考

试举例说明负相关关系的两种现象。

（4）根据研究变量的多少，相关关系可分为单相关和复相关。

① 如果所研究的只是两个变量之间的相关关系，则称为单相关。例如，研究的是学生数学成绩与物理成绩之间的关系，这种相关关系就是单相关。

② 如果所研究的是一个变量与两个或两个以上的其他变量的相关关系，则称为复相关。例如，研究人的营养与人的身高、体重之间的关系，学生的学习成绩与其学习动机、方法、习惯等方面的关系，这些都属于复相关。

11.2 简单线性相关分析

一、相关分析的作用

（1）判断变量之间有无联系。确定研究现象之间是否具有依存关系，这是相关分析的起点，也是人们研究各种现象之间相互关系的前提条件。因为只有确定了依存关系的存在，才有继续研究和探索各种现象之间相互作用、制约及变化规律的必要和价值。

（2）确定选择相关关系的表现形式及相关分析方法。在确定了变量之间存在依存关系之后，就需要明确体现变量相互关系的具体表现形式。在此基础上，选择恰当的相关分析方法，只有这样才能确保研究目的的实现，收到预期的效果；否则，如果把非线性相关错判为线性相关，按照线性相关的性质选择相关分析的方法，就会导致错误的结论。

（3）把握相关关系的方向与密切程度。变量之间的相关关系是一种不精确的数量关系，相关分析就是要从这种不确定的数量关系中判断相关关系的方向和密切程度。

（4）相关分析不但可以描述变量之间的关系状况，而且可以预测。另外，相关分析还可以用来评价测量量具的信度、效度及项目的区分度等。

二、散点图和相关表

人们在进行相关分析时，可以采用定性和定量相结合的方法，先做定性分析，再做定量分析，即先根据有关专业知识和实际经验，来判断变量之间是否存在一定的相关性。如果确实存在关系，就可以通过编制散点图和相关表，对变量之间的相关关系的类型做出大致判断。在完成散点图和相关图分析后，可以进行定量分析，通过计算相关系数，来精确反映相关关系的方向和程度。

1．相关表

相关表是将某一变量值按其变量值的大小顺序排列，然后将其相关的另一变量对应排列形成的表格。

应用案例

某公司对产品的广告投入和销售收入的数量见表 11-1。

表 11-1　某公司的广告投入和销售收入

序　号	1	2	3	4	5	6	7	8	9
广告投入 x/万元	22.45	21.16	17.5	14.11	25.1	7.25	4.65	11.45	28.9
销售收入 y/万元	80	60	71	58	78	41	25.5	41.1	91

根据总体单位的原始数据可以编制相关表，根据上面的数据，将广告投入按照升序排列，即得到相关表，见表 11-2。

表 11-2　广告投入和销售收入相关表

序　号	广告投入 x/万元	销售收入 y/万元
7	4.65	25.5
6	7.25	41
8	11.45	41.1
4	14.11	58
3	17.5	71
2	21.16	60
1	22.45	80
8	25.1	78
9	28.9	91

从表 11-2 中可以看出，月产量和单位成本之间存在着明显的正相关关系。

2．散点图

散点图又称相关图，是把相关表中的数据在坐标轴中用坐标点描绘出来，横轴表示自变量，纵轴表示因变量。它通过对每对变量值的坐标点进行描绘来表现分布情况。

情景解决

以表 11-1 和表 11-2 中的数据为例，制作相关图。相关图的制作可以通过常用的 Excel 软件进行。制作相关散点图的步骤如下：

（1）将资料建立 Excel 工作表，如图 11.2 所示。

（2）选择区域 A1:B10，再选择【插入】【图表】【散点图】命令，在弹出的下拉列表中选择第一种散点图，如图 11.3 所示，即可生成如图 11.4 所示的散点图。

	A	B
1	广告投入（万元）	销售收入（万元）
2	4.65	25.5
3	7.25	41
4	11.45	41.1
5	14.11	58
6	17.5	71
7	21.16	60
8	22.45	80
9	25.1	78
10	28.9	91

图 11.2

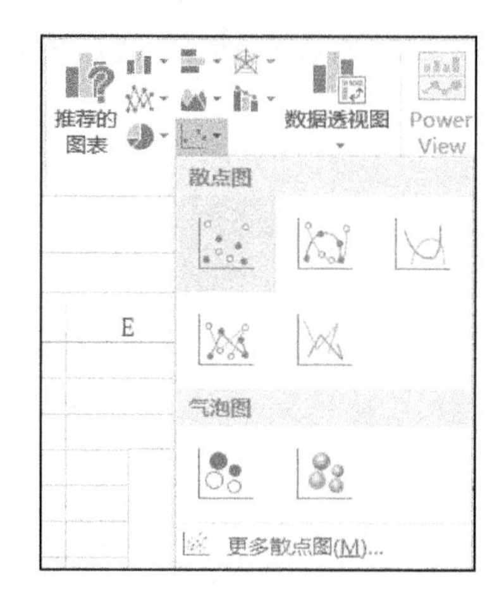

图 11.3

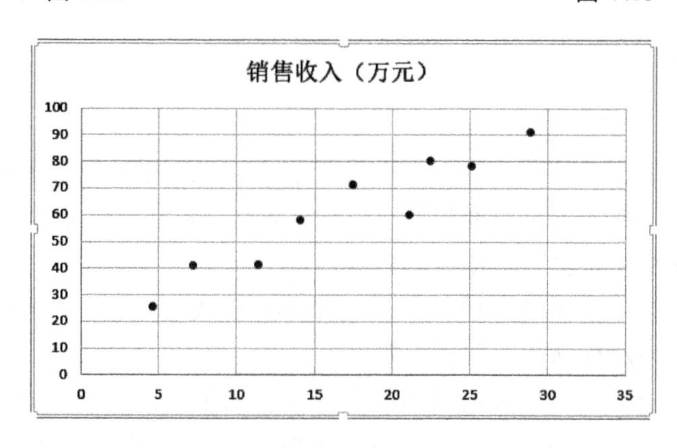

图 11.4

（3）点击散点图区域，然后选择【插入】【图表】【快速布局】命令，进行适当设置和调整，增加标题、横坐标标题和纵坐标标题，如图 11.5 所示。

（4）在散点图的散点上右击【设置数据系列格式】，如图 11.6 所示，在弹出的对话框中可以进行数据点的样式等各项设置。

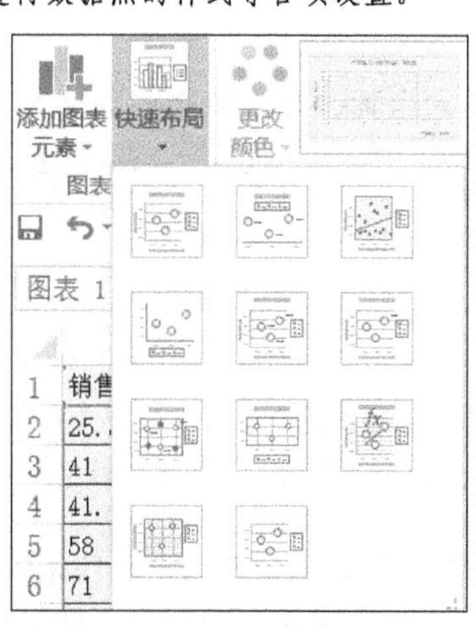

图 11.5

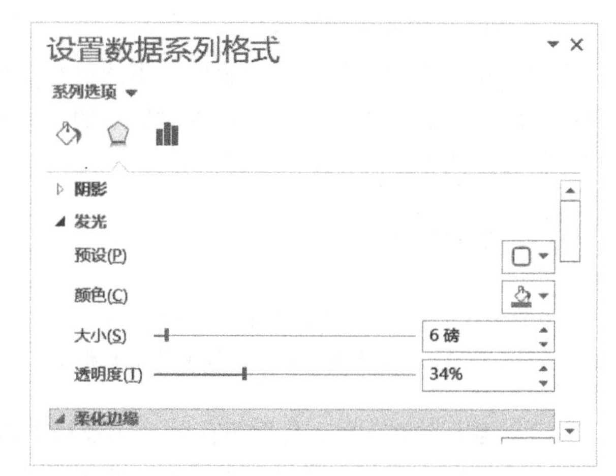

图 11.6

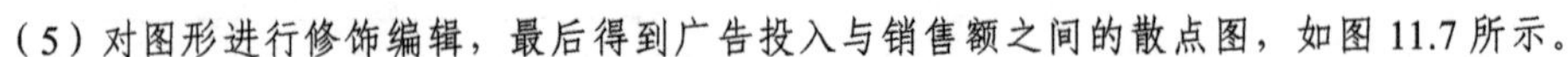
（5）对图形进行修饰编辑，最后得到广告投入与销售额之间的散点图，如图 11.7 所示。

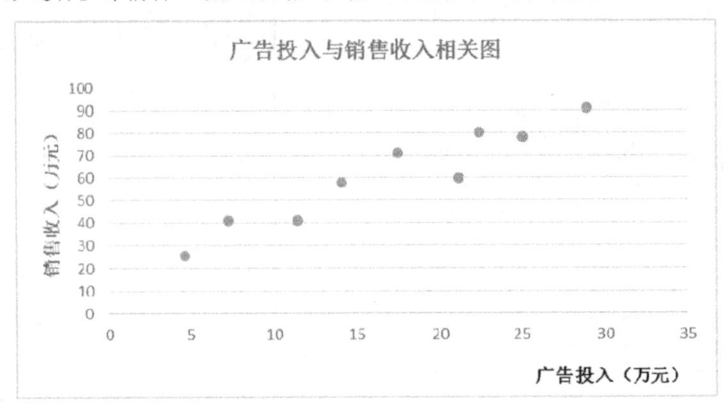

图 11.7

三、相关系数

1．相关系数的含义

相关系数是在直线相关条件下，说明两个变量之间相关程度及相关方向的统计分析指标。相关系数一般可以通过计算得到，若作为样本相关系数，常用字母 r 表示；若作为总体相关系数，常用字母 ρ 表示。

相关系数的数值范围是 $-1\leqslant r\leqslant 1$，常用小数形式表示，一般要取小数点后两位数字来表示，以便精确地描述其相关程度。

两个变量之间的相关程度用相关系数 r 的绝对值表示，其绝对值越接近 1，表明两个变量的相关程度越高；其绝对值越接近于 0，表明两个变量相关程度越低；其绝对值等于 1，则表示两个变量完全直线相关；其绝对值为 0，则表示两个变量完全不相关（不是直线相关）。

变量相关的方向通过相关系数 r 所具有的符号来表示，“+”号表示正相关，即 $0\leqslant r\leqslant 1$；“−”表示负相关，即 $-1\leqslant r\leqslant 0$。

2．相关系数的注意问题

（1）相关系数只是一个比率值，不能进行算术四则运算，在比较相关程度时，只能说相关系数绝对值大的要比绝对值小的相关更密切一些，不能用倍数或差数来说明彼此的关系。

应用案例

相关系数 r 为 0.8 比相关系数 r 为 0.4 的两个变量之间的相关程度要更密切一些，但不能说相关系数 r 为 0.8 的两个变量的相关程度是相关系数 r 为 0.4 的两个变量的相关程度的两倍。

（2）相关系数 r 受变量取值区间大小及样本数目多少的影响比较大。一般来说，变量的取值区间越大，样本数目越多，相关系数 r 受抽样误差的影响越少，就越可靠；否则，如果变量取值区间小，样本所含数目较少，受抽样误差的影响较大，就有可能对本来无关的两种现象计算出较大的相关系数，得出错误的结论。因此，在研究现象之间关系的时候，应该适当加大变量的取值区间并收集足够多的样本数目，一般计算相关系数的成对数据的数目不应少于30对。

应用案例

学生的身高与学习有无关系，如果只选六七个人，就很可能遇到身高越矮学习越好的巧合，这时计算出来的相关系数可能很大（甚至接近于1），但实际上这两类现象之间并无关系。

（3）来自不同群体且不同质的事物的相关系数不能进行比较。

（4）对于不同类型的数据，计算相关系数的方法也不相同。

3. 相关系数的测定与应用

进行相关分析的主要方法有图示法和计算法。图示法是通过绘制相关散点图来进行相关分析的方法；计算法则是根据不同类型的数据，选择不同的计算方法求出相关系数来进行相关分析的方法。

相关系数的基本公式为

$$r=\frac{\sigma_{xy}^2}{\sigma_x\sigma_y}$$

式中：$\sigma_x=\sqrt{\frac{\sum\left(x_i-\bar{x}\right)^2}{n}}=\sqrt{\frac{n\sum x^2-\left(\sum x\right)^2}{n}}$，是 x 的标准差；

$\sigma_y=\sqrt{\frac{\sum\left(y_i-\bar{y}\right)^2}{n}}=\sqrt{\frac{n\sum y^2-\left(\sum y\right)^2}{n}}$，是 y 的标准差；

$\sigma_{xy}=\sqrt{\frac{\sum\left(x_i-\bar{x}\right)\left(y_i-\bar{y}\right)}{n}}=\sqrt{\frac{n\sum xy-\left(\sum x\right)\left(\sum y\right)}{n}}$，是协方差。

情景解决

（1）选择【数据】【分析】【数据分析】命令，在弹出的“数据分析”对话框的“分析工具”列表框中选择“相关系数”选项，如图11.8所示，单击【确定】按钮。

（2）在弹出的“相关系数”对话框中的“输入区域”选择数据区域A1:B10，在“输出区域”中选择合适的位置，单击【逐列】按钮，选中“标志位于第一行”复选框，如图11.9所示。

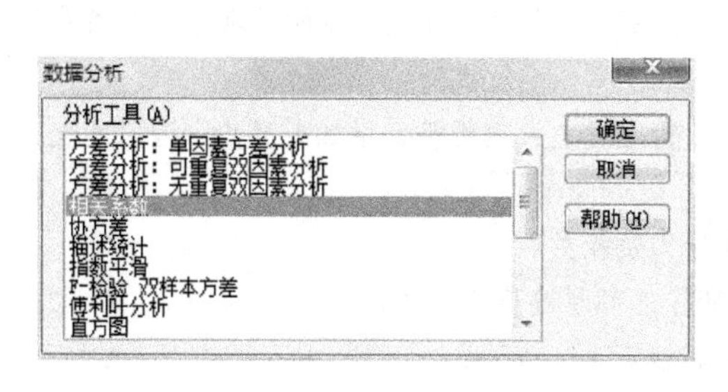

图 11.8

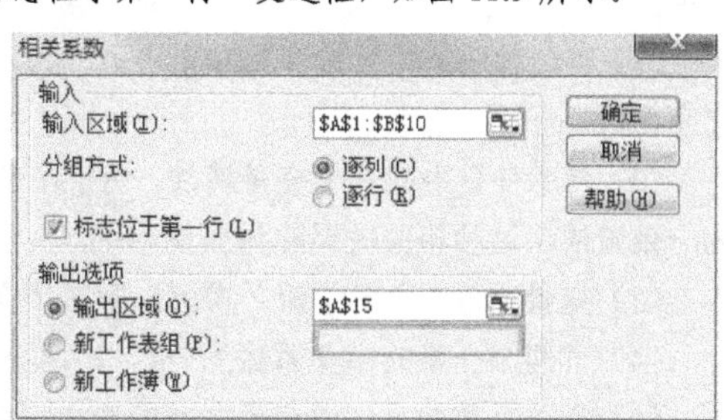

图 11.9

（3）单击【确定】按钮，得到分析结果，如图 11.10 所示。

15		广告投入（万元）	销售收入（万元）
16	广告投入（万元）	1	
17	销售收入（万元）	0.953125066	1

图 11.10

4．相关系数的密切程度

相关系数的范围为$-1\leqslant r\leqslant 1$，$r=1$时为完全正相关，$r=-1$时为完全负相关，$r=0$时为不相关，r的范围为 0.3～0.5 时是低度相关，r的范围为 0.5～0.8 时是显著相关，r的范围在 0.8 以上时是高度相关。

复习思考题

一、选择题

（1）变量x与y之间的负相关是指（　　）。

A．x值增大时y随之增大

B．x值减少时y随之减少

C．x值增大（或减少）时y随之减少（或增大）

D．y的取值几乎不受x取值的影响

（2）如果变量x与y之间的相关系数$\rho=1$，则说明两个变量之间是（　　）。

A．完全不相关　　B．完全正相关

C．完全正线性相关　　D．高度相关

（3）如果两个变量之间的线性相关程度很高，则下列相关系数中（　　）属于高度相关。

A．0.5　　B．0　　C．-0.1　　D．-1

（4）相关系数的取值范围是（　　）。

A．$0\leqslant r\leqslant 1$　　B．$-1<r<1$　　C．$-1\leqslant r\leqslant 1$　　D．$-1\leqslant r\leqslant 0$

（5）现象之间的相关密切程度越高，则相关系数越接近于（　　）。

A．0　　B．0.3～0.5　　C．0.8～0.9　　D．±1

（6）判定两现象之间相关关系密切程度的方法主要是（　　）。

A．相关表　　B．计算相关系数　　C．定性分析　　D．经验观察

二、判断题

（1）当一种现象的数量变化完全由另一种现象的数量变化所确定时，这两种现象间的关系为完全相关。（　　）

（2）两个变量中的一个变量增加，另一个变量随之发生大致均等的增加或减少，近似地表现为一条直线，这种相关关系称为曲线相关。（　　）

（3）变量x值增大时y随之增大，则两个变量为负相关。（　　）

（4）若两个变量的相关系数为-1，则两个变量之间是高度不相关。（　　）

（5）相关系数越小，两变量之间的密切程度越低。（　　）

（6）产品的单位成本随着产量增加而下降，这种现象属于函数关系。（　　）

（7）相关系数为 0 表明两个变量之间不存在任何关系。（ ）

三、简答题

（1）简单相关关系是什么？

（2）相关分析的主要内容是什么？如何计算相关系数？

（3）简述相关系数的数值范围及其判断标准。

（4）散点图是什么？如何制作散点图？

（1）某公司 8 个所属企业的产品销售资料见表 11-3。

表 11-3 实践情景题 1 表

企业编号	产品销售额/万元	销售利润/万元
1	170	8.1
2	220	12.5
3	390	18.0
4	430	22.0
5	480	26.5
6	650	40.0
7	850	64.0
8	1000	69.0

要求：

① 画出相关图，判断销售额与销售利润之间的相关方向。

② 计算相关系数，指出产品销售额和利润之间的相关方向和相关程度。

（2）某种产品的产量与单位在成本的资料见表 11-4。

表 11-4 实践情景题 2 表

产量 x/千件	单位成本 y/（元/件）
2	73
3	72
4	71
3	73
4	69
5	68

要求：

① 计算相关系数 r，判断是正相关还是负相关及相关关系的程度。

② 画出散点图。

项目 12

方 差 分 析

学习目标

知 识 目 标	能 力 目 标
(1) 了解方差分析的概念和种类。	(1) 能正确应用几种方差分析进行工作情景应用。
(2) 了解方差分析的步骤。	(2) 掌握方差分析的具体运用方法。
(3) 了解方差分析的判断方法。	(3) 掌握方差分析表的 F 值判决法和 P 值报告法。
(4) 了解方差分析的应用原理	(4) 能根据工具运算结果完成分析报告

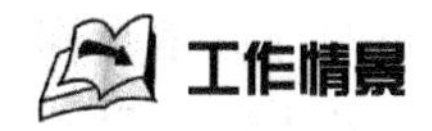

工作情景

情景任务一　促销计划效率分析

孙某是国内某著名超市连锁集团公司营销部的员工，公司经常会开展连锁店商品的促销活动，公司营销部部长最近召开会议，认为以前公司的促销基本上是凭经验和感觉来制定产品的促销手段的，在促销手段的选择上比较盲目。营销部部长期望能够了解不同的促销手段对商品销售额的影响程度，即对某种商品来说，哪种促销方法手段是最有效的。营销部部长交给孙某的任务是，要求其利用大学时期学习的商务统计知识，来了解某牛奶商品的几种促销手段对销售额的影响程度，且哪种促销方法比较有效。

孙某查看相关的资料后，先是根据以前所学的商务统计知识设计了收集数据的方法，即安排四家销售业绩持平的连锁店，轮流采用四种销售手段来进行牛奶的促销，经过8个月收集四种促销手段各自所促销牛奶的月销售额。

假如你是孙某，接到这样的任务，接下来该如何完成呢？

情景任务二　电话销售计划效率分析

黄某是某公司的市场营销部负责人，公司成立了一个电话营销部门，黄某在部门召开会议时，用头脑风暴法讨论后确定了四种电话营销方法。为了了解四种不同的电话营销方案的营销效果，他在部门随机抽取了32名销售代表并随机地指定他们实行四种营销计划，若32名销售代表6个月的销售业绩分别根据四种电话营销方案及不同街区进行分组，则可以获得表12-1所示的一组数据。

假如你是黄某，接下来你该如何来检验这四种电话营销方式的效果？它们是否存在显著差异？（$\alpha=0.05$）

表12-1　某公司产品销售方式和销售地点所对应的产品销售量

方　式	地点一	地点二	地点三	地点四	地点五
方式一	77	86	81	88	83
方式二	95	92	78	96	89
方式三	71	76	68	81	74
方式四	80	84	79	70	82

情景任务三　饼干风味与地区对销售额的影响

张某是某国际大型食品公司市场部的员工，目前公司正在试验几种新口味饼干。为了解不同的地区对饼干口味的接受程度有无显著差异，公司决定由市场部的员工来负责完成这项市场测试任务，而市场部负责人把这项工作交给了学过商务统计课程知识的她，负责人表示市场部会全力支持张某的工作方案。

假如你是张某，你该如何建立解决任务的思路？又如何去获取数据，并了解不同地区的消费者对三种不同风味饼干的接受情况？

12.1　方差分析概述

人们经常碰到类似情景任务中出现的问题，如情景任务一中的促销方案有没有区别的问题，如果只是凭借销售额等平均值的计算来推断其总体分布的均值是否相同显然是不科学的，此时可采用方差分析（Analysis of Variances，ANOVA）。方差分析就是用来判断各种方法对销售额的影响有没有本质区别的手段。

如果有多个总体，即有三个以上的均值比较，那么多个总体之间运用前面学过的 T 检验两两去比较，就显得十分烦琐，而方差分析则可以一次性完成多个总体均值之间的比较检验，并且通过方差分析可以检验各个方案之间有无显著性差异或改进。方差分析的基本思路如下：

（1）将所有样本的总离差分成两个部分。一部分是组内离差，代表本组内各样本与该组平均值的离散程度；另一部分是组间离差，代表各组平均值关于总平均值的离散程度。

（2）将这两个离差除以它们所对应的自由度，即得到均方差。然后，用组间离差的均方差除以组内离差的均方差，即可得到 F 检验值。

（3）根据统计值对应的显著性水平就可以判断不同组间是否有显著性的差异。事实上，如果不同组间的差异越大，组内的离散程度越小，那么组间变动的均方差就越大，组内变动的均方差就越小，即 F 值越大，也就越容易通过显著性水平检验，从而表明不同组间存在显著差异。

方差分析根据情况可以分为单因素方差分析、无重复双因素方差分析、可重复双因素方差分析几种情况。

12.2 单因素方差分析

一、单因素方差分析的应用与作用

单因素方差分析可用于检验两个或两个以上的总体均值相等的假设是否成立，是对双均值检验（如 T 检验）的扩充。检验假定总体是服从正态分布的，总体方差是相等的，并且随机样本是独立的，这种工具适用于完全随机化试验的结果分析。单因素方差收集数据的方式见表 12-2。

表 12-2　不同促销方法的销售量

单位：万元

方法一	方法二	方法三	方法四
77	86	81	88
95	92	78	96
71	76	68	81
80	84	79	70
88	76	81	76

单因素方差分析的作用在于，可以用于对多套方案的效果进行对比分析，检验多套方案之间相关样本的均值有无显著差异。例如，可以检验四种促销方式的效果是否存在显著差异，多项政策实施的效果之间有无显著差异等。

二、单因素方差分析的步骤

1．提出假设（以情景任务一为例）

H_0为$\mu_1=\mu_2=\mu_3=\mu_4$，即促销手段对销售量影响不显著（原假设）。

H_1为μ_1、μ_2、μ_3、μ_4不全等，即促销手段对销售量有显著影响（备择假设）。

如果后面的计算判断是接受原假设，说明促销手段对销售量影响不明显；反之，如果后面的计算判断拒绝原假设，就是接受备择假设，则说明促销手段对销售量是有显著的影响的。

2．构建统计量并计算

（1）总离差平方和 SST。总离差平方和反映全部观察值的离散状况，是全部观察值与总平均值的离差平方和。其计算公式为

$$\text{SST}=\sum_{i=1}^{r}\sum_{j=1}^{n_i}(x_{ij}-\bar{\bar{x}})^2$$

（2）组内离差平方和 SSE。组内离差平方和是随机因素产生的影响。其计算公式为

$$\text{SSE}=\sum_{i=1}^{r}\sum_{j=1}^{n_i}(x_{ij}-\bar{x}_i)^2$$

（3）组间离差平方和 SSA。组间离差平方和是各组平均值与总平均值的离差平方和，既包括随机误差，也包括系统误差。其计算公式为

$$\text{SSA}=\sum_{i=1}^{r}n_i(\bar{x}_i-\bar{\bar{x}})^2$$

总离差平方和等于误差项离差平方和加上水平项离差平方和，用公式表达为

$$\text{SST}=\text{SSE}+\text{SSA}$$

3．计算均方差

用组间离差平方和、组内离差平方和除以它们所对应的自由度 df，得到的结果称为均方差 MS。结合情景任务一来说明自由度 df 值：SST 的自由度为 $n-1$，其中 n 为全部观察数据的个数。

应用案例

如果人们在一次抽样调查中共收集到 32 个数据，则自由度为 32－1＝31。

SSE 的自由度为 $n-r$，其中 n 为全部观察数据减去因素水平的个数，即自由度为 32－4＝28。

SSA 的自由度为 $r-1$，其中 r 为因素水平的个数。任务中有四种促销方案，则 r 值为 4，自由度为 3。表 12-3 为方差分析表。

表 12-3　方差分析表

方差来源	离差平方和 SS	自由度 df	均方差 MS	F 值	值	Fcrit 临界值
组　间	SSA	$r-1$	MSA＝SSA/（$r-1$）	MSA/MSE	—	—
组　内	SSE	$n-r$	MSE＝SSE/（$n-$r）	—	—	—
总方差	SST	$n-1$	—	—	—	—

4. 计算统计量 F

用组间离差的均方差除以组内离差的均方差，即可得到 F 值，用公式表达为

$$F=\frac{\text{组间方差}}{\text{组内方差}}=\frac{MSA}{MSE}$$

三、单因素方差分析的判断方法

根据方差检验的理论，判断原则方法有以下两种：

（1）F 值判决法。若 F 值大于 *Fcrit* 临界值，则表示存在显著差异；若 F 值小于 *Fcrit* 临界值，则表示无明显差异。

（2）P 值报告法。若 P 值小于显著性水平α，则表示存在显著差异；若 P 值大于显著性水平α，则表示无明显差异。

应用思考

P 值报告法和 F 值判断法相比，有什么规律？

12.3　无重复双因素方差分析

在现实中，常常会遇到两个因素同时影响结果的情况。这就需要检验究竟是一个因素起作用，还是两个因素都起作用，或者这两个因素的影响都不显著。

双因素方差分析有两种类型：一种是无重复的双因素方差分析，它假定因素 A 和因素 B 的效应之间是相互独立的，不存在相互关系；另一种是可重复的双因素方差分析，它假定因素 A、因素 B 不是独立的，而是相互起作用的。两个因素同时起作用的结果不是两个因素分别作用的简单相加，而是会产生一个新的效应。两个因素结合后产生一个新的效应，属于有交互作用的方差分析问题。

一、无重复双因素方差分析的数据结构

设两个因素分别是 A 和 B。因素 A 共有 r 个水平，因素 B 共有 s 个水平，无交互作用的双因素方差分析的数据结构参见表 12-1。其中，A 列和 B 行代表的是两种因素类别，中间的 X 区域代表的是获得的数据。

二、无重复双因素方差分析的步骤

1. 提出假设

以表 12-1 为例，首先做出假设。由于有两种因素，所以有两个假设。

假设 1：因素 A 即销售方式对销售量无显著影响，即销售方式对销售额的作用不显著。

假设 2：因素 B 即销售地点对销售量无显著影响，即销售地点对销售额的作用不显著。

2. 构造并计算机 *F* 统计量

经过类似于单因素方差的计算过程，由平方和与自由度可以计算出均方差（详细计算过程略），从而计算出 *F* 检验值，得到的方差分析表，见表 12-4。

表 12-4 无重复双因素方差分析表

方差来源	离差平方和	*df*	均方 MS	*F* 值
因素 A	SSA	$r-1$	MSA=SSA/（$r-1$）	MSA/MSE
因素 B	SSB	$s-1$	MSB=SSE/（$n-$r）	MSB/MSE
误　差	SSE	（$r-1$）（$s-1$）	MSE=SSE/（$r-1$）（$s-1$）	
总方差	SST	$n-1$		

在实际的应用中，只需要将数据输入，在 Excel 中就可以快速地计算出来，见表 12-5，从而可以方便地进行分析判断。

表 12-5 Excel 中方差分析的输出表（一）

差异源	SS	*df*	MS	*F*	*P*	*Fcrit*
行	787.375	7	112.4821	52.6379	6.7E－12	2.4876
列	169.625	3	56.54167	26.4596	2.5E－07	3.0725
误　差	44.875	21	2.136905			
总　计	1001.875	31				

三、无重复双因素方差分析的判断方法

无重复的双因素方差分析的判断原则方法和单因素方差是一样的，也可以采用 *F* 值判决法和 *P* 值报告法。表 12-5 通过比较行 *F* 值与行 *Fcrit* 值的大小来进行判断各个行的因素之间有无显著差异；同样，通过列 *F* 值与列 *Fcrit* 值的大小来进行判断各个列因素之间有无显著差异。

应用思考

两种因素分别用 Excel 无重复双因素方差分析表中哪个 *P*（或 *F*）值来判断？

12.4 可重复双因素方差分析

一、数据结构

设两个因素分别是A和B，因素A共有r个水平，因素B共有s个水平，为对两个因素的交互作用进行分析，每组试验条件的试验至少要进行两次，若对每个水平组合水平下（A_j，B_i）重复t次试验，每次试验的结果用x_{ijk}表示，则可得出有交互作用的双因素方差分析的数据结构，见表12-6，表中每一组重复试验了4次。

表12-6　重复双因素方差分析数据结构表（举例）

口　味	国　家		
	美　国	中　国	巴　西
1	155 180	40 80　75	70 82　58
2	188 159　126	136　122 106　115	70 58　45
3	110 168　160	120 150　139	104 82　60

二、可重复双因素方差分析的步骤

1．做出假设

以表12-6为例，首先做出假设。由于有两种因素，所以有三种假设。

假设1：因素A即口味对销售量无显著影响，即口味对产品销售额的作用不显著。

假设2：因素B即销售国家对销售量无显著影响，即销售国家对产品销售额的作用不显著。

假设3：因素A和因素B即口味和国家的交互效应对销售量没有显著影响，即作用不明显。

2．构造并计算F统计量

经过类似于前面的单因素方差和无重复的双因素方差的计算过程，由平方和与自由度可以计算出均方差（详细计算过程略），从而计算出F检验值，得到的方差分析表见表12-7。

表12-7　Excel中方差分析的输出表（二）

差异源	SS	df	MS	*F*	*P*	*Fcrit*
样　本	319.92	3	106.64	84.3004	2.41E−16	2.866265
列	72.96	2	36.48	28.83794	3.34E−08	3.259444
交　互	7.84	6	1.306667	1.032938	0.420247	2.363748
内　部	45.54	36	1.265			
总　计	446.26	47				

三、可重复双因素方差分析的判断方法

有重复的双因素方差分析的判断原则和方法与单因素方差和双因素方差分析是基本相同的，也可以采用 F 值判决法和 P 值报告法。

表 12-7 中将统计量 F 与 $Fcrit$ 进行比较，做出拒绝或不能拒绝原假设 H_0 的决策。

若样本行所在的 $F \geqslant Fcrit$，则拒绝原假设，表明行所在的因素对观察值有显著影响。

若列所在的 $F \geqslant Fcrit$，则拒绝原假设，表明列所在的因素对观察值有显著影响。

若交互所在的 $F \geqslant Fcrit$，则拒绝原假设，表明两种因素的交互效应对观察值有显著影响。

情景解决

以情景任务一为例。

孙某为了了解经常开展的四种不同促销方法对某牛奶商品销售额的影响程度，收集了采用四种促销手段并通过 8 个月的试验获得的一组销售数据，如图 12.1 所示。（$\alpha=0.05$）

	A	B	C	D
1	Plan1	Plan2	Plan3	Plan4
2	38	39	45	32
3	40	46	42	45
4	33	52	38	43
5	44	53	42	46
6	41	47	36	37
7	44	45	35	49
8	42	36	37	42
9	35	38	39	46

图 12.1

方差统计检验的步骤如下：

（1）在 Excel 工作表中输入图 12.1 所示的数据和标志。

（2）选择【数据】【数据分析】命令，弹出如图 12.2 所示“数据分析”对话框。

（3）在“分析工具”列表框中选择“方差分析：单因素方差分析”选项，弹出如图 12.3 所示的对话框。在“输入区域”文本框中选择数据区域 A2:D9，根据题意确定显著性水平为 0.05，并选择空白区域 A13:C15 为结果显示区域。

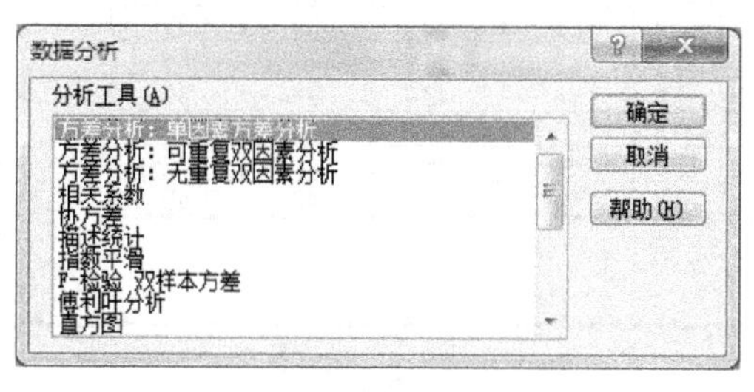

图 12.2

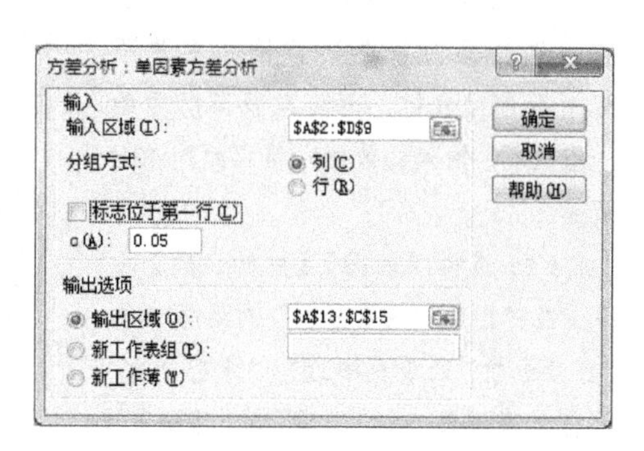

图 12.3

（4）单击【确定】按钮，可得到统计分析结果，见表 12-8。

表 12-8　统计检验结果输出表

方差分析：单因素方差分析						
SUMMARY						
组	计　数	求　和	平　均	方　差		
列 1	8	317	39.625	16.27		
列 2	8	356	44.5	40.29		
列 3	8	314	39.25	11.93		
列 4	8	340	42.5	30.57		
方差分析						
差异源	SS	df	MS	*F*	*P*	*Fcrit*
组间（*B*）	148.6	3	49.5313	2	0.136801	2.946685
组内（*W*）	693.4	28	24.7634			
总计（*T*）	842	31				

（5）结果分析。表 12-8 中的方差分析概括统计检验的过程和结果：销售记录的总体变异（SST）缘于组间变化（SSB）和组内变化（SSW）。MS 是总体方差的两个估计值，通过 SS 除以适当的自由度（d*f*）计算获得，统计量 *F* 是两个 MS 的比值。

根据前面的单因素方差检验的理论，采用 *F* 值判决法或 *P* 值报告法比较分析可以发现，案例中用 *P* 值报告法来判断，由于表中的 $P=0.136801$ 大于显著性水平 0.05，说明四种不同的促销手段对销售效果无显著影响。

另外，用 *F* 值判决法来判断，$F=2$ 小于 $Fcrit=2.946685$，也可以得出同样的结论。

情景解决

以情景任务二为例。

进行双因素方差分析的目的是要检验两个因素对试验结果有无影响。如果对两个因素的每一个水平组合只进行一次试验并据此进行检验，那么即为无重复双因素方差分析。

若 32 名销售代表 6 个月的销售业绩分别根据四种电话营销方案及不同街区进行分组，则可以获得所示的一组数据。输入的数据和格式如图 12.4 所示。

	A	B	C	D	E	F
1	指标	Plan1	Plan2	Plan3	Plan4	
2	Block1	27	31	24	27	
3	Block2	38	40	32	37	
4	Block3	35	39	34	39	
5	Block4	39	41	34	36	
6	Block5	36	43	37	39	
7	Block6	38	42	36	42	
8	Block7	41	46	42	42	
9	Block8	44	50	42	45	
10						
11						
12						

图 12.4

（1）选择【数据】【数据分析】命令，在弹出的“数据分析”对话框中的“方差分析”列表框中选择“方差分析：无重复双因素分析”选项，单击【确定】按钮，在弹出的对话框中确定输入及输出区域并单击【确定】按钮，即可得到检验结果，见表 12-9（假设显著性水平不变）。

表 12-9 无重复双因素方差分析检验结果输出表

差异源	SS	df	MS	*F*	*P*	*Fcrit*
行	787.375	7	112.4821	52.6379	6.7E−12	2.4876
列	169.625	3	56.54167	26.4596	2.5E−07	3.0725
误 差	44.875	21	2.136905			
总 计	1001.875	31				

（2）分析结论。因为统计量 $F=52.6379$ 大于临界值 $Fcrit=2.4876$，所以不同的电话营销方案对各街区的销售效果有显著影响；又因为统计量 $F=26.4596$ 大于临界值 $Fcrit=3.0725$，所以各个街区之间的销售效果存在明显差异。显然，P 值报告法也可以得到同样的检验结果。

情景解决

以情景任务三为例。

张某为了完成任务，在市场部领导的协助下，选择了四个具有代表性的同级别地区，开展了四次重复的饼干推广活动，得到表 12-10 所示一组销售额数据，表中销售额的单位为万元。

接下来，张某要在显著性水平α为 0.05 的条件下检验以下三个问题：

（1）三种风味饼干之间的销售额是否存在差异？

（2）地区对销售额是否有影响？

（3）不同风味饼干与地区之间是否存在交互影响？

表 12-10 三种风味饼干在不同地区的销售额资料

地 区	饼干风味		
	1	2	3
广 州	29.2	29.8	33.7
	28.6	30.4	34.1
	28.8	28.5	30.2
	29.8	30.1	31.6
杭 州	23.9	24.7	26.4
	24.1	26.4	26.2
	25.5	26.1	27.3
	24.9	25.2	27.7
成 都	24.4	25.5	24.4
	20.9	23.7	22.6
	23.1	23.9	26.3
	21.6	22.5	25.5
武 汉	26.2	28.6	30.1
	27.7	27.9	29.5
	25.6	28.0	32.2
	26.9	29.1	31.4

（1）输入数据。注意数据输入的格式如图 12.5 所示。

（2）选择【数据】【数据分析】命令，在弹出的“数据分析”对话框中选择“方差分析：可重复双因素分析”选项并单击【确定】按钮，弹出如图 12.6 所示的对话框。进行双因素方差分析时必须注意，在选取数据区域时应该包含标志栏，否则分析结果不正确。

	A	B	C	D
1	饼干	风 味		
2	地区	1	2	3
3	广州	29.2	29.8	33.7
4		28.6	30.4	34.1
5		28.8	28.5	30.2
6		29.8	30.1	31.6
7	杭州	23.9	24.7	26.4
8		24.1	26.4	26.2
9		25.5	26.1	27.3
10		24.9	25.2	27.7
11	成都	24.4	25.5	24.4
12		20.9	23.7	22.6
13		23.1	23.9	26.3
14		21.6	22.5	25.5
15	武汉	26.2	28.6	30.1
16		27.7	27.9	29.5
17		25.6	28	32.2
18		26.9	29.1	31.4

图 12.5

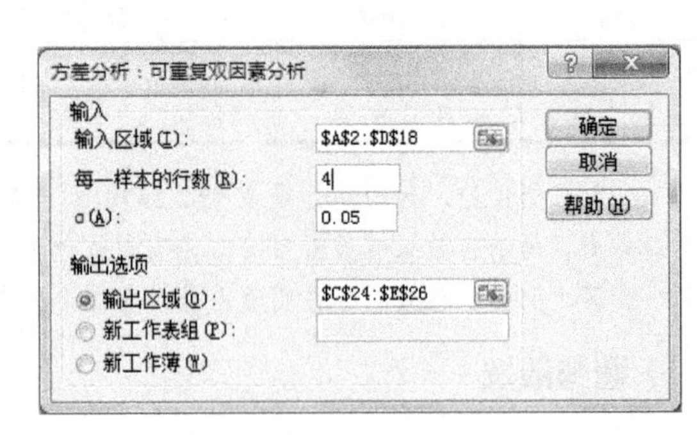

图 12.6

在“每一样本的行数”文本框中输入“4”，表示做了四次重复的试验活动。最后，单击【确定】按钮，即可获得统计分析结果。这里仅列出简化表，见表 12-11。

表 12-11　方差分析表

差异源	SS	df	MS	F	P	Fcrit
样　本	319.92	3	106.64	84.3004	2.41E−16	2.866265
列	72.96	2	36.48	28.83794	3.34E−08	3.259444
交　互	7.84	6	1.306667	1.032938	0.420247	2.363748
内　部	45.54	36	1.265			
总　计	446.26	47				

（3）分析结论。通过 F 统计量与对应临界值的比较分析可以得到结果：饼干的风味和地区对饼干销售额均有显著影响，而两者之间并无交互影响。

张某在经过对数据的分析总结后向公司领导提交了分析报告，该报告除了包括此次市场分析活动的设计思路、活动步骤和方法外，还基于数据分析的结论提出了建议，即在不同的地区着重推广适合该地区的风味饼干。公司在综合分析考虑后，最终采纳了张某的建议，并取得了较好的市场业绩。

复习思考题

一、选择题

（1）SSE 是（　　）。

A．组内离差平方和　　B．组间离差平方和

C．总离差平方和　　D．自由度

（2）SST 是（　　）。

A．组内离差平方和　　B．组间离差平方和

C．总离差平方和　　D．均方差

(3) SSA是( )。

A. 组内离差平方和 B. 组间离差平方和

C. 总离差平方和 D. 均方差

(4) 下列指标中包含系统性误差的是( )。

A. SSA B. SSE C. $\bar{x}_j$ D. $\bar{\bar{x}}$

(5) SST的自由度是( )。

A. $r-1$ B. $n-r$ C. $r-n$ D. $n-1$

(6) 单因素方差分析的备择假设应该是( )。

A. $\mu_1=\mu_2=\mu_3=\cdots=\mu_r$ B. μ_1, μ_2, μ_3, $\cdots$, μ_r不全相等

C. μ_1, μ_2, μ_3, $\cdots$, μ_r全不相等 D. $\mu_1\neq\mu_2\neq\mu_3\neq\cdots\neq\mu_r$

(7) 若要拒绝原假设,则下列( )必须成立。

A. $F<F_\alpha$ B. $P<\alpha$ C. $F=1$ D. $P>\alpha$

(8) 对双因素方差分析(无交互作用),下列命题中正确的是( )。

A. SST=SSA+SSB+SSE B. SSB的自由度是$s-1$

C. F临界值只有一个 D. 必须对两个因素分别决策

二、判断题

(1) 方差分析只能用来判断两个总体均值的差异。 ( )

(2) 组内离差代表本组内各样本与该组平均值的离散程度。 ( )

(3) 组间离差代表各组平均值之间的离散程度。 ( )

(4) 离差除以它们所对应的自由度即得到均方差。 ( )

(5) 组间离差的均方差除以组内离差的均方差即可得到F检验值。 ( )

(6) 组间变动的均方差越大,组内变动的均方差就越小,即F值越大。 ( )

(7) F值越大,越容易拒绝原假设,表明各组之间存在显著差异。 ( )

(8) 若P值小于显著性水平α,则表示不存在显著差异。 ( )

(9) 若F统计量值大于$Fcrit$临界值,则表示存在显著差异。 ( )

三、简答题

(1) 简述方差分析的原理。

(2) 要检验多个总体的均值是否相等,为何不两两比较而用方差分析的方法?

(3) 方差分析可以用于解决哪些问题?请结合实例说明。

(4) 简述单因素方差分析中组内离差和组间离差的含义。

(5) 简述方差分析的种类。

(6) 三种方差分析分别解决哪些问题?

(7) 方差分析的F值判决法拒绝原假设的条件是什么?

(8) P值报告法中拒绝原假设,那么有显著性差异的条件是什么?

(9) 简述方差分析表中主要指标的基本含义。

情景实践题

根据以下工作情景提出解决方案，用 Excel 工具完成运算并对结果进行分析判断，并完成分析报告。

（1）某家公司对其生产的某种产品采用了三种不同的包装方法，对每种包装进行了为期八次的销售，取得的销售业绩见表 12-12。这些数据能否说明三种不同包装对销售业绩有显著差异？（α=0.05）

表 12-12　实践情景题（1）表

包装 1	包装 2	包装 3
70	75	77
72	76	80
69	72	75
76	70	86
71	80	74
72	68	86
72	80	80
72	74	83

（2）为了解三种不同包装方法的产品对销售量影响的差异，对三种不同规格 250g、500g、1000g 各进行 1 个月的销售，分别测得其 1 个月的销售量见表 12-13。试用方差分析判断几种包装方式与不同规格对产品销售量有无显著性差异。（α=0.05）

表 12-13　实践情景题（2）表

规格/g		250	500	1000
包装	1	30	31	32
	2	31	36	32
	3	27	29	28

（3）某公司正在研发能提高产品质量的三类生产方法（A、B 两种新方法和传统生产方法），分别在三种不同的生产线上（生产线 1、生产线 2 和原生产线），在其他条件相等的条件下生产相同数量的相同产品，重复测验了两次，测量每次生产的产品质量合格率，得到的数据见表 12-14。根据数据判断生产方法、生产线类型及它们的交互作用对产品的质量合格率是否有影响。（α=0.05）

表 12-14　实践情景题（3）表

生产方法	生产线		
	生产线 1	生产线 2	原生产线
A	98.3, 98.9	97.6, 96.8	98.5, 97.8
B	97.8, 96.9	96.4, 97.6	98.3, 96.5
传　统	95.9, 97.7	97.1, 96.2	97.3, 96.7

模块 4

商务统计操作

项目 13

员工人事统计

工作情景

黄某刚毕业就被分配到某科技公司的人力资源部工作，负责日常人事信息的维护与分析工作。由于员工的招聘、离职等比较频繁，黄某所在的人力资源部门必须做好员工信息的更新工作，并进行员工信息的整理与汇总分析，因为这些信息是企业多项决策的依据。该科技公司员工信息表如图 13.1 所示。

1	姓名	身份证号码	部门	职务	性别	出生年月
2	茹海亮	440923198504014038	生产部	职员	男	1985-04-01
3	蒲海娟	360723198809072027	技术部	职员	女	1988-09-07
4	宋沛徽	320481198504256212	行政部	职员	男	1985-04-25
5	赵利平	320223197901203561	销售部	职员	女	1979-01-20
6	杨　斐	320106197910190465	生产部	经理助理	女	1979-10-19
7	王继芹	321323198506030024	行政部	部门经理	女	1985-06-03
8	杨远锋	321302198502058810	行政部	职员	男	1985-02-05
9	王旭东	321324198601180107	销售部	职员	女	1986-01-18
10	王兴华	321323198809105003	行政部	职员	女	1988-09-10
11	冯　丽	420117198608090022	行政部	部门经理	女	1986-08-09
12	旦艳丽	321324198401130041	技术部	职员	女	1984-01-13
13	苏晓强	320402198502073732	生产部	职员	男	1985-02-07
14	王　辉	320402198304303429	生产部	职员	女	1983-04-30
15	李鲜艳	320401198607152529	技术部	职员	女	1986-07-15

图 13.1

1．员工基本信息的建立

员工基本信息表包括员工的姓名、性别、身份证号、出生年月、学历、部门、职务等有效的信息，而其中有些信息可以通过 Excel 的功能进行简化输入。例如，在输入学历、部门和职务等时可以用序列方式和数据有效性的方式输入，既不容易出错，又可以节省时间和精力。下面以输入部门为例进行说明。

情景解决

（1）点击工作表标签“Sheet2”，在里面输入各部门序列，如图 13.2 所示。

（2）选择【公式】【定义名称】命令，弹出“新建名称”对话框，在对话框的“名称”文本框中输入“部门序列”，在“引用位置”文本框中输入“＝Sheet2!$A$2:$A$6”，然后单击【确定】按钮，如图 13.3 所示。

	A	B
1	部门序列	
2	生产部	
3	技术部	
4	行政部	
5	销售部	
6	质量部	
7		

图 13.2

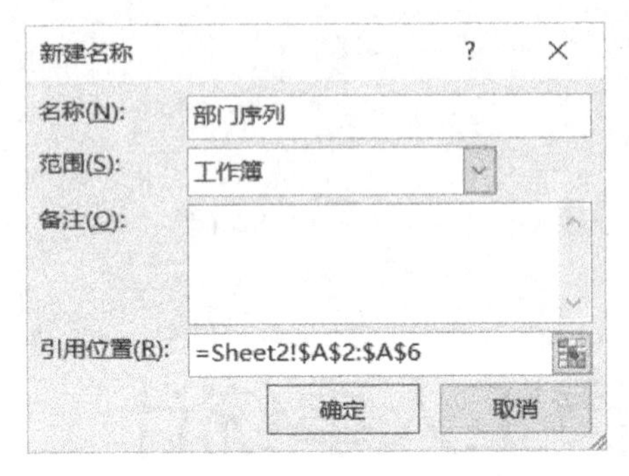

图 13.3

（3）在 Sheet1 表中，选择要输入部门名称的这一列单元格区域，选择【数据】【数据验证】命令，弹出“数据验证”对话框，在对话框“验证条件”选项的“允许”下拉列表框中选择“序列”选项，在“来源”中输入公式“＝部门序列”，然后单击【确定】按钮，如图 13.4 所示。

（4）点击要输入部门名称的单元格区域，右边会出现下拉列表，从下拉列表中选择所需要的部门名称，即可完成输入，如图 13.5 所示。

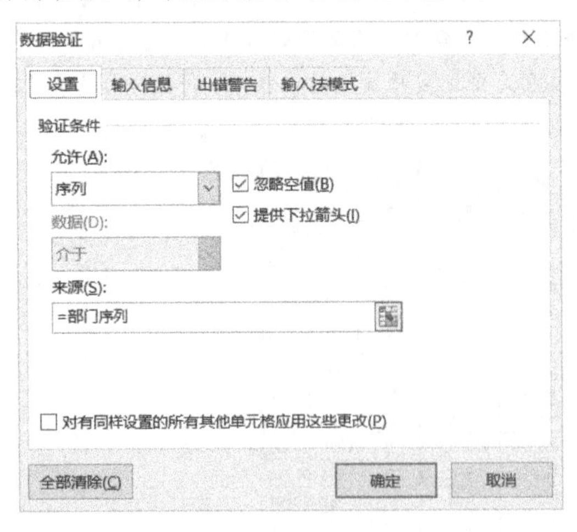

图 13.4

	A	B	C	D
1	姓名	身份证号码	部门	职务
2	茹海亮	440923198504014038	生产部	职员
3	蒲海娟	360723198809072027	技术部	职员
4	宋沛徽	320481198504256212	生产部	职员
5	赵利平	320223197901203561	技术部 行政部 销售部 质量部	职员
6	杨　斐	320106197910190465	生产部	经理助理

图 13.5

2．根据身份证号自动生成生日和性别

在输入身份证号码后，其中含有出生年月、性别码等信息，可以通过 Excel 中的函数来自动完成这些信息的提取。

情景解决

（1）在性别字段的单元格 E2 中输入公式“=IF（MOD（LEFT（RIGHT（B2,2）,1）,2），"男","女"）”，然后按 Enter 键，此时单元格 E2 中出现“男”。

（2）用拖拽的方式将公式复制到需要输入性别的单元格区域，便会自动根据“身份证号码”完成“性别”的输入。

（3）在单元格 F2 中输入公式“=TEXT（MID（B2,7,8）,"0000-00-00"）”，然后按 Enter 键确认，此时在单元格 F2 中出现员工生日。

（4）用拖拽的方式将公式复制到需要输入出生年月的单元格区域，便会自动根据“身份证号码”完成“出生年月”的输入，所得结果如图 13.6 所示。

F2 =TEXT(MID(B2,7,8),"0000-00-00")

	A	B	C	D	E	F
1	姓名	身份证号码	部门	职务	性别	出生年月
2	茹海亮	440923198504014038	生产部	职员	男	1985-04-01
3	蒲海娟	360723198809072027	技术部	职员	女	1988-09-07
4	宋沛徽	320481198504256212	行政部	职员	男	1985-04-25
5	赵利平	320223197901203561	销售部	职员	女	1979-01-20
6	杨　斐	320106197910190465	生产部	经理助理	女	1979-10-19
7	王继芹	321323198506030024	行政部	部门经理	女	1985-06-03
8	杨远锋	321302198502058810	行政部	职员	男	1985-02-05
9	王旭东	321324198601180107	销售部	职员	女	1986-01-18
10	王兴华	321323198809105003	行政部	职员	女	1988-09-10

图 13.6

3．计算员工的年龄

人们可以用 Excel 中的 DATEDIF 函数实现以下功能：由员工的出生年月或身份证号码来计算员工的年龄。同样，如果有员工的工作开始时间，也可以计算该员工的工龄。下面以计算年龄为例来进行说明。

情景解决

（1）点击单元格 G2，输入公式“=DATEDIF（F2,TODAY（）,"Y"）”，然后按 Enter 键确认，此时单元格 G2 中出现“32”。但要注意的是，具体的年龄会随着时间的变化不断变化。

（2）用拖拽的方式将公式复制到需要输入年龄的单元格区域，便会自动根据“出生年月”完成“年龄”的输入，如图 13.7 所示。

G2 =DATEDIF(F2,TODAY(),"Y")

	A	B	C	D	E	F	G
1	姓名	身份证号码	部门	职务	性别	出生年月	年龄
2	茹海亮	440923198504014038	生产部	职员	男	1985-04-01	32
3	蒲海娟	360723198809072027	技术部	职员	女	1988-09-07	29
4	宋沛徽	320481198504256212	行政部	职员	男	1985-04-25	32
5	赵利平	320223197901203561	销售部	职员	女	1979-01-20	38
6	杨　斐	320106197910190465	生产部	经理助理	女	1979-10-19	37
7	王继芹	321323198506030024	行政部	部门经理	女	1985-06-03	32
8	杨远锋	321302198502058810	行政部	职员	男	1985-02-05	32

图 13.7

4．员工信息统计表

在员工数量较多的公司，学历分析是人事统计分析的一项重要任务，而利用数据图表来进行分析的效果比较直观。下面以分析员工的学历水平为例，用 Excel 来说明统计的方法。

情景解决

（1）选择菜单【插入】【数据透视表】命令，弹出“创建数据透视表”对话框，如图 13.8 所示。

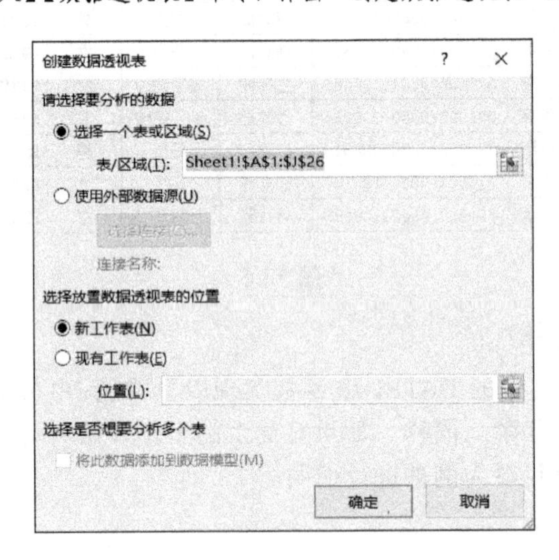

图 13.8

（2）在“请选择要分析的数据”下选择第一项，在“表/区域”选择数据区域 A1:J26，在“选择放置数据透视表的位置”下选择“新工作表”，并单击【确定】按钮。

（3）在弹出的“数据透视图字段”对话框中进行字段的拖拽操作，如图 13.9 所示，方法与制作数据透视表的操作是一样的。

图 13.9

（4）将“学历”拖到“图例（系列）”所在区域，将“部门”拖到“轴（类别）”所在区域，即表格的行和列分别是部门和学历，然后将“学历”拖到“值”区域，对各学历的人数进行统计，如图 13.10 所示。

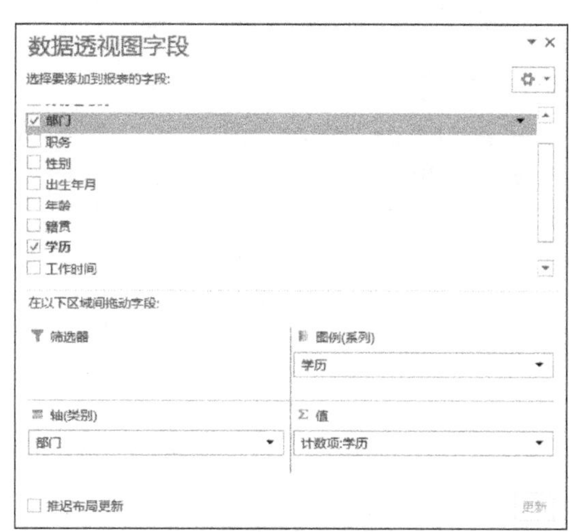

图 13.10

（5）生成的数据透视表如图 13.11 所示。

计数项:学历	学历				
部门	本科	博士	硕士	专科	总计
行政部	1		3	3	7
技术部	2	1	1	1	5
生产部	1	1	1	2	5
销售部	3		1		4
质量部	3			1	4
总计	10	2	6	7	25

图 13.11

（6）在生成的数据透视图（图 13.12）中，以部门为行，以学历为列，这样学历的人数统计图就生成了。如果要改变布局，可以在右侧的表格中拖拉字段名称至报表的行、列和筛选器字段处。

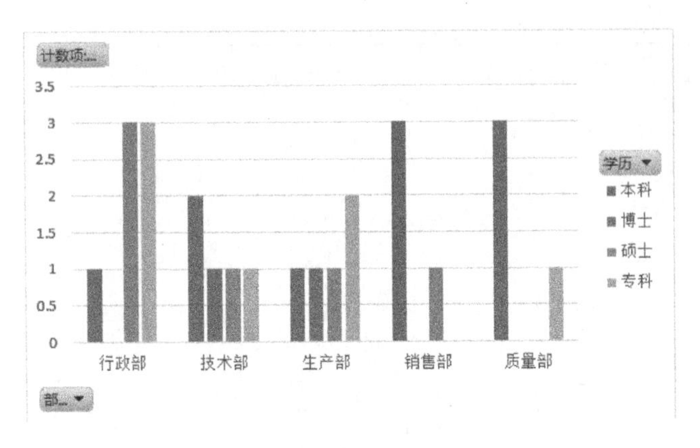

图 13.12

（7）单击“学历”右侧下拉按钮，弹出设置对话框，可以进行排序、学历选择等各项设置，如图 13.13 所示。

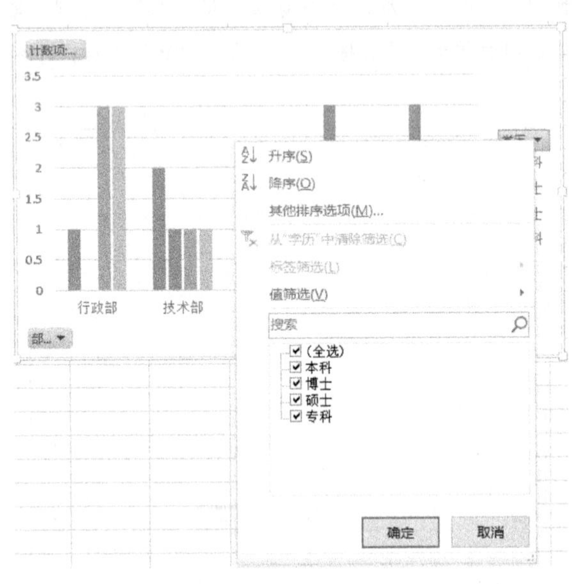

图 13.13

（8）在数据透视图中，可以像在数据透视表中一样改变它的布局，同样可以改变图表的类型、图表的属性等。单击数据透视图“部门”下方的下拉按钮，在弹出的下拉列表中可以选择只显示其中一个部门的图形。

同样，还可以完成员工的年龄分析、性别分析等统计分析。

项目 14

培训成绩统计分析

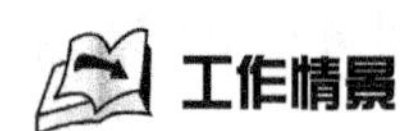

工作情景

赵某是某公司人力资源部的员工，负责辅助经理完成企业的招聘、培训等日常工作。企业每年都制订招聘和培训计划，对新老员工进行不定期的培训，员工培训后考核的成绩统计整理工作是由赵某负责的。为了快速完成培训成绩的统计工作，她除了掌握学习的商务统计中的报表知识外，还需要掌握相关的软件技术工作。图 14.1 是赵某在 Excel 表中输入的部分数据，现在领导提出以下要求：

（1）计算各员工的培训总成绩。

（2）将总分大于 200 分，或者缺课次数小于 3 次且操作大于等于 70 分的备注为“合格”；否则，备注为“不合格”。

（3）合格员工的排名统计表。

（4）各部门不合格员工统计表。

	A	B	C	D	E	F	G	H	I
1	员工培训成绩表								
2	姓名	部门	笔试	答辩	操作	总分	缺课次数	合格	排名
3	张三	企划	90	73	90		5		
4	李国	销售	60	75	40		3		
5	陈明	设计	50	68	50		4		
6	周杰	企划	75	79	50		2		
7	王华	设计	89	60	68		8		
8	成龙	生产	80	45	70		2		
9	李笑笑	销售	70	85	80		0		
10	张萍	销售	70	50	85		5		
11	陈志明	生产	68	50	80		2		
12	黄飞虎	质量	79	50	56		3		
13	陈启明	生产	68	50	78		5		
14	钟山山	企划	79	50	90		2		
15	朱大	企划	60	68	67		8		

图 14.1

1．计算各员工的培训总成绩

员工的培训成绩由三个部分组成，即笔试成绩、答辩成绩和操作成绩，总成绩是三个部分成绩之和。

情景解决

F3　=C3+D3+E3

	A	B	C	D	E	F
1	员工培训成绩表					
2	姓名	部门	笔试	答辩	操作	总分
3	张三	企划	90	73	90	253
4	李国	销售	60	75	40	175
5	陈明	设计	50	68	50	168
6	周杰	企划	75	79	50	204
7	王华	设计	89	60	68	217
8	成龙	生产	80	45	70	195
9	李笑笑	销售	70	85	80	235
10	张萍	销售	70	50	85	205
11	陈志明	生产	68	50	80	198
12	黄飞虎	质量	79	50	56	185
13	陈启明	生产	68	50	78	196
14	钟山山	企划	79	50	90	219
15	朱大	企划	60	68	67	195
16	梁群	质量	45	70	78	193

图 14.2

（1）点击单元格 F3，在单元格中输入公式“＝C3＋D3＋E3”，按 Enter 键确认。

（2）将鼠标指针置于 F3 的右下角，出现“＋”形状时按住鼠标并向下拖拽，将公式复制到需要计算的各单元格，这样各单元格就会显示复制公式的结果，如图 14.2 所示。

2．判断员工培训成绩是否合格

培训合格的条件：总分大于 200 分，或者缺课次数小于 3 次且操作大于等于 70 分的备注为“合格”；否则，备注为“不合格”。因此，有两种情况是合格的，这里需要用到 Excel 中的 IF 函数、OR 函数和 AND 函数来进行判断。

情景解决

（1）点击单元格 H3，在单元格中输入判断的公式“＝IF（OR（F15＞200,AND（G15＜3,E15＞＝70））,"合格","不合格"）”，然后按 Enter 键确认。

（2）将鼠标指针置于 H3 的右下角，出现“＋”形状时按住鼠标并向下拖拽，将公式复制到需要计算的各单元格，这样各单元格就会显示复制公式的结果，如图 14.3 所示。

H3 =IF(OR(F3>200,AND(G3<3,E3>=70)),"合格","不合格")

	A	B	C	D	E	F	G	H	I
1	员工培训成绩表								
2	姓名	部门	笔试	答辩	操作	总分	缺课次数	合格	排名
3	张三	企划	90	73	90	253	5	合格	
4	李国	销售	60	75	40	175	3	不合格	
5	陈明	设计	50	68	50	168	4	不合格	
6	周杰	企划	75	79	50	204	2	合格	
7	王华	设计	89	60	68	217	8	合格	
8	成龙	生产	80	45	70	195	2	合格	
9	李笑笑	销售	70	85	80	235	0	合格	
10	张萍	销售	70	50	85	205	5	合格	
11	陈志明	生产	68	50	80	198	2	合格	
12	黄飞虎	质量	79	50	56	185	3	不合格	
13	陈启明	生产	68	50	78	196	5	不合格	
14	钟山山	企划	79	50	90	219	2	合格	
15	朱大	企划	60	68	67	195	8	不合格	
16	梁群	质量	45	70	78	193	2	合格	
17	吴放	生产	68	50	90	208	8	合格	

图 14.3

3. 合格员工考核成绩排名表

通过计算员工的考核总成绩，并且根据条件判断员工的培训成绩是否合格，需要制作合格员工的成绩排名表，即首先整理出合格员工的成绩表，然后对合格员工的成绩进行排名。

情景解决

（1）先筛选出培训合格的员工名单。选择【数据】【筛选】命令，成绩表显示如图 14.4 所示。

（2）单击字段“合格”的下拉按钮，在下拉列表框中选择“合格”选项即可筛选出培训合格的员工名单，如图 14.5 所示。复制合格员工的名单至新的 Sheet2 表中，在第一行输入标题“培训合格员工成绩排名表”。

姓名	部门
张三	企划
李国	销售
陈明	设计
周杰	企划
王华	设计
成龙	生产
李笑笑	销售
张萍	销售
陈志明	生产
黄飞虎	质量
陈启明	生产
钟山山	企划
朱大	企划
梁群	质量
吴放	生产
李冲冲	销售
周俊	设计

升序(S)
降序(O)
按颜色排序(T)
从"合格"中清除筛选(C)
按颜色筛选(I)
文本筛选(F)
搜索
(全选)
不合格
合格
确定 取消

图 14.4

	A	B	C	D	E	F	G	H	I
1	培训合格员工成绩排名表								
2	姓名	部门	笔试	答辩	操作	总分	缺课次数	合格	排名
3	张三	企划	90	73	90	253	5	合格	
4	周杰	企划	75	79	50	204	2	合格	
5	王华	设计	89	60	68	217	8	合格	
6	成龙	生产	80	45	70	195	2	合格	
7	李笑笑	销售	70	85	80	235	0	合格	
8	张萍	销售	70	50	85	205	5	合格	
9	陈志明	生产	68	50	80	198	2	合格	
10	钟山山	企划	79	50	90	219	2	合格	
11	梁群	质量	45	70	78	193	2	合格	
12	吴放	生产	68	50	90	208	8	合格	
13	周俊	设计	60	68	80	208	8	合格	
14	陈飞飞	企划	85	80	75	240	1	合格	
15	丁保华	生产	68	50	89	207	2	合格	
16	李丽	销售	79	50	80	209	3	合格	
17	黄建东	销售	60	68	70	198	1	合格	
18	刘素兰	企划	45	70	85	200	0	合格	
19	赵山	设计	86	80	50	215	1	合格	
20	李大海	质量	68	50	75	193	2	合格	
21	胡可可	设计	79	50	89	218	5	合格	
22	马天王	生产	60	68	80	208	4	合格	
23	胡凯旋	质量	45	70	70	185	2	合格	

图 14.5

（3）在新建的 Sheet2 表中，选择菜单【数据】【排序】命令，在弹出的“排序”对话框的“主要关键字”下拉列表框中选择“总分”选项，在“次序”下拉列表框中选择“降序”选项，单击【确定】按钮，如图 14.6 所示，统计名单就按总分从高到低进行排序。

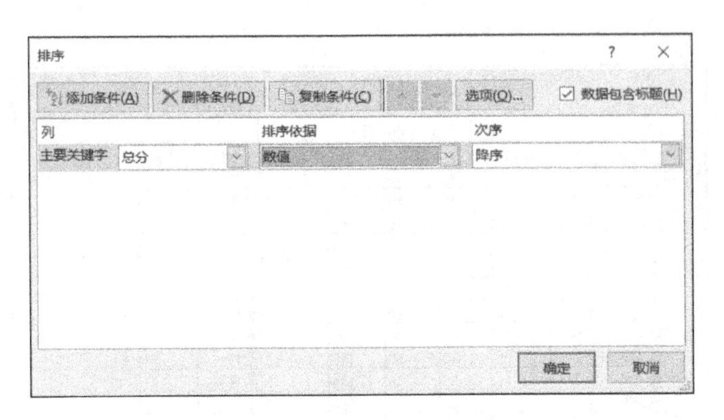

图 14.6

（4）点击单元格 I3，在单元格中输入判断排名的公式“＝RANK（F3,$F$3:$F$23,0）”，然后按 Enter 键确认，出现排名数据。

（5）将鼠标指针置于 I3 的右下角，出现“＋”形状时按住鼠标并向下拖拽，将公式复制到需要计算的各单元格，这样各单元格就会显示复制公式的结果，如图 14.7 所示。

I3　=RANK(F3, $F$3:$F$23, 0)

	A	B	C	D	E	F	G	H	I
1	培训合格员工成绩排名表								
2	姓名	部门	笔试	答辩	操作	总分	缺课次数	合格	排名
3	张三	企划	90	73	90	253	5	合格	1
4	陈飞飞	企划	85	80	75	240	1	合格	2
5	李笑笑	销售	70	85	80	235	0	合格	3
6	钟山山	企划	79	50	90	219	2	合格	4
7	胡可可	设计	79	50	89	218	5	合格	5
8	王华	设计	89	60	68	217	8	合格	6
9	赵山	设计	85	80	50	215	1	合格	7
10	李丽	销售	79	50	80	209	3	合格	8
11	吴放	生产	68	50	90	208	8	合格	9
12	周俊	设计	60	68	80	208	8	合格	9
13	马天王	生产	60	68	80	208	4	合格	9
14	丁保华	生产	68	50	89	207	2	合格	12
15	张萍	销售	70	50	85	205	5	合格	13
16	周杰	企划	75	79	50	204	2	合格	14
17	刘素兰	企划	45	70	85	200	0	合格	15
18	陈志明	生产	68	50	80	198	2	合格	16
19	黄建东	销售	60	68	70	198	1	合格	16
20	成龙	生产	80	45	70	195	2	合格	18
21	梁群	质量	45	70	78	193	2	合格	19
22	李大海	质量	68	50	75	193	2	合格	19
23	胡凯旋	质量	45	70	70	185	2	合格	21

图 14.7

4．不合格员工的统计表

要统计各部门不合格员工的名单，先要筛选出不合格员工名单，然后按部门进行排序，将相同部门的员工名单排列在一起。

情景解决

（1）先筛选出培训不合格的员工名单。选择【数据】【筛选】命令，单击字段“合格”的下拉按钮，在下拉列表框中选择“不合格”选项，便筛选出培训不合格的员工名单。

（2）复制合格员工的名单至新的 Sheet3 表中，在第一行输入标题“培训不合格员工统计表”。

（3）在新建的 Sheet3 表中，选择菜单【数据】【排序】命令，在弹出的“排序”对话框中“主要关键字”下拉列表框中选择“部门”选项，单击【确定】按钮，不合格员工名单按不同部门进行排列，如图 14.8 所示。

	A	B	C	D	E	F	G	H
1	培训不合格员工统计表							
2	姓名	部门	笔试	答辩	操作	总分	缺课次数	合格
3	朱大	企划	60	68	67	195	8	不合格
4	陈明	设计	50	68	50	168	4	不合格
5	张明亮	设计	45	50	68	163	4	不合格
6	刘艳	设计	79	50	60	189	2	不合格
7	陈启明	生产	68	50	78	196	5	不合格
8	苏兰	生产	68	50	79	197	5	不合格
9	林森	生产	60	89	50	199	2	不合格
10	李国	销售	60	75	40	175	3	不合格
11	李冲冲	销售	79	50	60	189	6	不合格
12	卢正丰	销售	45	70	50	165	2	不合格
13	黄飞虎	质量	79	50	56	185	3	不合格
14	李宝宝	质量	60	68	45	173	2	不合格

图 14.8

项目 15 薪酬数据统计分析

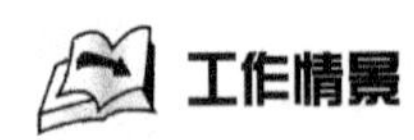

工作情景

张某是某公司财务部的员工，负责薪酬数据的统计整理等日常工作，每月各部门都会上报考勤情况，然后根据企业的薪酬制度等情况制定公司员工的薪酬报表。由于每月的数据都会有更新和调整，她怎样才能快速且准确地完成该项工作？图 15.1 是张某在 Excel 表中输入的部分数据。

	A	B	C	D	E	F	G	H	I	J
1	公司5月份工资表									
2	编号	姓名	部门	基本工资	年功工资	其他扣款	保险扣款	应发工资	所得税	实发工资
3	1	茹海亮	生产部							
4	2	蒲海娟	技术部							
5	3	宋沛徽	行政部							
6	4	赵利平	销售部							
7	5	杨　斐	生产部							
8	6	王继芹	行政部							
9	7	杨远锋	行政部							
10	8	王旭东	销售部							
11	9	王兴华	行政部							
12	10	冯　丽	行政部							
13	11	旦艳丽	技术部							
14	12	苏晓强	生产部							
15	13	王　辉	生产部							
16	14	李鲜艳	技术部							
17	15	吴　金	质量部							
18	16	张文安	质量部							
19	17	陈　杰	行政部							
20	18	石孟平	行政部							
21	19	武小淇	技术部							

图 15.1

现在张某需要完成以下任务：

（1）根据员工基本信息表确定基本工资和年功工资。

（2）根据各部门上报的员工考勤表计算员工的扣款。

（3）计算员工的个人所得税代扣数值。

（4）计算员工的应发工资。

1. 计算各员工的基本工资

员工的基本工资是：部门经理为8000元，经理助理为6000元，其他员工为4000元。员工的基本信息如图15.2所示。

	A	B	C	D	E	F	G	H	I	J	K	L
1												
2	编号	姓名	身份证号码	部门	职务	性别	出生年月	年龄	籍贯	学历	工作时间	工龄
3	1	茹海亮	440923198504014038	生产部	职员	男	1985-04-01	27	湖北	硕士	2009/3/20	3
4	2	蒲海娟	360723198809072027	技术部	职员	女	1988-09-07	23	河北	专科	2008/5/11	3
5	3	宋沛徽	320481198504256212	行政部	职员	男	1985-04-25	26	安徽	专科	2010/10/10	1
6	4	赵利平	320223197901203561	销售部	职员	女	1979-01-20	33	广东	本科	2006/4/10	6
7	5	杨　斐	320106197910190465	生产部	经理助理	女	1979-10-19	32	湖北	博士	2009/7/26	2
8	6	王继芹	321323198506030024	行政部	部门经理	女	1985-06-03	26	河南	硕士	2011/9/23	0
9	7	杨远锋	321302198502058810	行政部	职员	男	1985-02-05	27	河南	专科	2010/9/1	1
10	8	王旭东	321324198601180107	销售部	职员	女	1986-01-18	26	河北	本科	2011/9/19	0
11	9	王兴华	321323198809105003	行政部	职员	女	1988-09-10	23	辽宁	本科	2011/12/10	0
12	10	冯　丽	420117198608090022	行政部	部门经理	女	1986-08-09	25	辽西	硕士	2010/7/3	1
13	11	旦艳丽	321324198401130041	技术部	职员	女	1984-01-13	28	广东	硕士	2010/8/1	1
14	12	苏晓强	320402198502073732	生产部	职员	男	1985-02-07	27	安徽	专科	2008/7/25	3
15	13	王　辉	320402198304303429	生产部	职员	女	1983-04-30	28	山东	专科	2006/2/12	6
16	14	李鲜艳	320401198607152529	技术部	职员	女	1986-07-15	25	福建	本科	2010/7/12	1
17	15	吴　金	320723198204021422	质量部	经理助理	女	1982-04-02	30	山西	本科	2007/1/28	5
18	16	张文安	320404198012084458	质量部	职员	男	1980-12-08	31	安徽	本科	2003/8/29	8
19	17	陈　杰	360121197207216417	行政部	经理助理	男	1972-07-21	39	江苏	硕士	2004/4/25	7
20	18	石孟平	360103197203074121	行政部	职员	女	1972-03-07	40	天津	专科	1995/12/10	16
21	19	武小淇	441900198301110034	技术部	职员	男	1983-01-11	29	湖南	本科	2002/5/19	9
22	20	吴瑞娟	440524196504150617	销售部	部门经理	男	1965-04-15	46	江西	硕士	1992/6/9	19
23	21	赵润寅	321322198210260238	销售部	经理助理	男	1982-10-26	29	山东	本科	2009/7/19	2
24	22	张　星	310107197604305417	生产部	职员	男	1976-04-30	35	湖北	本科	1998/9/10	13
25	23	魏　康	320923198111030072	质量部	职员	男	1981-11-03	30	广东	专科	2002/11/17	9
26	24	贾丽淑	650103197903285121	质量部	部门经理	女	1979-03-28	33	山西	本科	2000/3/21	12

工资表 员工基础信息 考勤表

图15.2

情景解决

（1）点击“工资表”中的单元格D3，在单元格中输入公式“=IF（VLOOKUP（B3,员工基础信息!B3:E3,4,0）="部门经理",8000,IF（VLOOKUP（B3,员工基础信息!B3:E3,4,0）="经理助理",6000,4000））”，按Enter键确认。

（2）将鼠标指针置于D3的右下角，出现“+”形状时按住鼠标并向下拖拽，将公式复制到需要计算的各单元格，这样各单元格就会显示复制公式的结果，如图15.3所示。

（3）点击“工资表”中的单元格E3，在单元格中输入公式“=DATEDIF（员工基础信息!K3,TODAY（）,"Y"）*50”，按Enter键确认。

（4）将鼠标指针置于单元格E3的右下角，出现“+”形状时按住鼠标并向下拖拽，将公式复制到需要计算的各单元格，这样各单元格就会显示复制公式的结果，如图15.4所示。

	A	B	C	D
1				
2	编号	姓名	部门	基本工资
3	1	茹海亮	生产部	4000.00
4	2	蒲海娟	技术部	4000.00
5	3	宋沛徽	行政部	4000.00
6	4	赵利平	销售部	4000.00
7	5	杨　斐	生产部	6000.00
8	6	王继芹	行政部	8000.00
9	7	杨远锋	行政部	4000.00
10	8	王旭东	销售部	4000.00

图 15.3

E3　=DATEDIF(员工基础信息!K3,TODAY(),"Y")*50

	A	B	C	D	E	F	G	H
1					公司5月份工资表			
2	编号	姓名	部门	基本工资	年功工资	其他扣款	保险扣款	应发工资
3	1	茹海亮	生产部	4000.00	150.00			
4	2	蒲海娟	技术部	4000.00	150.00			
5	3	宋沛徽	行政部	4000.00	50.00			
6	4	赵利平	销售部	4000.00	300.00			
7	5	杨　斐	生产部	6000.00	100.00			
8	6	王继芹	行政部	8000.00	0.00			
9	7	杨远锋	行政部	4000.00	50.00			
10	8	王旭东	销售部	4000.00	0.00			
11	9	王兴华	行政部	4000.00	0.00			
12	10	冯　丽	行政部	8000.00	50.00			
13	11	旦艳丽	技术部	4000.00	50.00			
14	12	苏晓强	生产部	4000.00	150.00			
15	13	王　辉	生产部	4000.00	300.00			
16	14	李鲜艳	技术部	4000.00	50.00			

图 15.4

2．计算各员工的扣款

员工的扣款按照员工“考勤表”的信息进行扣款，每缺勤 1 天，扣除基本工资的 1/22，每迟到早退 1 次，扣除 20 元，员工的社保扣款按基本工资的 11% 扣除。

情景解决

（1）计算其他扣款。点击“工资表”中的单元格 F3，在单元格中输入公式“=VLOOKUP(B3,考勤表!B3:D3,2,0)*ROUND(工资表!D3/22,2)+VLOOKUP(B3,考勤表!B3:D3,3,0)*20”，按 Enter 键确认。

（2）将鼠标指针置于单元格 F3 的右下角，出现“+”形状时按住鼠标并向下拖拽，将公式复制到需要计算的各单元格，这样各单元格就会显示复制公式的结果。

（3）计算保险扣款。点击“工资表”中的单元格 G3，在单元格中输入公式“=D3*11%”，按 Enter 键确认。

（4）将鼠标指针置于单元格 G3 的右下角，出现“+”形状时按住鼠标并向下拖拽，将公式复制到需要计算的各单元格，这样各单元格就会显示复制公式的结果。

（5）计算应发工资。点击“工资表”中的单元格 H3，在单元格中输入公式“=D3+E3−F3−G3”，按 Enter 键确认。

（6）将鼠标指针置于单元格 H3 的右下角，出现“+”形状时按住鼠标并向下拖拽，将公式复制到需要计算的各单元格，这样各单元格就会显示复制公式的结果，如图 15.5 所示。

	A	B	C	D	E	F	G	H
1					公司5月份工资表			
2	编号	姓名	部门	基本工资	年功工资	其他扣款	保险扣款	应发工资
3	1	茹海亮	生产部	4000.00	150.00	20.00	440.00	3690.00
4	2	蒲海娟	技术部	4000.00	150.00	181.82	440.00	3528.18
5	3	宋沛徽	行政部	4000.00	50.00	0.00	440.00	3610.00
6	4	赵利平	销售部	4000.00	300.00	60.00	440.00	3800.00
7	5	杨　斐	生产部	6000.00	100.00	409.10	660.00	5030.91
8	6	王继芹	行政部	8000.00	0.00	0.00	880.00	7120.00
9	7	杨远锋	行政部	4000.00	50.00	0.00	440.00	3610.00
10	8	王旭东	销售部	4000.00	0.00	40.00	440.00	3520.00
11	9	王兴华	行政部	4000.00	0.00	0.00	440.00	3560.00
12	10	冯　丽	行政部	8000.00	50.00	727.28	880.00	6442.72
13	11	旦艳丽	技术部	4000.00	50.00	0.00	440.00	3610.00
14	12	苏晓强	生产部	4000.00	150.00	0.00	440.00	3710.00
15	13	王　辉	生产部	4000.00	300.00	90.91	440.00	3769.09
16	14	李鲜艳	技术部	4000.00	50.00	40.00	440.00	3570.00
17	15	吴　金	质量部	6000.00	250.00	0.00	660.00	5590.00
18	16	张文安	质量部	4000.00	400.00	0.00	440.00	3960.00

图 15.5

3. 计算个人所得税和实发工资

个人所得税代缴是按照国家规定的《中华人民共和国个人所得税法》的比例执行的，表 15-1 为个税计算的税率表，起征点为 5000 元。

表 15-1 个税计算最新税率表

级 数	全月应纳税所得额	税 率	扣除数
1	不超过 3000 元的	3%	0
2	超过 3000 元至 12000 元的部分	10%	210
3	超过 12000 元至 25000 元的部分	20%	1410
4	超过 25000 元至 35000 元的部分	25%	2660
5	超过 35000 元至 55000 元的部分	30%	4410
6	超过 55000 元至 80000 元的部分	35%	7160
7	超过 80000 元的部分	45%	15160

情景解决

（1）计算个人所得税。点击“工资表”中的单元格 I3，在单元格中输入公式“=IF（H3> = 85000,（H3 - 5000）*45% - 15160,IF（H3> = 60000,（H3 - 5000）*35% - 7160,IF（H3> = 40000,（H3 - 5000）*30% - 4410,IF（H3> = 30000,（H3 - 5000）*25% - 2660,IF（H3> = 17000,（H3 - 5000）*20% - 1410,IF（H3> = 8000,（H3 - 5000）*10% - 210,IF（H3>5000,（H3 - 5000）*3%,)))))))”，按 Enter 键确认。

（2）将鼠标指针置于单元格 I3 的右下角，出现“+”形状时按住鼠标并向下拖拽，将公式复制到需要计算的各单元格，这样各单元格就会显示复制公式的结果。

（3）计算实发工资。点击“工资表”的单元格 J3，在单元格中输入公式“= H3 - I3”，按 Enter 键确认。

（4）将鼠标指针置于单元格 J3 的右下角，出现“+”形状时按住鼠标并向下拖拽，将公式复制到需要计算的各单元格，这样各单元格就会显示复制公式的结果，如图 15.6 所示。

公司5月份工资表

编号	姓名	部门	基本工资	年功工资	其他扣款	保险扣款	应发工资	所得税	实发工资
1	茹海亮	生产部	4000.00	450.00	20.00	440.00	3990.00	0.00	3990.00
2	蒲海娟	技术部	4000.00	500.00	181.82	440.00	3878.18	0.00	3878.18
3	宋沛徽	行政部	4000.00	400.00	0.00	440.00	3960.00	0.00	3960.00
4	赵利平	销售部	4000.00	600.00	60.00	440.00	4100.00	0.00	4100.00
5	杨 斐	生产部	6000.00	450.00	409.10	660.00	5380.91	11.43	5369.48
6	王继芹	行政部	8000.00	350.00	0.00	880.00	7470.00	74.10	7395.90
7	杨远锋	行政部	4000.00	400.00	0.00	440.00	3960.00	0.00	3960.00
8	王旭东	销售部	4000.00	350.00	40.00	440.00	3870.00	0.00	3870.00
9	王兴华	行政部	4000.00	350.00	0.00	440.00	3910.00	0.00	3910.00
10	冯 丽	行政部	8000.00	400.00	727.28	880.00	6792.72	53.78	6738.94
11	旦艳丽	技术部	4000.00	400.00	0.00	440.00	3960.00	0.00	3960.00
12	苏晓强	生产部	4000.00	500.00	0.00	440.00	4060.00	0.00	4060.00
13	王 辉	生产部	4000.00	600.00	90.91	440.00	4069.09	0.00	4069.09
14	李鲜艳	技术部	4000.00	400.00	40.00	440.00	3920.00	0.00	3920.00
15	吴 金	质量部	6000.00	550.00	0.00	660.00	5890.00	26.70	5863.30
16	张文安	质量部	4000.00	750.00	0.00	440.00	4310.00	0.00	4310.00
17	陈 杰	行政部	6000.00	700.00	818.19	660.00	5221.81	6.65	5215.16
18	石孟平	行政部	4000.00	1150.00	0.00	440.00	4710.00	0.00	4710.00
19	武小淇	技术部	4000.00	800.00	0.00	440.00	4360.00	0.00	4360.00
20	吴瑞娟	销售部	8000.00	1300.00	545.46	880.00	7874.54	86.24	7788.30
21	赵润寅	销售部	6000.00	450.00	40.00	660.00	5750.00	22.50	5727.50
22	张 星	生产部	4000.00	1000.00	363.64	440.00	4196.36	0.00	4196.36
23	魏 康	质量部	4000.00	800.00	0.00	440.00	4360.00	0.00	4360.00
24	贾丽淑	质量部	8000.00	900.00	0.00	880.00	8020.00	92.00	7928.00
25	张 刚	技术部	8000.00	600.00	40.00	880.00	7680.00	80.40	7599.60

图 15.6

项目 16

销售业绩分析

工作情景

张某是某公司市场部总经理的助理，负责辅助市场部总经理完成日常销售的统计工作，企业每个月都会对市场1部、市场2部和市场3部的销售情况及其中各位销售员的销售业绩进行统计，主要内容包括：

（1）建立销售统计表。

（2）统计每月销售计划完成情况。

（3）销售员销售业绩排名统计。

（4）销售员提成统计。

1．建立销售统计表

在销售统计表中已经输入了销售日期、产品型号、销售数量、销售员和所属部门。由于有企业产品销售价格表，所以可以根据产品型号从企业产品销售价格表中提取所需的数据，然后计算销售额。

情景解决

（1）根据产品型号导入产品名称。点击单元格 G3，在单元格中输入公式“＝VLOOKUP(F3,$A$2: $C$8,2,0)”，按 Enter 键确认，所得结果如图 16.1 所示。

（2）将鼠标指针置于单元格 G3 的右下角，出现“+”形状时按住鼠标并向下拖拽，将公式复制到需要计算的各单元格，这样各单元格就会显示复制公式的结果，如图 16.2 所示。

	A	B	C
1	企业销售产品价格表		
2	产品型号	产品名称	产品单价
3	A01	复印机X01	2500
4	A02	复印机X02	3000
5	A03	复印机X03	3600
6	B01	一体机01	5500
7	B02	一体机02	6000
8	B03	一体机03	6500

图 16.1

E	F	G
		3
销售日期	产品型号	产品名称
2012/3/1	A01	复印机X01
2012/3/1	A01	复印机X01
2012/3/1	A01	复印机X01
2012/3/2	A01	复印机X01
2012/3/2	A02	复印机X02
2012/3/2	A03	复印机X03
2012/3/5	A03	复印机X03
2012/3/5	B03	一体机03

图 16.2

（3）根据产品型号导入产品单价。点击单元格 H3，在单元格中输入公式“=VLOOKUP（F3,$A$2: $C$8,3,0）”，按 Enter 键确认。

（4）将鼠标指针置于单元格 H3 的右下角，出现“+”形状时按住鼠标并向下拖拽，将公式复制到需要计算的各单元格，这样各单元格就会显示复制公式的结果，如图 16.3 所示。

（5）根据图 16.4 所示的“市场部员工名单”表导入员工所在部门。点击单元格 K3，在单元格中输入公式“=VLOOKUP（J3,$B$15:$C$21,2,0）”，按 Enter 键确认。

E	F	G	H
			3 月 份 销 售
销售日期	产品型号	产品名称	产品单价
2012/3/1	A01	复印机X01	2500
2012/3/1	A01	复印机X01	2500
2012/3/1	A01	复印机X01	2500
2012/3/2	A01	复印机X01	2500
2012/3/2	A02	复印机X02	3000
2012/3/2	A03	复印机X03	3600
2012/3/5	A03	复印机X03	3600
2012/3/5	B03	一体机03	6500
2012/3/6	A01	复印机X01	2500

图 16.3

	A	B	C
14	市场部员工名单		
15	员工编号	姓名	部门名称
16	S02	陈明远	市场1部
17	S04	刘 惠	市场1部
18	S01	张 亮	市场2部
19	S06	吴 仕	市场2部
20	S03	王 勇	市场3部
21	S05	赵 荣	市场3部

图 16.4

（6）将鼠标指针置于单元格 K3 的右下角，出现“+”形状时按住鼠标并向下拖拽，将公式复制到需要计算的各单元格，这样各单元格就会显示复制公式的结果，如图 16.5 所示。

E	F	G	H	I	J	K
3 月 份 销 售 统 计 表						
销售日期	产品型号	产品名称	产品单价	销售数量	销售员	部门名称
2012/3/1	A01	复印机X01	2500	2	张 亮	市场部员工
2012/3/1	A01	复印机X01	2500	2	陈明远	市场1部
2012/3/1	A01	复印机X01	2500	2	张 亮	市场2部
2012/3/2	A01	复印机X01	2500	3	王 勇	市场3部
2012/3/2	A02	复印机X02	3000	3	张 亮	市场2部
2012/3/2	A03	复印机X03	3600	5	陈明远	市场1部
2012/3/5	A03	复印机X03	3600	4	刘 惠	市场1部
2012/3/5	B03	一体机03	6500	1	赵 荣	市场3部
2012/3/6	A01	复印机X01	2500	3	吴 仕	市场2部
2012/3/6	A01	复印机X01	2500	3	刘 惠	市场1部

图 16.5

（7）选定 L3:L44 单元格，输入公式“=H3:H44*I3:I44”，按 Ctrl+Shift+Enter 组合键，当编辑栏中显示“{=H3:H44*I3:I44}”时即完成销售金额栏中金额的计算，如图 16.6 所示。

E	F	G	H	I	J	K	L
3月份销售统计表							
销售日期	产品型号	产品名称	产品单价	销售数量	销售员	所属部门	销售金额
2012/3/1	A01	复印机X01	2500	2	张亮	市场1部	5000
2012/3/1	A01	复印机X01	2500	2	陈明远	市场1部	5000
2012/3/1	A01	复印机X01	2500	2	张亮	市场2部	5000
2012/3/2	A01	复印机X01	2500	3	王 勇	市场3部	7500
2012/3/2	A02	复印机X02	3000	3	张亮	市场1部	9000
2012/3/2	A03	复印机X03	3600	5	陈明远	市场2部	18000
2012/3/5	A03	复印机X03	3600	4	刘 惠	市场1部	14400
2012/3/5	B03	一体机03	6500	1	赵 荣	市场3部	6500
2012/3/6	A01	复印机X01	2500	3	吴 仕	市场2部	7500
2012/3/6	A01	复印机X01	2500	3	刘 惠	市场1部	7500
2012/3/7	B01	一体机01	5500	2	陈明远	市场1部	11000
2012/3/7	B03	一体机03	6500	2	王 勇	市场3部	13000
2012/3/8	A01	复印机X01	2500	4	张亮	市场1部	10000
2012/3/8	A01	复印机X01	2500	3	陈明远	市场1部	7500
2012/3/9	A01	复印机X01	2500	5	张亮	市场2部	12500
2012/3/9	A03	复印机X03	3600	4	王 勇	市场3部	14400

图 16.6

2．市场部销售业绩完成情况统计

在统计分析中，经常要用到计划完成情况。在这里，市场部及市场 1 部、市场 2 部和市场 3 部都有本月的销售计划，因此，要对其计划完成情况进行统计。根据计划完成情况的统计，可以对产品销售情况做出相应的决策。

情景解决

（1）建立市场部销售业绩统计表。输入如图 16.7 所示的统计表格。

（2）计算市场部总销售额和市场各部的销售额。首先计算各部的销售额，在单元格 O3 中输入公式“=SUMIF（$K$3:$K$44,N3,$L$3:$L$44）”，按 Enter 键确认，然后将鼠标指针置于单元格 O3 的右下角，出现“+”形状时按住鼠标并向下拖拽，将公式复制到需要计算的各单元格，最后计算市场部的总销售额，在单元格 O6 中输入“=SUM（O3:O5）”，按 Enter 键确认，所得结果如图 16.8 所示。

	N	O	P	Q
1	市场部销售业绩统计			
2	部门名称	总销售额	计划销售额	计划完成率
3	市场1部			
4	市场2部			
5	市场3部			
6	合 计			

图 16.7

	N	O
1		市场部销
2	部门名称	总销售额
3	市场1部	202000
4	市场2部	151800
5	市场3部	68900
6	合 计	=SUM(O3:O5)

图 16.8

（3）计算销售业绩完成情况。先在表中输入或导入本月各部门的销售计划，再在单元格 Q3 中输入公式“=O3/P3”，按 Enter 键确认，然后将鼠标指针单元格 O3 的右下角，出现“+”形状时按住鼠标并向下拖拽，将公式复制到需要计算的单元格 Q4、单元格 Q5 和单元格 Q6，如图 16.9 所示。

	N	O	P	Q
1	市场部销售业绩统计			
2	部门名称	总销售额	计划销售额	计划完成率
3	市场1部	202000	180000	1.12222222
4	市场2部	151800	150000	1.012
5	市场3部	68900	100000	0.689
6	合 计	422700	430000	0.98302326

图 16.9

（4）显示百分比格式。选中 Q3:Q6 单元格，右击并在弹出的快捷菜单中选择【设置单元格格式】命令，弹出“单元格格式”对话框，在“分类”列表框中选择“百分比”选项，将“小数位数”默认为“2”，如图 16.10 所示，然后单击【确定】按钮，所得结果如图 16.11 所示。

图 16.10

	N	O	P	Q
1	市场部销售业绩统计			
2	部门名称	总销售额	计划销售额	计划完成率
3	市场1部	202000	180000	112.22%
4	市场2部	151800	150000	101.20%
5	市场3部	68900	100000	68.90%
6	合 计	422700	430000	98.30%

图 16.11

（5）未完成计划的突出颜色显示。选中 Q3:Q6 单元格，选择【开始】【条件格式】【突出显示单元格规则】【小于】命令，如图 16.12 所示。

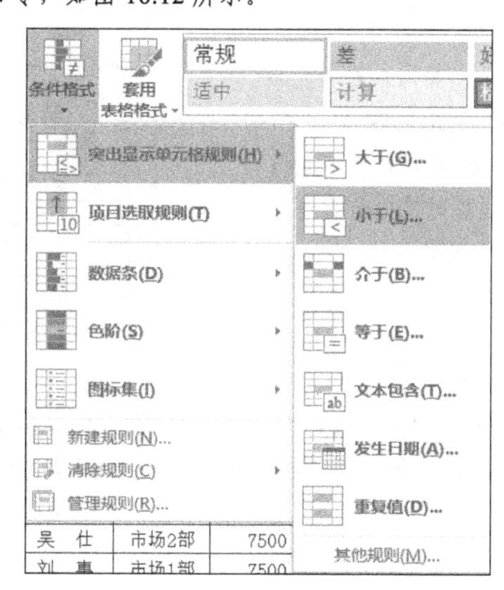

图 16.12

（6）在弹出的“小于”对话框中，将“为小于以下值的单元格设置格式”设置为“1”，在“设置为”下拉列表框中选择合适的颜色，单击【确定】按钮，如图 16.13 所示。

（7）计划完成率小于 100%的就会按步骤（6）设置的颜色突出显示，如图 16.14 所示。

图 16.13

N	O	P	Q
市场部销售业绩统计			
部门名称	总销售额	计划销售额	计划完成率
市场1部	202000	180000	112.22%
市场2部	151800	150000	101.20%
市场3部	68900	100000	68.90%
合 计	422700	430000	98.30%

图 16.14

3. 销售员销售业绩排名

市场销售的业绩是同销售员挂钩的，因此，大多数企业的销售部门都统计销售员的销售业绩，并根据销售额进行排名。下面用 Excel 的条件统计和排名函数来完成销售排名统计表的制作。

情景解决

（1）建立销售员业绩排名统计表。输入如图 16.15 所示的统计表格。

（2）计算各位销售员的销售额。首先在单元格 U3 中输入公式“＝SUMIF（$J$3:$J$44,S3,$L$3:$L$44）”，按 Enter 键确认，然后将鼠标指针置于单元格 U3 的右下角，出现“＋”形状时按住鼠标并向下拖拽，将公式复制到需要计算的各单元格，如图 16.16 所示。

销售员销量业绩排名统计			
姓名	部门名称	销售金额	销售排名
陈明远	市场1部		
刘　惠	市场1部		
张　亮	市场2部		
吴　仕	市场2部		
王　勇	市场3部		
赵　荣	市场3部		

图 16.15

	S	T	U	V
1	销售员销量业绩排名统计			
2	姓名	部门名称	销售金额	销售排名
3	陈明远	市场1部	96100	
4	刘　惠	市场1部	105900	
5	张　亮	市场2部	71000	
6	吴　仕	市场2部	80800	
7	王　勇	市场3部	34900	
8	赵　荣	市场3部	34000	

图 16.16

（3）对销售员销售业绩进行排名。在单元格 V3 中输入公式“＝RANK（U3,$U$3:$U$8,0）”，按 Enter 键确认，然后将鼠标指针置于单元格 V3 的右下角，出现“＋”形状时按住鼠标并向下拖拽，将公式复制到需要计算的各单元格，如图 16.17 所示。

	S	T	U	V
1	销售员销量业绩排名统计			
2	姓名	部门名称	销售金额	销售排名
3	陈明远	市场1部	96100	$U$8, 0)
4	刘　惠	市场1部	105900	1
5	张　亮	市场2部	71000	4
6	吴　仕	市场2部	80800	3
7	王　勇	市场3部	34900	5
8	赵　荣	市场3部	34000	6

图 16.17

4．销售员销售提成统计表

销售人员的薪金一般分为两个部分，即底薪和销售提成，而销售提成是通过销售业绩来进行计算的。下面将通过数据透视表来完成销售量和销售金额的计算。

情景解决

（1）选择【插入】【数据透视表】命令，在弹出的对话框中的“表/区域”文本框中选择所需的数据区域，如图 16.18 所示，单击【确定】按钮。

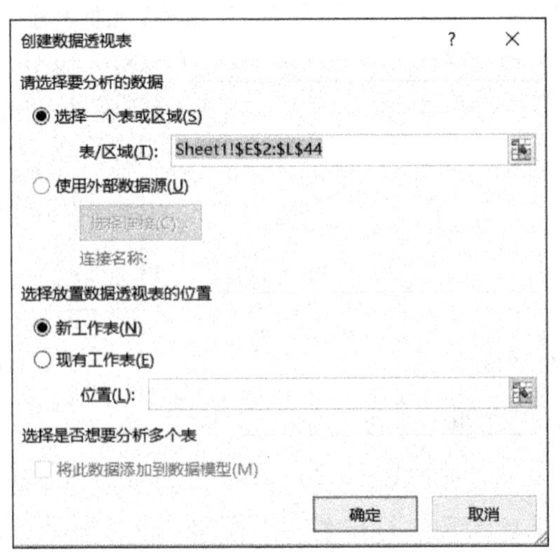

图 16.18

（2）在“数据透视表字段”对话框中将“部门名称”和“销售员”字段拖拽到“行”处，再将“销售数量”“销售金额”两个字段分别拖拽到“值”处，然后单击【确定】按钮，如图 16.19 所示。

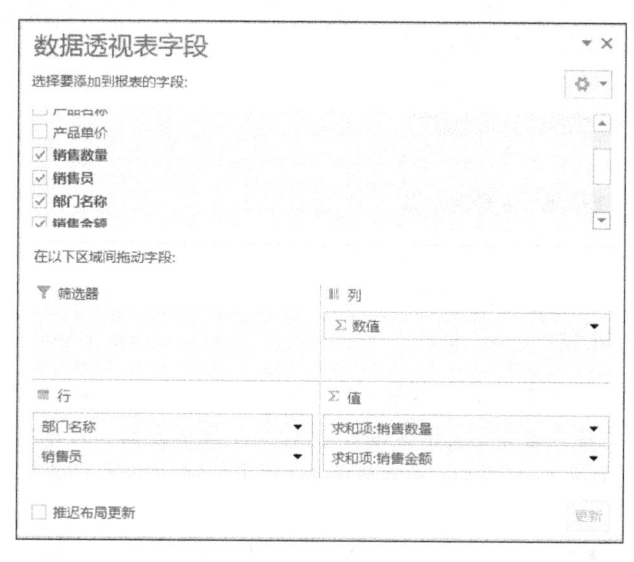

图 16.19

（3）数据透视表基本生成，报表如图 16.20 所示。以部门名称和销售员为行分类字段，进行销售数量和销售金额的统计，从而生成的销售量和销售金额统计报表。

		数据	
部门名称	销售员	求和项:销售数量	求和项:销售金额
⊟市场1部	陈明远	31	96100
	刘　惠	29	105900
市场1部 汇总		60	202000
⊟市场2部	吴　仕	27	80800
	张　亮	27	71000
市场2部 汇总		54	151800
⊟市场3部	王　勇	9	34900
	赵　荣	12	34000
市场3部 汇总		21	68900
总计		135	422700

图 16.20

（4）选择【数据透视表工具】【设计】命令，如图 16.21 所示。

（5）在“数据透视表样式”中选择一种合适的样式，如图 16.22 所示，所得结果如图 16.23 所示。

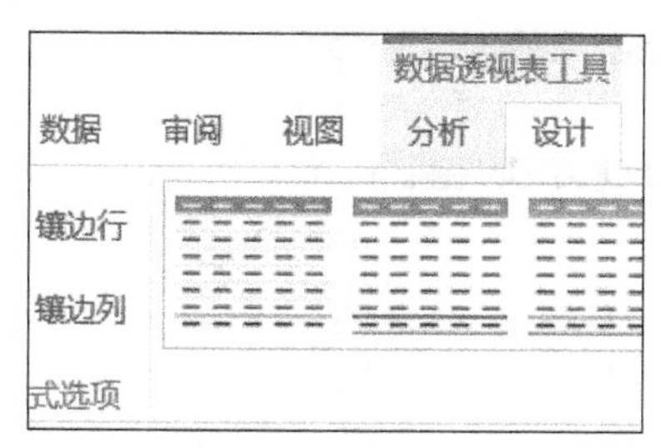

图 16.21

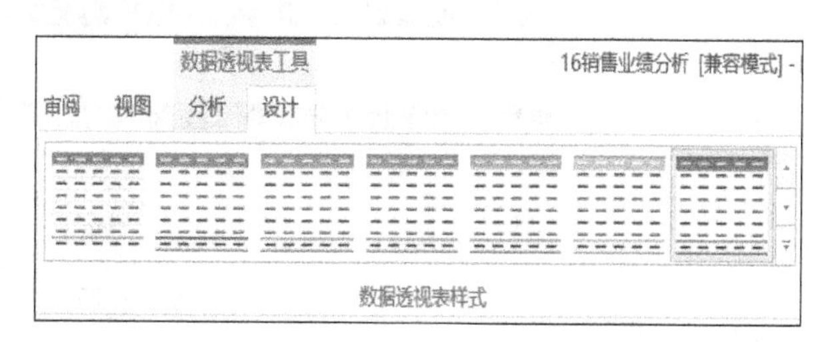

图 16.22

（6）选择【数据透视表工具】【分析】【字段、项目和集】【计算字段】命令，如图 16.24 所示。

	A	B	C	D
1				
2				
3	部门名	销售员	销售数量	销售金额
4	市场1部		60	202000
5		陈明远	31	96100
6		刘 惠	29	105900
7				
8	市场2部		54	151800
9		吴 仕	27	80800
10		张 亮	27	71000
11				
12	市场3部		21	68900
13		王 勇	9	34900
14		赵 荣	12	34000
15				
16	总计		135	422700

图 16.23

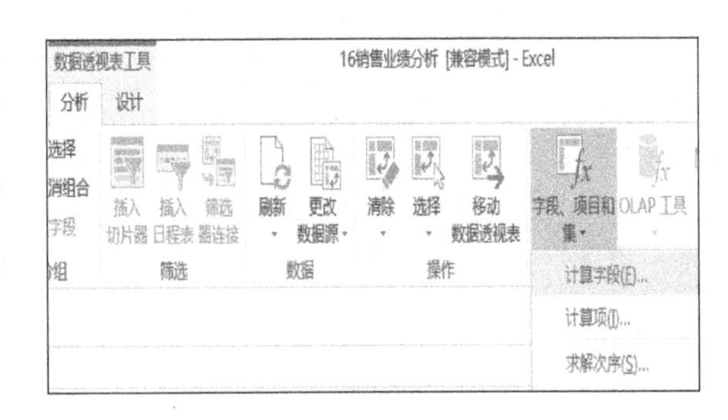

图 16.24

（7）在弹出的“插入计算字段”对话框中的“名称”下拉列表框中输入名称“销售提成比例”，在“公式”文本框中输入销售提成比例的公式“＝IF（销售金额＜50000,3%,IF（销售金额＜100000,5%,6%））”，如图 16.25 所示。输入完成后单击【添加】按钮，计算字段“销售提成比例”添加完成。

（8）继续添加计算字段，在“名称”下拉列表框中输入“销售提成金额”，在“公式”文本框中采用插入字段和输入结合的方式输入公式“＝销售提成比例*销售金额”，如图 16.26 所示。

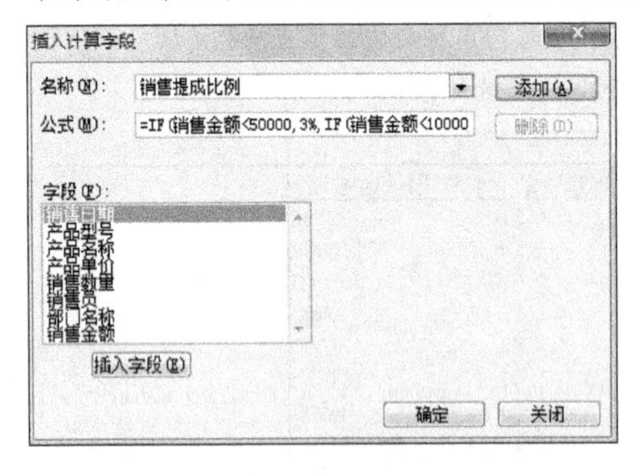

图 16.25

图 16.26

（9）单击【添加】按钮完成计算字段的添加，最后单击【确定】按钮。完成的统计报表如图 16.27 所示，增加了“销售提成比例”和“销售提成金额”两列字段。

部门名	销售员	销售数量	销售金额	销售提成比例	销售提成金额
市场1部		60	202000	0.06	12120
	陈明远	31	96100	0.05	4805
	刘 惠	29	105900	0.06	6354
市场2部		54	151800	0.06	9108
	吴 仕	27	80800	0.05	4040
	张 亮	27	71000	0.05	3550
市场3部		21	68900	0.05	3445
	王 勇	9	34900	0.03	1047
	赵 荣	12	34000	0.03	1020
总计		135	422700	0.06	25362

图 16.27

项目 17

销售数据分析

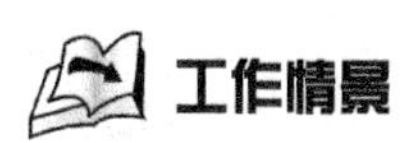

工作情景

王某是某公司市场部的行政管理人员，负责销售数据的统计分析工作。在年底，王某接到领导的任务，要求他对今年的销售数据进行统计，即根据各月的销售收入、销售成本、销售费用及销售税金等数据（图 17.1），统计计算销售利润、销售成本率、销售费用率等，并对 1—12 月份的销售数据建立直观的统计图，以供相关领导查看。

月份	销售收入	销售成本	销售费用	销售税金
1月	163,755	112,433	16,799	15,487
2月	142,866	94,292	18,572	16,715
3月	162,512	103,158	22,751	16,886
4月	139,845	97,891	18,179	12,980
5月	164,268	101,816	26,225	18,915
6月	165,241	112,363	23,788	15,558
7月	175,463	126,333	23,568	18,350
8月	157,426	97,604	26,188	17,745
9月	143,215	93,089	19,617	11,890
10月	134,562	94,193	18,838	12,455
11月	143,215	93,089	15,753	7,580
12月	146,548	101,118	16,120	8,892

图 17.1

1. 年度销售统计表

要计算销售利润、销售成本率、销售费用率、销售税金率等数据，需要掌握的公式有：销售利润＝销售收入－销售成本－销售费用－销售税金、销售成本率＝销售成本/销售收入、销售费用率＝销售费用/销售收入、销售税金率＝销售税金/销售收入。

情景解决

（1）计算年度各项数据合计值。在表中的单元格A15中输入“合计”。点击单元格B15，输入公式“＝SUM（B3:B14）”，按Enter键确认，即完成年销售收入的计算，将鼠标指针置于单元格B15的右下角，出现“＋”形状时按住鼠标并向右拖拽，将公式复制至单元格F15，这样各单元格就会显示复制公式的结果。

（2）计算销售利润。点击单元格F3，输入公式“＝B3－C3－D3－E3”，按Enter键确认，即完成1月份的销售利润的计算，将鼠标指针置于单元格F3的右下角，出现“＋”形状时按住鼠标并向下拖拽，将公式复制到需要计算的各单元格，这样各单元格就会显示复制公式的结果。

（3）计算销售成本率、销售费用率和销售税金率。点击单元格G3，输入公式“＝C3/B3”，按Enter键确认，即完成1月份的销售成本率的计算，将鼠标指针置于单元格G3的右下角，出现“＋”形状时按住鼠标并向下拖拽，将公式复制到需要计算的各单元格，这样各单元格就会显示复制公式的结果。

方法同上，计算出销售费用率和销售税金率，所得结果如图17.2所示。

	A	B	C	D	E	F	G	H	I
1	某公司年度销售数据表								
2	月份	销售收入	销售成本	销售费用	销售税金	销售利润	销售成本率	销售费用率	销售税金率
3	1月	163,755	112,433	16,799	15,487	19,036	68.66%	10.26%	9.46%
4	2月	142,866	94,292	18,572	16,715	13,287	66.00%	13.00%	11.70%
5	3月	162,512	103,158	22,751	16,886	19,717	63.48%	14.00%	10.39%
6	4月	139,845	97,891	18,179	12,980	10,795	70.00%	13.00%	9.28%
7	5月	164,268	101,816	26,225	18,915	17,312	61.98%	15.96%	11.51%
8	6月	165,241	112,363	23,788	15,558	13,532	68.00%	14.40%	9.42%
9	7月	175,463	126,333	23,568	18,350	7,212	72.00%	10.40%	10.46%
10	8月	157,426	97,604	26,188	17,745	15,889	62.00%	16.64%	11.27%
11	9月	143,215	93,089	19,617	11,890	18,619	65.00%	13.70%	8.30%
12	10月	134,562	94,193	18,838	12,455	9,076	70.00%	14.00%	9.26%
13	11月	143,215	93,089	15,753	7,580	26,793	65.00%	11.00%	5.29%
14	12月	146,548	101,118	16,120	8,892	20,418	69.00%	11.00%	6.07%
15	**合计**	**1,838,916**	**1,227,379**	**246,398**	**173,453**	**191,686**	**66.74%**	**13.40%**	**9.43%**

图 17.2

2. 年度销售数据分析

年度销售数据分析要求建立两张统计图：一是建立销售收入、销售成本、销售费用和销售税金四种数据的折线统计图；二是建立销售成本率、销售费用率和销售税金率的合成统计图。

情景解决

（1）制作年度销售折线图。选择【插入】【二维折线图】【带数据标记的折线图】命令，如图17.3所示。

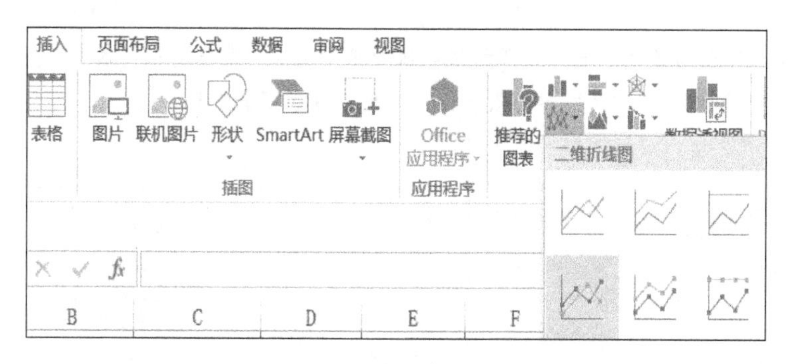

图 17.3

（2）在生成的空白图区域右击，在弹出的快捷菜单中选择【选择数据】命令，在弹出的对话框中“图表数据区域”文本框中输入表中的数据区域，如图 17.4 所示。

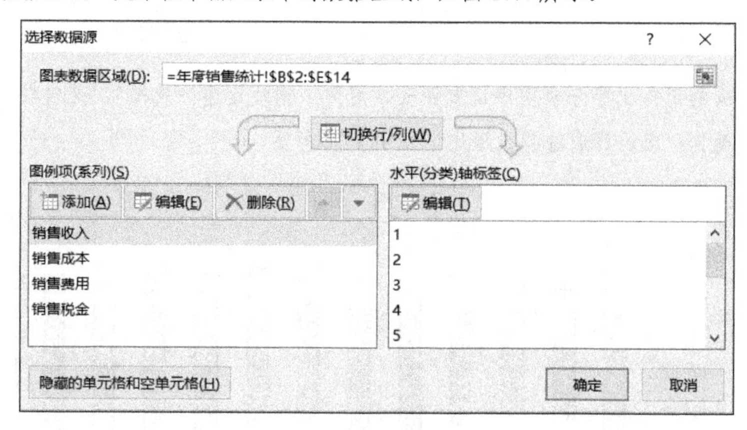

图 17.4

（3）单击【确定】按钮，生成折线图，设置图表标题为“年度销售分析图”，然后根据图形区域的设置菜单，对完成的折线图进行适当的调整和美化，即制作完成统计图，如图 17.5 所示。

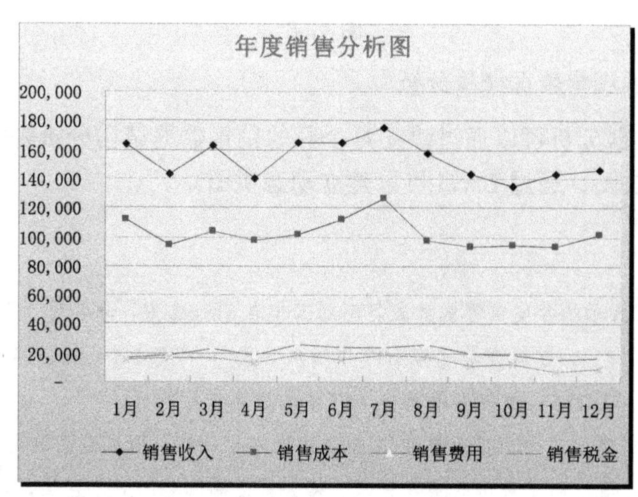

图 17.5

（4）选择【插入】【柱形图】【堆积柱形图】命令，如图 17.6 所示。堆积柱形图可以将数据累计叠加起来。

（5）在生成的空白图区域右击，在弹出的快捷菜单选择“选择数据”选项，在弹出的对话框中“数据区域”选择如图 17.7 所示的数据区域，单击【确定】按钮。

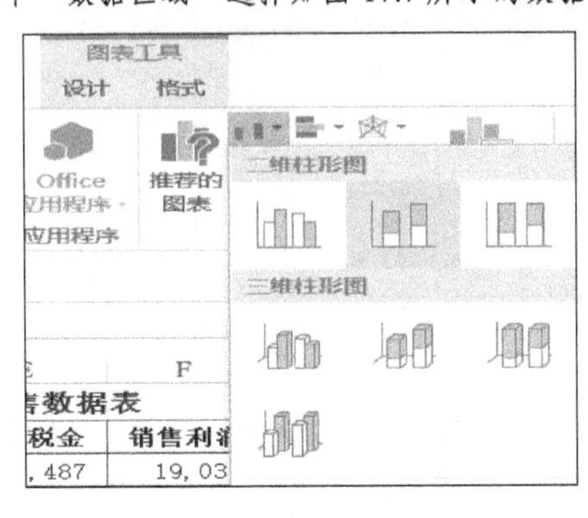

图 17.6

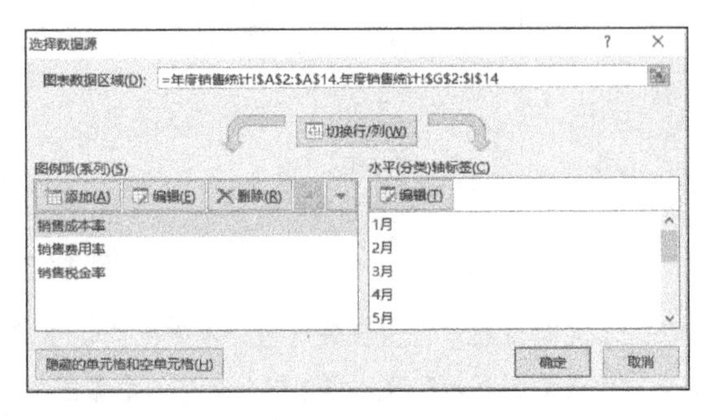

图 17.7

（6）在生成的销售比率分析图中设置图表标题为“销售比率分析图”，并对柱形图进行适当的位置调整和美化，最终完成堆积柱形图，如图 17.8 所示。

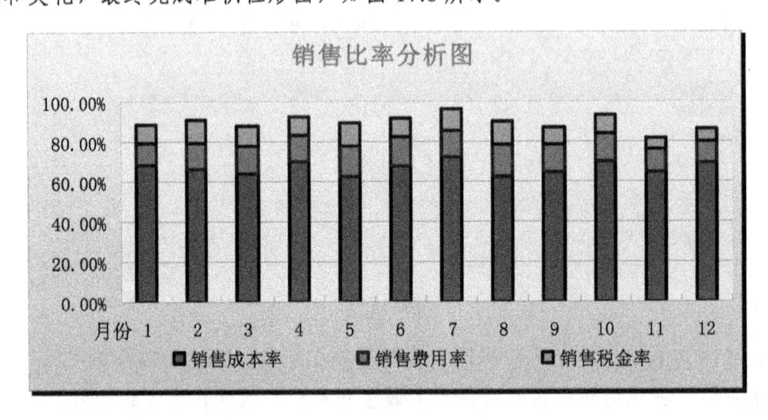

图 17.8

3. 各月份的销售数据结构分析

月度销售数据分析可以通过建立每个月的销售数据结构分析饼图。1—12 月份需要建立 12 张饼图，通过 Excel 可以建立动态饼图。

情景解决

（1）将图 17.2 所示的年度销售统计表复制到工作表 Sheet2 中，命名为“各月销售饼图”。在单元格 A17 中输入“1”，然后在单元格 B17 中输入公式“=INDEX（B3:B14,$A$17）”，公式表示在该单元格返回 B3:B14 区域中由单元格 A17 中的数字指定的行。

（2）按 Enter 键确定，由于目前单元格 A17 的数字为“1”，所以返回的是 B3:B14 区域中第一行的单元格 B3 的值，即 1 月份的销售收入，将公式复制到 C17:F17 区域，即返回 C3:F3 区域的值，也就是 1 月份的销售成本、销售费用、销售税金和销售利润，如图 17.9 所示。

（3）选择 B2:F2 和 B17:F17 区域，选择【插入】【饼图】【三维饼图】命令，按制作饼图的方法制作三维饼图，设置饼图的标题，进行适当的美化，最终效果如图 17.10 所示。

宋体 11 B17 =INDEX(B3:B14,$A$17)

	A	B	C	D	E	F	G	H	I
1	某公司年度销售数据表								
2	月份	销售收入	销售成本	销售费用	销售税金	销售利润	销售成本率	销售费用率	销售税金率
3	1月	163,755	112,433	16,799	15,487	19,036	68.66%	10.26%	9.46%
4	2月	142,866	94,292	18,572	16,715	13,287	66.00%	13.00%	11.70%
5	3月	162,512	103,158	22,751	16,886	19,717	63.48%	14.00%	10.39%
6	4月	139,845	97,891	18,179	12,980	10,795	70.00%	13.00%	9.28%
7	5月	164,268	101,816	26,225	18,915	17,312	61.98%	15.96%	11.51%
8	6月	165,241	112,363	23,788	15,558	13,532	68.00%	14.40%	9.42%
9	7月	175,463	126,333	23,568	18,350	7,212	72.00%	13.43%	10.46%
10	8月	157,426	97,604	26,188	17,745	15,889	62.00%	16.64%	11.27%
11	9月	143,215	93,089	19,617	11,890	18,619	65.00%	13.70%	8.30%
12	10月	134,562	94,193	18,838	12,455	9,076	70.00%	14.00%	9.26%
13	11月	143,215	93,089	15,753	7,580	26,793	65.00%	11.00%	5.29%
14	12月	146,548	101,118	16,120	8,892	20,418	69.00%	11.00%	6.07%
15	合计	1,838,916	1,227,379	246,398	173,453	191,686	66.74%	13.40%	9.43%
16									
17	1	163755	112433	16799	15487	19036			

图 17.9

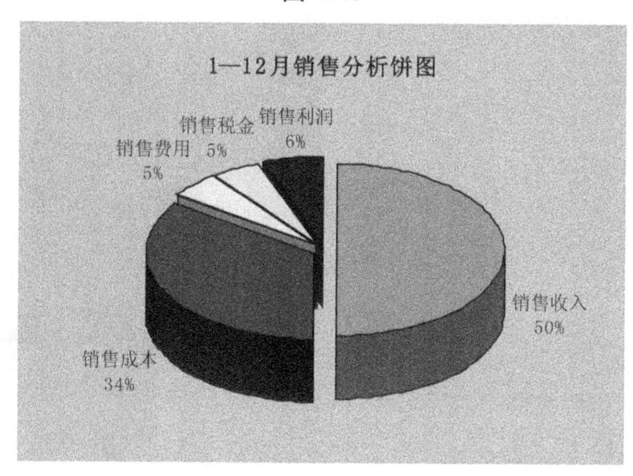

图 17.10

（4）选择【文件】【选项】命令，在弹出的对话框中单击【自定义功能区】按钮，选中“开发工具”复选框，如图 17.11 所示，然后单击【确定】按钮。

图 17.11

（5）这时菜单栏上会显示“开发工具”，选择【开发工具】【插入】【表单控件】【组合框】命令，在饼图上的合适位置拖拽出一个组合框控件。

（6）右击组合框控件，在弹出的快捷菜单中选择【设置控件格式】命令，在“设置控件格式”对话框中选择“控制”选项，在“数据源区域”文本框中输入$A$3:$A$14，在“单元格链接”文本框中输入$A$17，如图17.12所示。图中“数据源区域”表示控件显示A3:A14的值，在“单元格链接”中选择A17，而A17的值为“1”，表示选择“数据源区域”第一项A3的值即1月。

（7）单击【确定】按钮，即可以在控件中显示A3:A14区域中的值（1—12月），完成动态饼图的制作。选择其中的一个月份，即可显示该月份的饼图，这样就可以动态显示1—12月的饼图。如果选择2月，即可显示2月的销售数据，如图17.13所示。如果选择8月，即可显示8月的销售数据饼图，如图17.14所示。

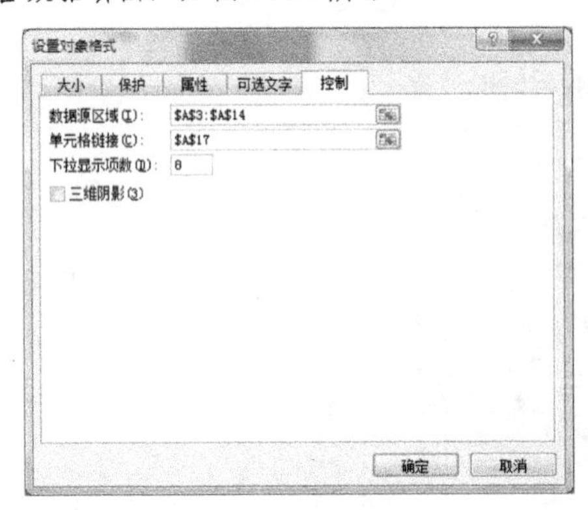

图17.12

图17.13

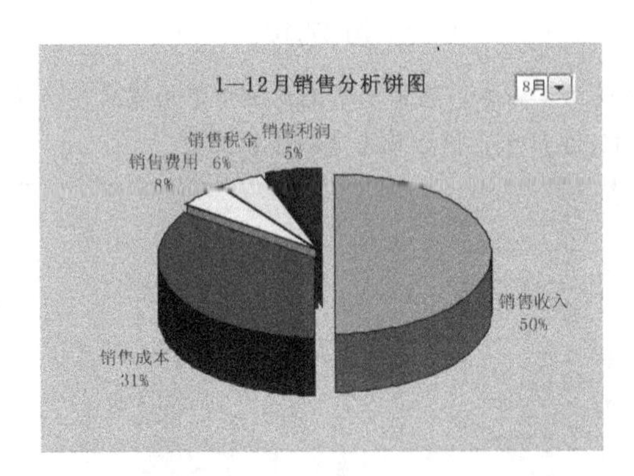

图17.14

项目 18

问卷调查数据统计

工作情景

某通信公司在进行某个项目的前期准备工作，需要对市场情况进行调查。根据市场调查的状况制订相应的市场战略和营销计划，公司决定采用问卷调查的方式来进行。李某是公司的市场部人员，在本次调查中需要了解手机的主要消费群体，以及受消费者欢迎的手机的功能、价格和特点等信息，这样公司才能更好地为消费者提供所需要的手机产品。李某在接到工作任务后，需要制订一份内容全面的市场调查问卷，该问卷主要以电子邮件的方式进行收集，因此李某还需要设计电子版的调查问卷，以方便调查数据的统计。

1．制作电子调查问卷

很多行业都需要用到问卷调查，因为问卷调查可以帮人们了解他们用户的需求。而且，随着其职能的发展，电子调查问卷制作逐渐成为一项重要的技能。

情景解决

（1）新建工作簿，将其保存为“问卷调查统计”，然后将工作表 Sheet1 中重命名为“问卷调查表”，最后在表中插入艺术字，选择合适的艺术字类型，输入问卷调查的标题“手机市场问卷调查”，如图 18.1 所示。

	A	B	C	D	E	F	G
1							
2							

图 18.1

（2）在问卷标题下边的合适位置插入文本框，在文本框中输入问卷调查说明，并对文本框的大小和字体进行适当调整，如图 18.2 所示。

	A	B	C	D	E	F	G	H
1								
2								
3								
4								
5								
6								

图 18.2

（3）制作单项选择题。在单元格 A8 中输入“性别”，然后选择【开发工具】【插入】【分组框】命令，在“性别”右侧创建一个分组框，如图 18.3 所示。

在“表单控件”中选择“选项按钮”选项，在前面的分组框内创建一个选项按钮，然后右击选项按钮，在弹出的快捷菜单中选择【设置控件格式】命令，如图 18.4 所示。

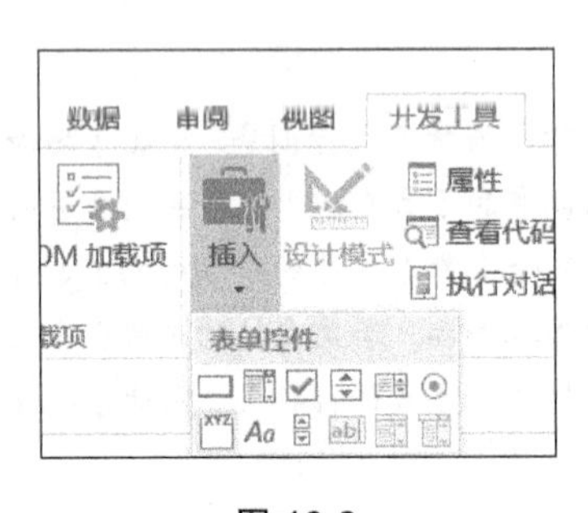

图 18.3

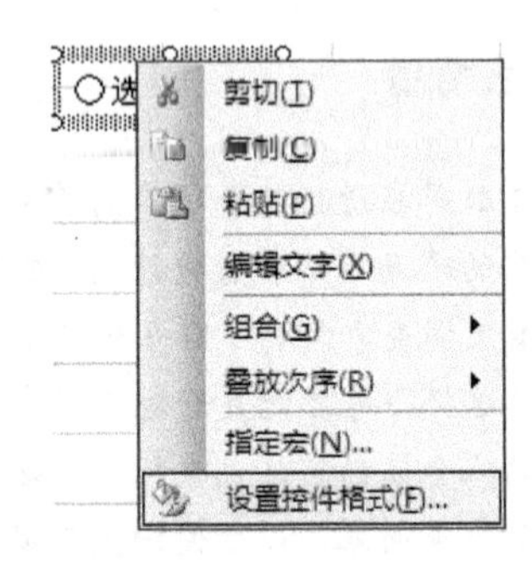

图 18.4

在“设置控件格式”对话框中选择“颜色与线条”选项，如图 18.5 所示，选择相应的填充颜色，也可以根据情况对线条色彩进行变化，完成后单击【确定】按钮。

右击“选项按钮”选项，在弹出的快捷菜单中选择【编辑文字】命令，如图 18.6 所示，然后输入文字“男”，制作完成一个单选按钮。

用同样的方法建立一个名称为“女”的选项按钮，将两个按钮设置成相同的格式，然后适当调整这两个选项按钮的大小和位置，即完成“性别”单项选择题的两个按钮，如图 18.7 所示。

问卷的基本资料的年龄、学历和收入等单项选择题，也用同样的方法制作完成，有几个选项就插入几个选项按钮，完成效果如图 18.8 所示。

图 18.5

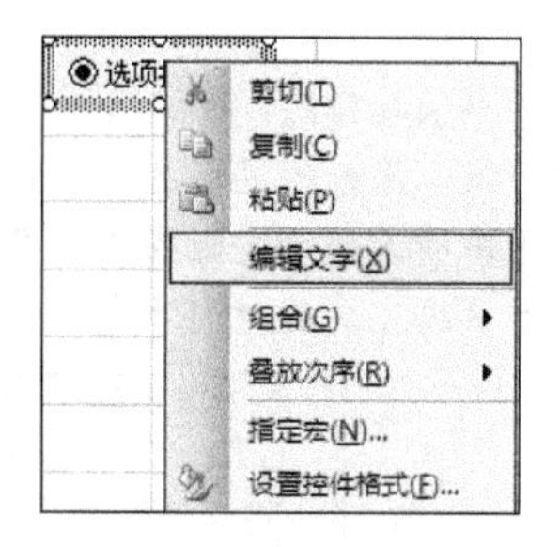

图 18.6

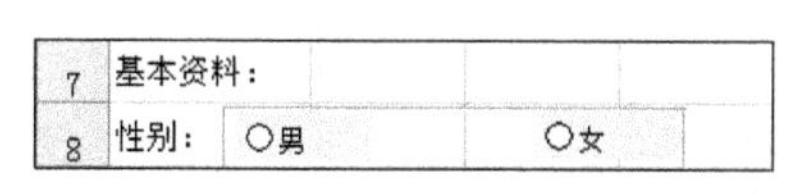

图 18.7

7	基本资料：				
8	性别：	○男	○女		
9	年龄：	○18岁以下	○19~29岁	○30~45岁	○46~60岁	○60岁以上
10	学历：	○高中及以下	○大专	○大学	○硕士	○博士
11	收入：	○1000元以下	○1000~200	○30~45岁	○46~60岁	○60岁以上

图 18.8

（4）制作多项选择题。在单元格 A13 中输入多项选择题的题目，选择【开发工具】【插入】【分组框】命令，参见图 18.3，在题目的下方创建一个分组框。

在分组框中选择“复选框”选项，在前面的分组框内创建一个复选框，然后右击复选框，在弹出的快捷菜单中选择【设置控件格式】命令，弹出“设置控件格式”对话框，在“颜色与线条”选项中设置相应的填充颜色，如图 18.9 所示，也可以根据情况对线条色彩进行变化，完成后单击【确定】按钮。

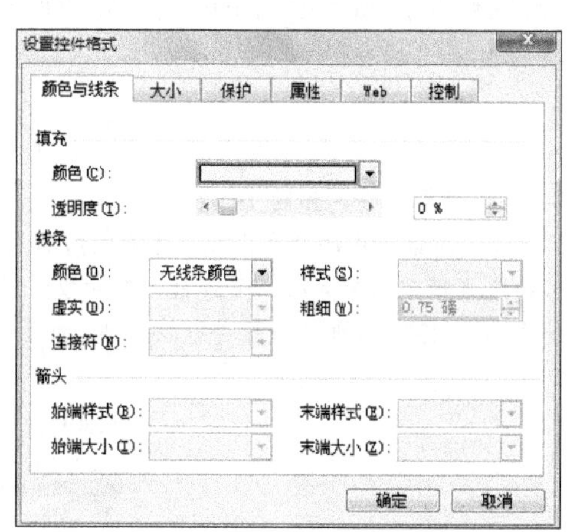

图 18.9

将复选框的名称设置为“价格”，接着在分组框中插入另外五个复选框，分别是“功能”“款式”“品牌”“质量”“其他”，如图 18.10 所示。

图 18.10

（5）按照同样的方法完成问卷中其余单项选择题和多项选择题的制作，对调查问卷的整体数据内容和选项进行适当的格式设置。

（6）调查问卷完成后，为了保证调查问卷能被正确无误地填写，问卷设计人员应该对问卷题目进行试填。

对于单项选择题，在试填写时要测试各个单选按钮能不能被选中，以及当选中另外一个单选按钮的时候，原来已经被选中的选项按钮能不能恢复到空状态。

对于多项选择题，则要测试各个复选框能不能被选中，以及多个复选框能不能一起被选中。

问卷试填完成后对问卷进行保存，如图 18.11 所示。

1．您购买现在所用的手机的原因是？(多选)
□价格 □功能 □款式 □品牌 □质量 □其他
2．您会选择哪种款式的手机？
○直版手机 ○滑盖手机 ○翻盖手机 ○其他
3．您理想的购机价位？
○1000元以下 ○1000~2000元 ○2001~3000元 ○3001~5000元 ○5000元以上
4．您一般多久更换一次手机？
○不到一年 ○一至二年 ○二至三年 ○三年以上
5．什么促销活动最能让您心动？
○买赠活动 ○积点积分 ○代金券 ○抽奖 ○其他
6．您目前的手机通过什么渠道购买？
○手机卖场 ○综合卖场 ○网络商店 ○手机小店 ○运营商 ○其他
7．列举您购买时最感兴趣的3个手机品牌（多选）
□诺基亚 □摩托罗拉 □三星 □苹果 □HTC □其他
8．您认为最新推出的手机里最吸引您的功能是？
□时尚外观 □超大触屏 □高像素拍照 □高速处理器 □应用软件 □其他

图 18.11

2．保护“问卷调查表”

为了防止调查问卷被误操作，或者被编辑改变，导致调查问卷出现变化，需要对完成的调查问卷进行保护。

情景解决

（1）选择【审阅】【保护工作表】命令，如图 18.12 所示。

（2）在弹出的“保护工作表”对话框中的“允许此工作表的所有用户进行”列表中，取消选中“选定锁定单元格”和“选定未锁定的单元格”复选框，在“取消工作表保护时使用的密码”文本框中输入工作表的保护密码“123”，其他选项保持默认不变，如图 18.13 所示，然后单击【确定】按钮。

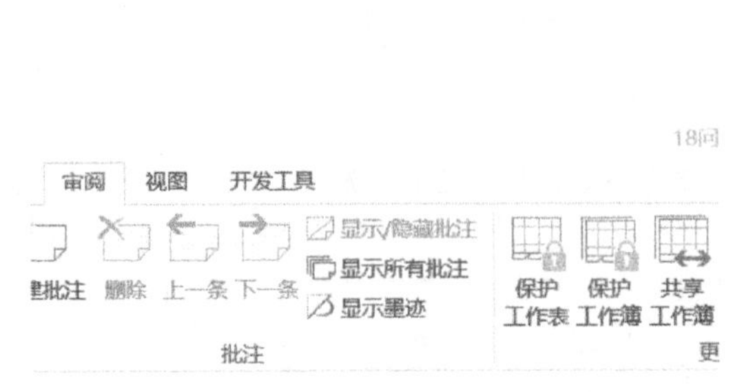

图 18.12

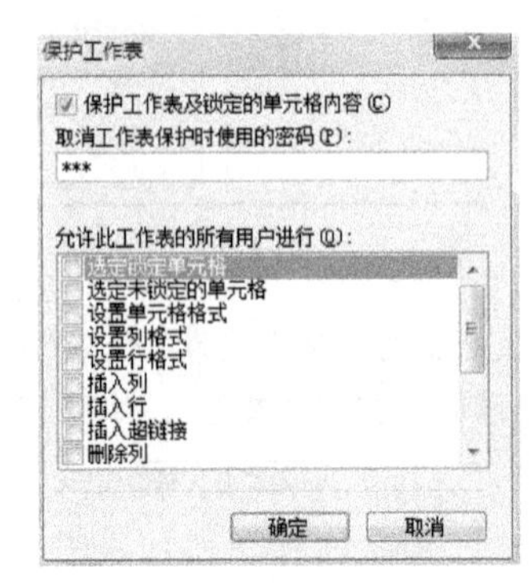

图 18.13

（3）返回工作表区域，此时调查问卷处于被保护状态，被调查者无法对问卷内容进行改变，也不会因为误操作导致格式等发生变化。如果要进行编辑，只有对工作表解除保护后才可以进行。

3．建立“调查结果统计表”

被调查者填写完成问卷后，调查者要回收问卷，通过调查统计表对调查结果进行统计分析，从而收集所需的信息，完成问卷调查。

情景解决

（1）将 Sheet2 重命名为“调查结果统计表”，在第二行中输入编号、个人资料中的性别、年龄、学历和收入等问卷资料，将单元格 A1 和 A2 合并，将 B2:E2 单元格合并，如图 18.14 所示。

（2）统计表中单项选择题的设置方法。由于单项选择题只能选择一个选项，所以只需要输入单项选择题的标题即可，如“性别”和“年龄”等题目。

（3）统计表中多项选择题的设置方法。由于多项选择题可以选择多个选项，每道多项选择题有几个选项就需要设置几列，每个选项占一列，例如“1.目前手机购买原因”有 6 个选项，所以需要设置 6 列。多项选择题的选项可以依次序用 1、2、3、4、5、6 来表示，如图 18.15 所示。

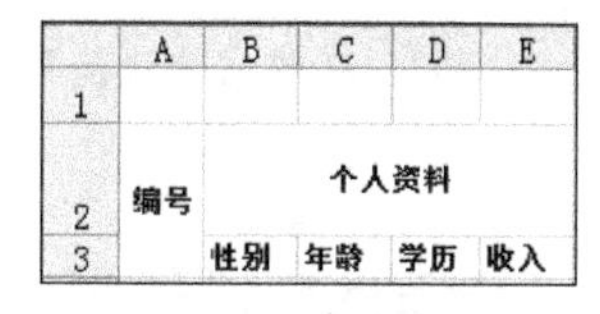

图 18.14

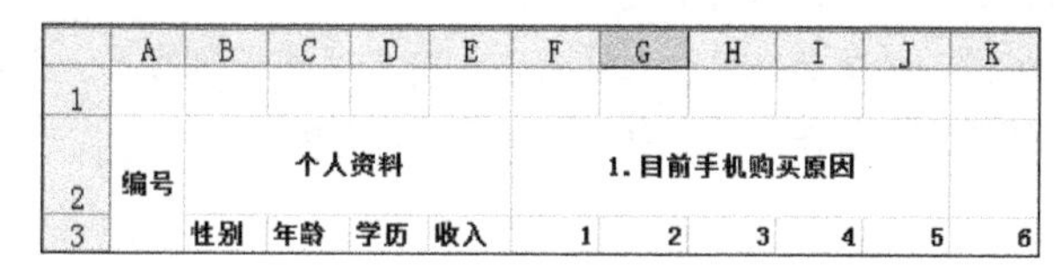

图 18.15

（4）给问题中的单项选择题设置简化的标题，如图 18.16 所示。而多项选择题需要几个选项就占用几列来完成，如图 18.17 所示。

L	M	N	O	P
2. 手机款式选择	3. 理想购机价位	4. 更换手机时间	5. 最爱的促销活动	6. 手机购买渠道

图 18.16

Q	R	S	T	U	V	W	X	Y	Z	AA	AB
7. 最感兴趣的3个品牌						8. 新手机最吸引的功能					
1	2	3	4	5	6	1	2	3	4	5	6

图 18.17

（5）按以上方法设置完成每道题。

4．建立“问卷调查表”与“调查结果统计表”之间的联系

“问卷调查表”和“调查结果统计表”之间目前是没有关联的，需要使“调查问卷表”填写完成后的信息能反映到“调查结果统计表”中。

情景解决

（1）单项选择题建立联系。在“问卷调查表”中，右击按钮【男】，在弹出的快捷菜单中选择【设置控件格式】命令，如图 18.18 所示。

在“设置控件格式”对话框中选择“控制”选项，如图 18.19 所示。

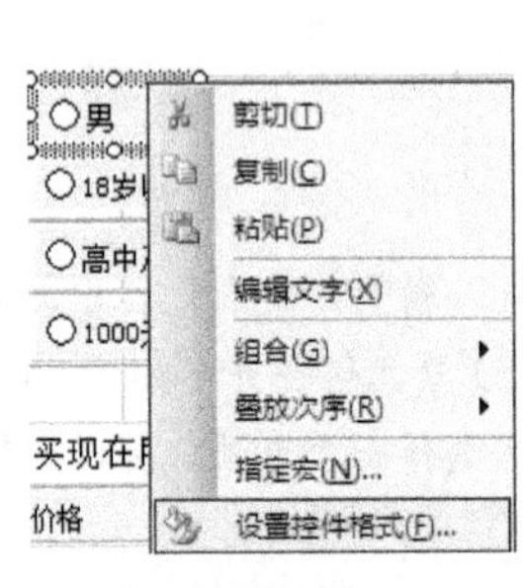

图 18.18

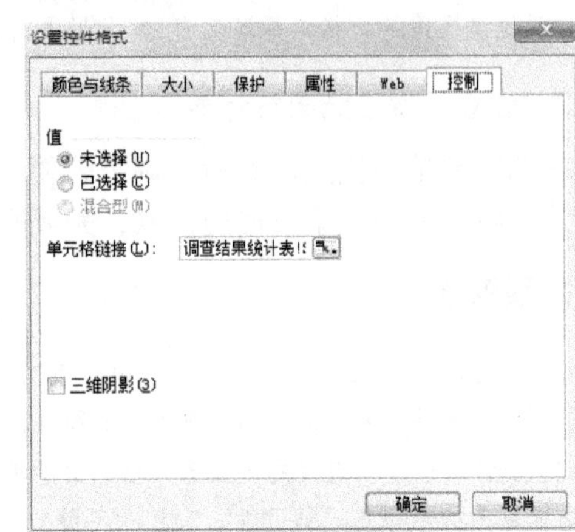

图 18.19

在“单元格链接”中选择“调查结果统计表”的单元格 B1，即将该选项按钮的结果链接到选择的单元格，如图 18.20 所示。

（2）多项选择题建立联系。右击多项选择题的第一个选择项“价格”，在弹出的快捷菜单中选择【设置控件格式】命令，如图 18.21 所示。

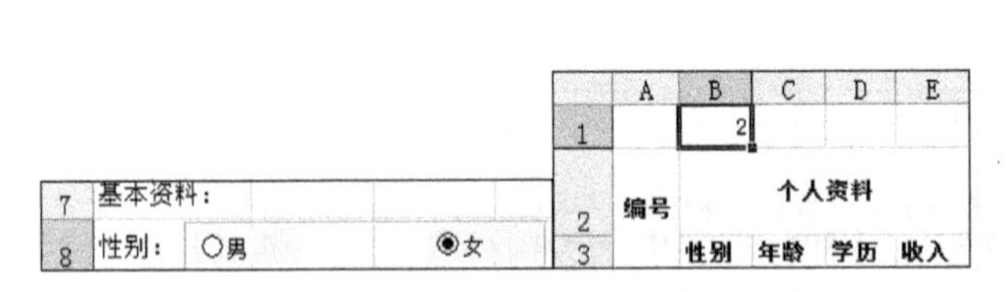

图 18.20

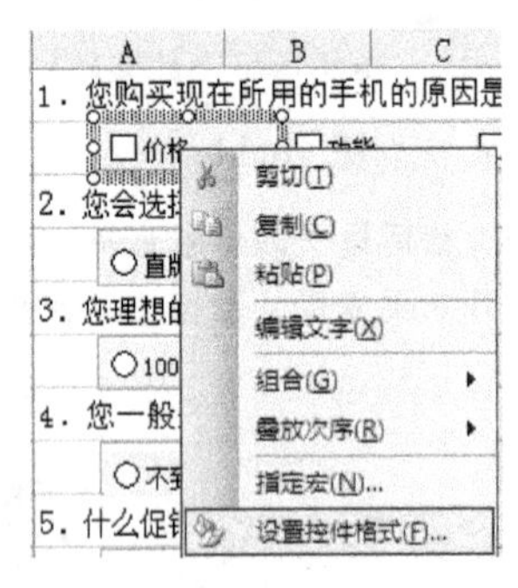

图 18.21

在“设置控件格式”对话框中选择“控制”选项，参见图 18.19。

在“单元格链接”中，选择“调查结果统计表”中的单元格 F1，即将该选项与选定的单元格链接到一起。

然后依次按同样的办法将第 1 道多项选择题的其他选项分别同“调查结果统计表”中的单元格 G1 至 K1 链接起来，如图 18.22 所示。

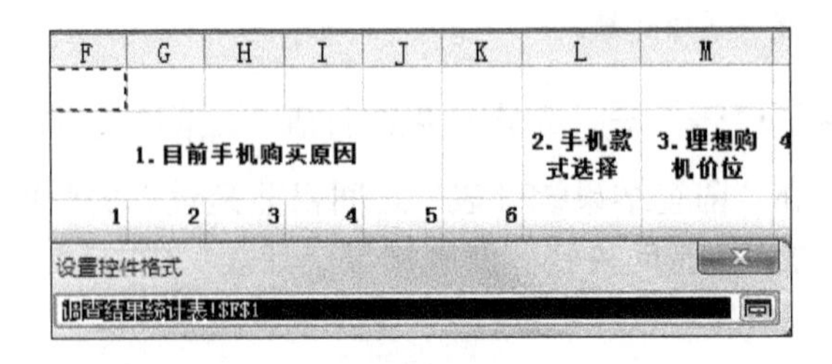

图 18.22

在多项选择题中，如果选中该复选框，那么在该复选框选项所链接的单元格上会显示英文单词“TRUE”，表示该选项被选中。例如，选项问题 1 中，选中“功能”和“款式”复选框，所链接的单元格 G1 和 H1 就会显示“TRUE”，如图 18.23 所示。

图 18.23

（3）用上面的方法将其他单项选择题和多项选择题的选项通过设置控件格式，与“调查结果统计表”的单元格链接起来。

5．问卷结果自动添加

“问卷调查表”与“调查结果统计表”的链接完成后，调查问卷的选择信息可以记录到“调查结果统计表”中，但是如果问卷被再次填写，原来的信息就会被覆盖。因此，要实现这样一个功能，即每一次问卷填写完成后，将“调查结果统计表”中第一行的数据信息复制到问卷题目下面的单元格中储存。

情景解决

（1）在“问卷调查表”中，选择菜单“开发工具”中的【插入】命令，显示“表单控件”工具栏，如图 18.24 所示。选择第一项“按钮”选项，当鼠标指针变成“+”形状时，在问卷的底部按住鼠标左键拖动绘制出一个按钮控件，同时会自动打开“指定宏”对话框。

（2）在“指定宏”对话框中的“宏名”文本框中输入“提交”，然后单击【新建】按钮，如图 18.25 所示。

图 18.24

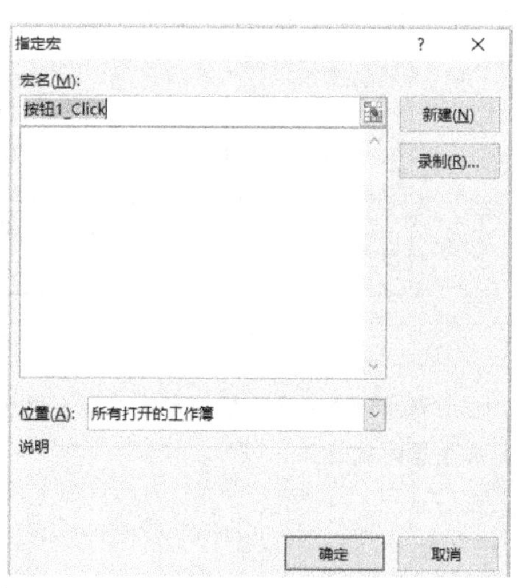

图 18.25

（3）随即打开 Microsoft Visual Basic 编辑窗口，在代码窗口中输入图 18.26 所示程序代码，输入完后进行保存，并关闭 Microsoft Visual Basic 编辑窗口。

```
Sub 提交()
Dim i As Integer          '定义变量i为行号
Dim j As Integer          '定义变量j为列号
i = Sheets("调查结果统计表").Range("B" & Rows.Count).End(xlUp).Row + 1 '行号自动加1
For j = 2 To 28       '列号从2-28循环
Sheets("调查结果统计表").Select          '选择"调查结果统计表"工作表
Cells(1, j).Select          '选择单元格j1,每次循环j1都在变
Selection.Copy Destination:=Cells(i, j)   '复制单元格j1的内容到ji单元格
Cells(1, j) = ""          '单元格j1的内容为空
Next j          'j加1，转入下个单元格，直到j为上面设计的28
Sheets("问卷调查表").Select    '选择"问卷调查表"
End Sub     '结束循环
```

图 18.26

（4）设计完成【提交】按钮，如图 18.27 所示。每次确定填写完成调查问卷后，可以单击【提交】按钮保存调查结果。

7. 列举您购买时最感兴趣的3个手机品牌（多选）

☐华为 ☐OPPO ☐三星 ☐苹果 ☐小米 ☐其他

8. 您认为最新推出的手机里最吸引您的功能是？

☐时尚外观 ☐超大触屏 ☐高像素拍照 ☐高速处理器 ☐应用软件 ☐其他

提交

图 18.27

（5）第一次单击【提交】按钮，程序就会执行，即将调查问卷的结果提交前显示在“调查结果统计表”第一行中的内容复制到工作表的第 4 行中，然后将第一行的内容清除掉，如图 18.28 所示。同时，“问卷调查表”中的内容也被清除了。再次填写问卷时，单击【提交】按钮，程序再次执行，就会将暂时放在“调查结果统计表”的第一行中的内容复制到第 5 行中，同时清除临时存取在第一行的内容。依次类推，每次单击【提交】按钮，都会重复进行上述的操作，即完成一份问卷数据的提交，就会将结果复制到“调查结果统计表”中，同时会清空“问卷调查表”中的数据，方便下一位被调查者填写问卷。

	A	B	C	D	E	F	G	H	I	J	K	L	M
1													
2	编号	个人资料				1. 目前手机购买原因						2. 手机款式选择	3. 理想购机价位
3		性别	年龄	学历	收入	1	2	3	4	5	6		
4		1	2	3	2		TRUE	TRUE				3	3
5													
6													

图 18.28

（6）测试调查问卷。按一定的规律多次填写调查问卷，然后单击【提交】按钮，测试能否正确完成数据的统计。

项目 19

供应商评定管理

工作情景

周某是某公司采购部的员工，主要负责对各供应商的考核，从交货期、产品质量、售后服务和价格四个方面来进行综合评价，根据公司制定的量化数据，计算每家供应商的综合得分，并对各家供应商按公司的等级条件进行评级，给出相应的建议。公司对供应商评定等级的条件如下：

（1）得分在90～100分（含90分、100分）且质量分大于或等于27分者为A级，A级为优秀供应商，可加大采购量。

（2）得分在80～90分（含80分，不含90分）且质量分大于或等于24分者为B级，B级为合格供应商，可正常采购。

（3）得分在65～80分（含65分，不含80分）且质量分大于或等于21分者，或者得分在80分以上，但质量分低于21分者为C级，C级供应商可减量采购。

（4）得分在65分（含65分）以下者为D级，要求其限期整改，整改不能完成的建议淘汰，整改完成并经公司现场评审合格后方可恢复至C级供货。

周某该如何来完成供应商评级的统计报表？

1．建立供应商评级表

先在Excel中建立“供应商评级表”，包括“单位名称”“交期得分”“品质得分”“服务得分”“价格得分”“本月总分”“供应商评级”和“备注”等字段，并根据条件在“供应商评级”和“备注”栏中进行等级的评定和说明。

情景解决

（1）建立“供应商评级表”。依次输入字段，输入各供应商的“交期得分”“品质得分”“服务得分”“价格得分”等具体数据，如图19.1所示。

	A	B	C	D	E	F
1				供应商评级		
2	ID	单位名称	交期得分	品质得分	服务得分	价格得分
3	1	供应商1	16	27.8	18	8
4	2	供应商2	8.0	30.0	16	9
5	3	供应商3	37.2	28.3	18	6
6	4	供应商4	6.0	29.6	18	5
7	5	供应商5	30.4	28.9	21	8
8	6	供应商6	28.0	11.0	20	8
9	7	供应商7	33.6	20.9	16	9
10	8	供应商8	19.0	22.4	15	6

图19.1

（2）在G3单元格中输入公式“＝C3＋D3＋E3＋F3”，按Enter键确认，将鼠标指针置于G3单元格的右下角，出现“+”形状时按住鼠标并向下拖拽，将公式复制到各单元格，这样各单元格就会显示复制公式的结果，如图19.2所示。

fx =C3+D3+E3+F3

	A	B	C	D	E	F	G
1				供应商评级			
2	ID	单位名称	交期得分	品质得分	服务得分	价格得分	本月总分
3	1	供应商1	16	27.8	18	8	69.8
4	2	供应商2	8.0	30.0	16	9	63.0
5	3	供应商3	37.2	28.3	18	6	89.5
6	4	供应商4	6.0	29.6	18	5	58.6
7	5	供应商5	30.4	28.9	21	8	88.3
8	6	供应商6	28.0	11.0	20	8	67.0
9	7	供应商7	33.6	20.9	16	9	79.5

图19.2

（3）供应商评级。在单元格I3中输入公式“＝IF（AND（G3＞＝90,D3＞＝27）,"A",IF（AND（G3＞＝80,D3＞＝24）,"B",IF（OR（AND（G3＞＝65,D3＞＝21）,AND（G3＞80,D3＜21））,"C","D"）））”，按Enter键确认，将鼠标指针置于单元格I3的右下角，出现“+”形状时按住鼠标并向下拖拽，将公式复制到各单元格，即可完成供应商的评级。

（4）备注建议。在单元格I3中输入公式“＝IF（H3＝"A","优秀供应商，加大采购量",IF（H3＝"B","合格供应商，正常采购",IF（H3＝"C","减量采购","限期整改，不行建议淘汰"）））”，按Enter键确认，将鼠标指针置于单元格I3的右下角，出现“+”形状时按住鼠标并向下拖拽，将公式复制到各单元格，这样各等级供应商的建议就填写在“备注”栏中了，如图19.3所示。

	A	B	C	D	E	F	G	H	I
1		供应商评级							
2	ID	单位名称	交期得分	品质得分	服务得分	价格得分	本月总分	供应商评级	备注
3	1	供应商1	16	27.8	18	8	69.8	C	减量采购
4	2	供应商2	8.0	30.0	16	9	63.0	D	限期整改，不行建议淘汰
5	3	供应商3	37.2	28.3	18	6	89.5	B	合格供应商，正常采购
6	4	供应商4	6.0	29.6	18	5	58.6	D	限期整改，不行建议淘汰
7	5	供应商5	30.4	28.9	21	8	88.3	B	合格供应商，正常采购
8	6	供应商6	28.0	11.0	20	8	67.0	D	限期整改，不行建议淘汰
9	7	供应商7	33.6	20.9	16	9	79.5	D	限期整改，不行建议淘汰
10	8	供应商8	19.0	22.4	15	6	62.4	D	限期整改，不行建议淘汰
11	9	供应商9	36.0	30.5	18	9	93.5	A	优秀供应商，加大采购里
12	10	供应商10	13.0	24.9	16	8	61.9	D	限期整改，不行建议淘汰
13	11	供应商11	24.0	28.3	16	10	78.3	C	减量采购

图 19.3

2．各级别的供应商名单表

要求制作并查看各类级别供应商的名单和相关数据，即制作 A、B、C 和 D 类的供应商统计表。在 Excel 中可以有多种实现方法，如数据透视表、数据筛选等，在这里用数据透视表的方法来制作统计表。

情景解决

（1）选择【插入】【数据透视表】命令，如图 19.4 所示。

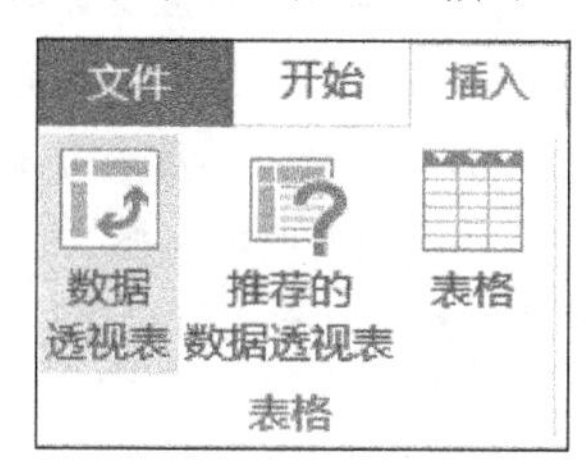

图 19.4

（2）在弹出的“创建数据透视表”对话框中，选择要分析的数据区域为 A2:J40，单击【新建工作表】单选按钮，如图 19.5 所示，然后单击【确定】按钮。

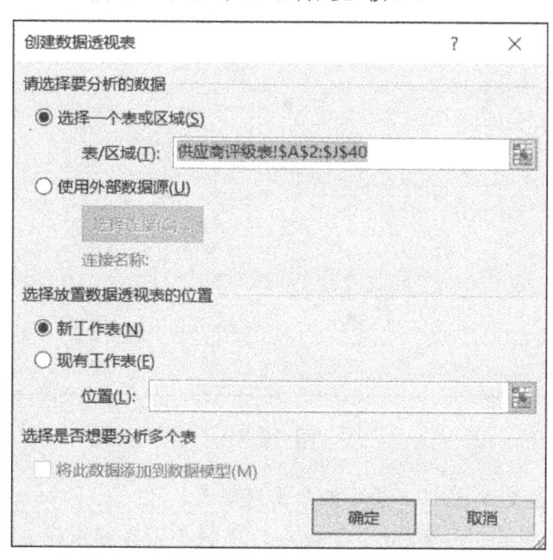

图 19.5

（3）打开“数据透视表字段”对话框，如图 19.6 所示，表格左上方显示各字段，下方有“筛选器”“行”“列”和“Σ值”等区域，接下来需要将相应的字段拖至以上相应的区域。

图 19.6

（4）在“数据透视表字段”对话框中，选择“供应商评级”并按住鼠标左键将其拖拽到“筛选器”处，同样将“单位名称”拖拽到“列”处，再分别将“交期得分”“品质得分”“服务得分”“价格得分”和“本月总分”四个字段拖拽到“Σ值”处，然后单击【确定】按钮，如图 19.7 所示。此时可以看见“列”出现“Σ数值”的字样，表明刚才在拖拽到“Σ值”处的四种数据按列从左到右进行排序，参见图 19.12。如果将“Σ数值”拖拽到“行”下，那么就会按行进行排序。

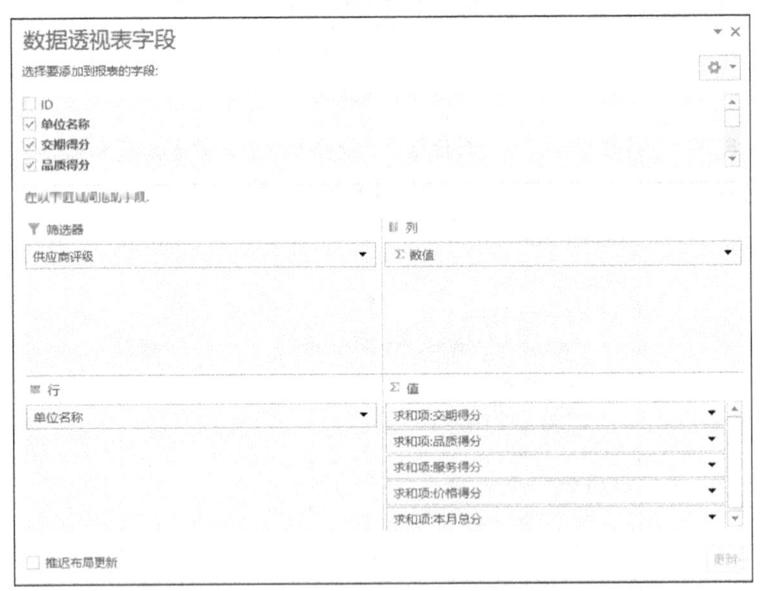

图 19.7

（5）设置完成后，生成如图 19.8 所示的数据透视表。

（6）选择【数据透视表工具】【设计】命令，根据个人喜好选择其中一种合适的格式，如图 19.9 所示。

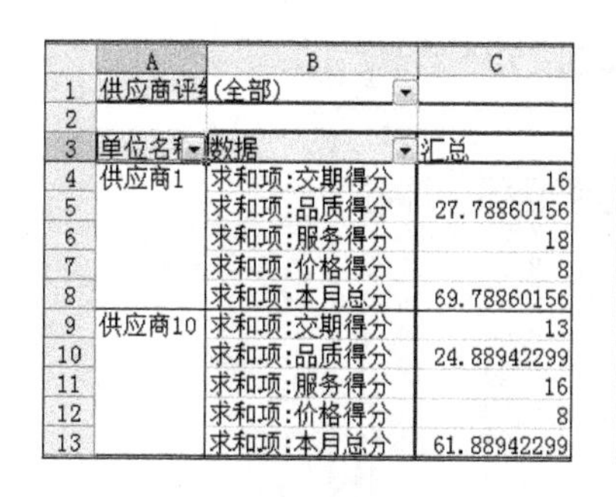

	A	B	C
1	供应商评级	(全部)	
2			
3	单位名称	数据	汇总
4	供应商1	求和项:交期得分	16
5		求和项:品质得分	27.78860156
6		求和项:服务得分	18
7		求和项:价格得分	8
8		求和项:本月总分	69.78860156
9	供应商10	求和项:交期得分	13
10		求和项:品质得分	24.88942299
11		求和项:服务得分	16
12		求和项:价格得分	8
13		求和项:本月总分	61.88942299

图 19.8

图 19.9

（7）在数据透视表区域右击，在弹出的菜单中选择“数据透视表选项”选项，如图 19.10 所示。

在弹出的对话框“数据透视表选项”中的“汇总与筛选”中取消选中“显示列总计”复选框，然后单击【确定】按钮，如图 19.11 所示。

图 19.10

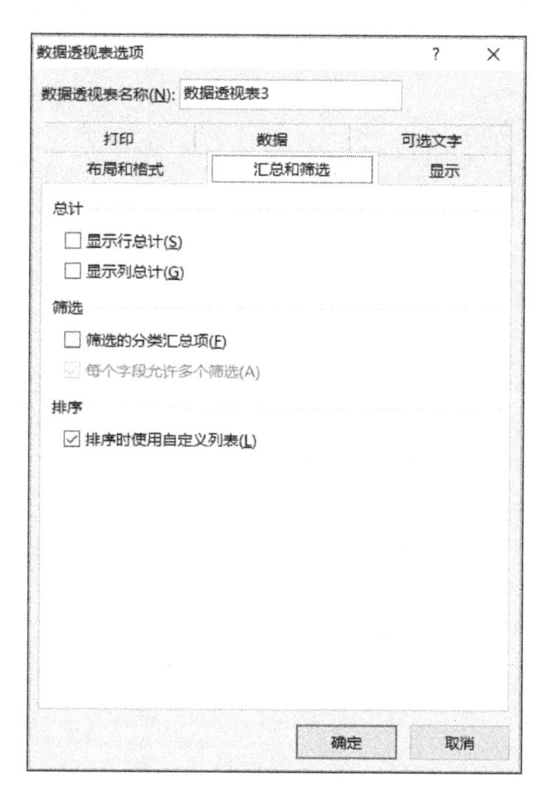

图 19.11

在完成的数据透视表中，在“供应商评级”中选择 A，就会显示 A 级供应商的统计表，如图 19.12 所示。

	A	B	C	D	E	F
1	供应商评级	A				
2						
3	单位名称	交期得分	品质得分	服务得分	价格得分	本月总分
4	供应商14	37	28	20	10	95
5	供应商28	36	29	18	9	92
6	供应商9	36	30.5	18	9	93.5

图 19.12

同理，如果选择 B，就会显示 B 级供应商的统计表，如图 19.13 所示。

供应商评级	B				
单位名称	交期得分	品质得分	服务得分	价格得分	本月总分
供应商13	36.68	29.23	14.00	7.00	86.91
供应商16	31.20	26.00	16.00	8.00	81.20
供应商18	32.80	28.51	16.50	9.00	86.81
供应商21	36.00	28.00	16.00	9.00	89.00
供应商22	38.46	28.43	15.00	8.00	89.89
供应商25	30.40	28.91	13.00	8.00	80.31
供应商26	34.00	27.54	19.00	5.00	85.54
供应商29	31.60	28.34	16.50	6.00	82.44
供应商3	37.20	28.33	18.00	6.00	89.53
供应商31	30.77	28.16	17.00	8.00	83.93
供应商33	30.80	25.11	16.00	9.00	80.91
供应商35	34.00	29.38	12.00	5.00	80.38
供应商38	25.58	28.17	19.50	7.00	80.25
供应商5	30.40	28.91	21.00	8.00	88.31

图 19.13

项目 20

采购成本数据分析

工作情景

赵某是某公司采购部的员工，负责各种商品的采购成本分析，并根据企业的储存成本情况，确定最佳的商品采购量和采购次数。由于每种商品都要通过计算和经验来断定，所以赵某想建立一个可以动态变化的采购成本数据分析的统计表，根据每种商品的年采购量、每次采购的成本和单位储存成本来确定最佳的采购成本。

1. 建立采购分析表

情景解决

（1）建立如图 20.1 所示的采购分析表，在“年采购次数”列中输入采购次数，在表中输入年采购量、单次采购成本、单位储存成本、最低采购总成本、年采购次数和单次采购量等字段。其中，年采购量、单次采购成本和单位储存成本这三项内容在采购中可以变动，根据这三项内容的变化，可以对不同的年采购次数进行采购成本分析表的计算。

通过上述计算，统计出最低采购总成本、年采购次数和单次采购量。

	A	B	C	D	E	F	G	H
1			采购成本分析					
2	年采购次数	单次采购量	平均库存量	存储成本	采购成本	总成本		
3	1							
4	2							
5	3							
6	4							
7	5							
8	6							
9	7							
10	8							
11	9							
12	10							
13	11							
14	12							
15								
16	年采购量			单次采购成本			单位储存成本	
17	最低采购总成本			年采购次数			单次采购量	

图 20.1

（2）用公式计算单次采购量和平均库存量。

在“单次采购量”列的单元格 B3 中输入公式“＝$B$16/A3”，公式中单元格 B16 要用绝对引用，公式表示为“年采购量”除以“年采购次数”计算所得的值。按 Enter 键确认，将鼠标光标放在单元格 B3 的右下角，出现“＋”形状时按住鼠标左键不放向下拖拽，将公式复制到需要计算的单元格。

在“平均库存量”列的单元格 C3 中输入公式“＝B3/2”，表示“平均库存量”是“单次采购量”除以 2 计算所得的值。按 Enter 键确认，将鼠标光标置于单元格 C3 的右下角，出现“＋”形状时按住鼠标左键并拖拽，将公式复制到需要公式计算的单元格。

在“储存成本”列的单元格 D3 中输入公式“＝C3*$H$16”，表示“平均库存量”与“单位储存成本”的乘积。同样，将公式复制到需要公式计算的各单元格。

在“采购成本”列的单元格 E3 中输入公式“＝A3*$E$16”，表示“年采购次数”与“单次采购成本”的乘积。同样，将公式复制到需要公式计算的各单元格。

在“总成本”列的单元格 F3 中，输入公式“＝D3＋E3”，表示“采购成本”与“存储成本”的和。同样，将公式复制到需要公式计算的各单元格，所得结果如图 20.2 所示。

	A	B	C	D	E	F	G	H
1			采购成本分析					
2	年采购次数	单次采购量	平均库存量	存储成本	采购成本	总成本		
3	1	0	0	0	0	0		
4	2	0	0	0	0	0		
5	3	0	0	0	0	0		
6	4	0	0	0	0	0		
7	5	0	0	0	0	0		
8	6	0	0	0	0	0		
9	7	0	0	0	0	0		
10	8	0	0	0	0	0		
11	9	0	0	0	0	0		
12	10	0	0	0	0	0		
13	11	0	0	0	0	0		
14	12	0	0	0	0	0		
15								
16	年采购量			单次采购成本			单位储存成本	
17	最低采购总成本			年采购次数			单次采购量	

图 20.2

由于目前还没有输入“年采购量”“单次采购成本”“单位储存成本”，所以图中的数据显示为“0”。

2．建立"年采购量""单次采购成本""单位储存成本"的动态变化数据

情景解决

（1）添加"年采购量"的滚动条窗体。选择【开发工具】【插入】【滚动条】命令如图 20.3 所示，在单元格 B16 处画出一个滚动条。

（2）右击滚动条，在弹出的快捷菜单中选择【设置控件格式】命令，在弹出的"设置控件格式"对话框中选择"控制"选项，在"当前值"文本中输入"3000"，在"最小值"数值选择框中输入"3000"，在"最大值"数值选择框中输入"6000"，在"步长"数值选择框中输入"200"，在"单元格链接"选择 B16，表示单元格 B16 的初始值是 3000，变化范围为 3000～6000，如图 20.4 所示，然后单击【确定】按钮，"年采购量"的值就可以通过滚动条来确定。

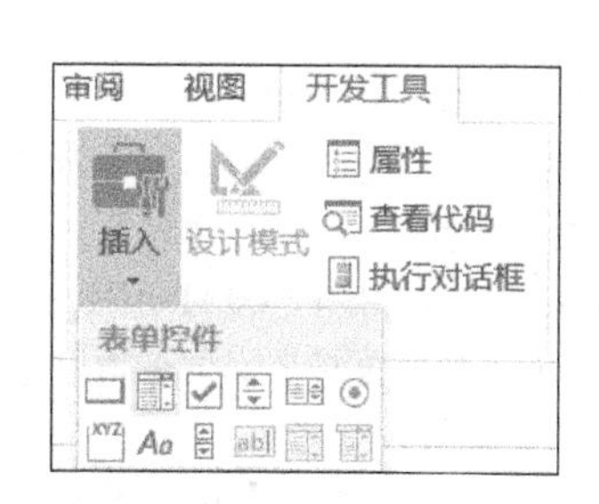

图 20.3

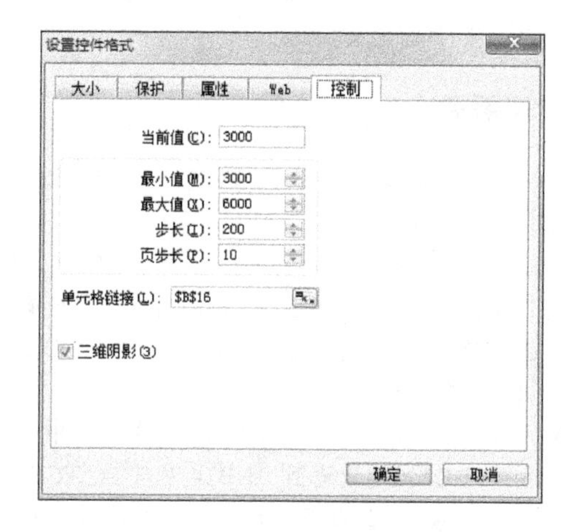

图 20.4

（3）同样在"表单控件"中选择"滚动条"控件，并在"单次采购成本"右边的单元格 E16 处画出一个滚动条。右击滚动条，在弹出的快捷菜单中选择【设置控件格式】命令，在"设置控件格式"对话框中选择"控制"选项，在"当前值"数值选择框中输入"5400"，在"最小值"数值选择框中输入"1000"，在"最大值"数值选择框中输入"6000"，在"步长"数值选择框中输入"100"，在"页步长"输入"100"，在"单元格链接"选择 E16，表示单元格 E16 的初始值是 5400，变化范围为 1000～6000，如图 20.5 所示，然后单击【确定】按钮，"单次采购成本"的值就可以通过滚动条来确定。

（4）同样在"表单控件"中选择"滚动条"控件，并在"单位储存成本"右边的单元格 H16 处画出一个滚动条。右击滚动条，在弹出的快捷菜单中选择【设置控件格式】命令，在"设置控件格式"对话框中选择"控制"选项，在"当前值"数值选择框中输入"60"，在"最小值"数值选择框中输入"10"，在"最大值"数值选择框中输入"60"，在"步长"数值选择框输入"1"，在"单元格链接"选择 H16，表示单元格 H16 的初始值是 60，变化范围为 10～60，如图 20.6 所示，然后单击【确定】按钮，"单位储存成本"的值就可以通过滚动条来确定。

图 20.5

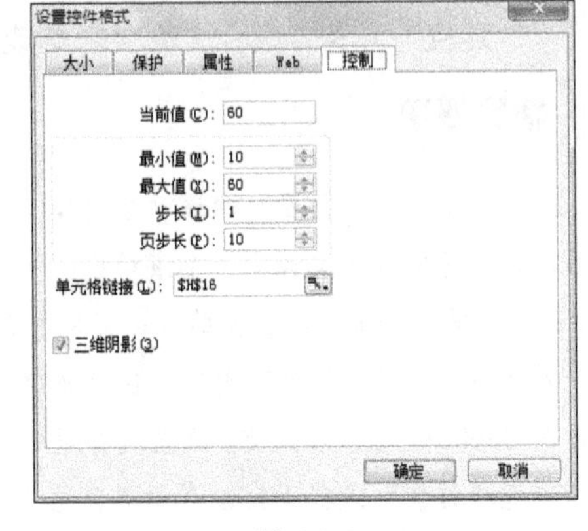

图 20.6

3．最优采购总成本

情景解决

（1）在单元格 B17 处输入公式“=MIN（F3:F14）”，按 Enter 键确定。表示为 F3 到 F14 单元格中的最小值。

（2）在单元格 E17 处输入公式“=INDEX（A3:A14,MATCH（B17,F3:F14,0））”，按 Enter 键确定。MATCH 函数表示在 F3:F14 的单元格中查找与单元格 B17 中的值相匹配的值的行号。然后，通过 INDEX 函数返回 A3:A14 中与 MATCH 函数返回值行号的值。

（3）在单元格 H17 处输入公式“=INDEX（B3:B14,MATCH（B17,F3:F14,0））”，按 Enter 键确定。MATCH 函数表示在 F3:F14 的单元格中查找与单元格 B17 中的值相匹配的值的行号。然后，通过 INDEX 函数返回 B3:B14 中与 MATCH 函数返回值相匹配的行号的值。

（4）分别拖动滚动条，设置相应的数据，采购成本分析表中的数据随之变化，“最低采购总成本”“年采购次数”和“单次采购量”分别自动提取显示出来，如图 20.7 所示。

	A	B	C	D	E	F	G	H
1	采购成本分析							
2	年采购次数	单次采购量	平均库存量	存储成本	采购成本	总成本		
3	1	3930	1965	68775	5583	74358		
4	2	1965	982.5	34387.5	11166	45553.5		
5	3	1310	655	22925	16749	39674		
6	4	982.5	491.25	17193.75	22332	39525.75		
7	5	786	393	13755	27915	41670		
8	6	655	327.5	11462.5	33498	44960.5		
9	7	561.42857	280.71429	9825	39081	48906		
10	8	491.25	245.625	8596.875	44664	53260.875		
11	9	436.66667	218.33333	7641.666667	50247	57888.667		
12	10	393	196.5	6877.5	55830	62707.5		
13	11	357.27273	178.63636	6252.272727	61413	67665.273		
14	12	327.5	163.75	5731.25	66996	72727.25		
15								
16	年采购量	3930		单次采购成本	5583		单位储存成本	35
17	最低采购总成本	39525.75		年采购次数	4		单次采购量	982.5

图 20.7

4．制作最优采购成本图

情景解决

（1）选择【插入】【折线图】【带数据标记的折线图】命令，如图 20.8 所示。

（2）右击【选择数据】，在“数据区域”选择 D2:E14，存储成本和采购成本即显示在“图例项（系列）(S)”下方，单击【确定】按钮，如图 20.9 所示。

（3）图 20.10 所示为生成的初步的统计图，设置标题为“采购成本分析图”。

（4）选择【图表工具】【设计】【快速布局】命令，在弹出的下拉列表中选择一种合适的样式，如图 20.11 所示。

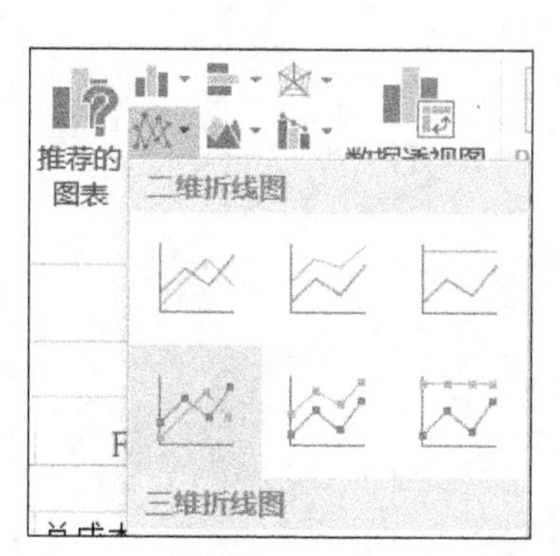

图 20.8

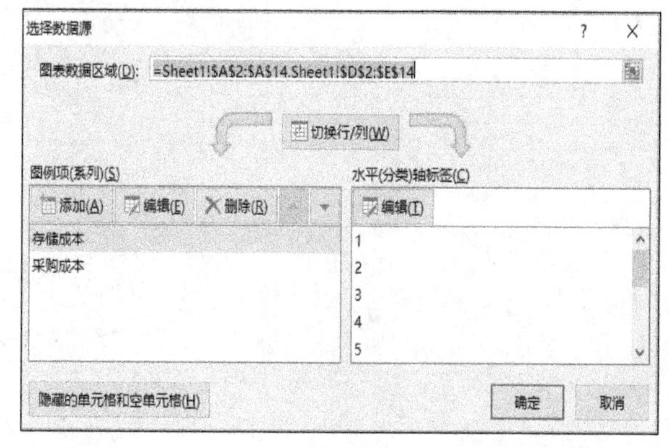

图 20.9

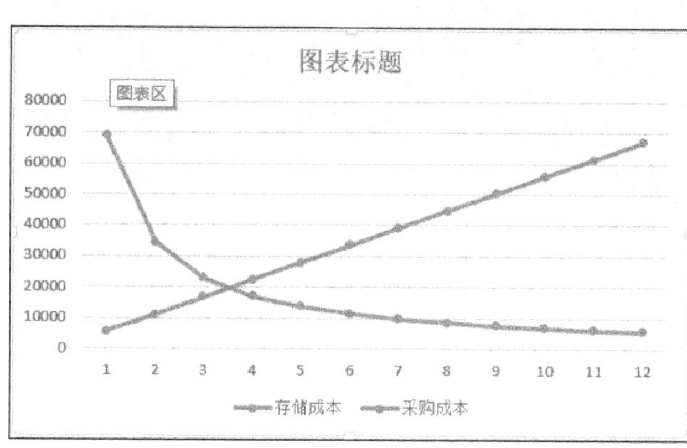

图 20.10

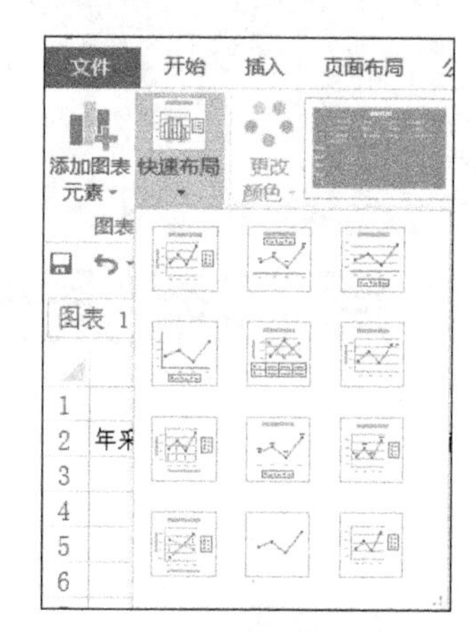

图 20.11

（5）对图表的标题、大小位置做适当的调整，即完成采购成本分析图，如图 20.12 所示。

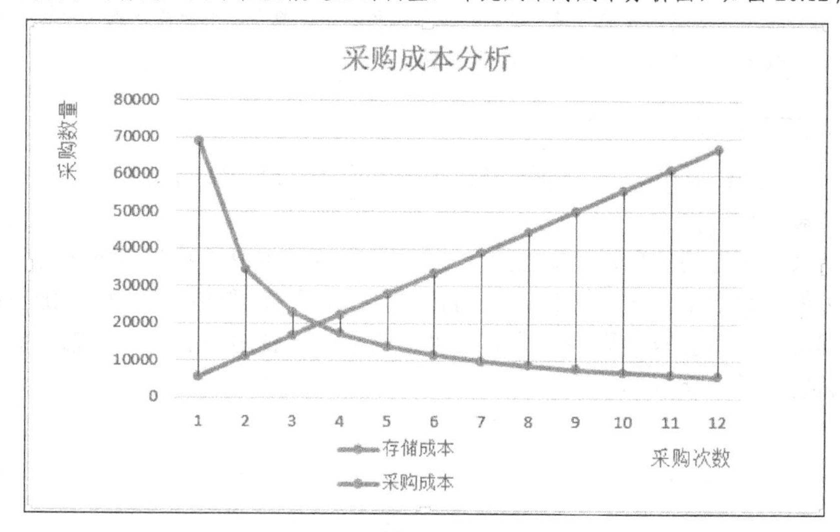

图 20.12

项目 21

库存数据分析

工作情景

虞某是某公司生产管理部的员工，主要负责库存的管理统计工作。由于公司每天都会有大量的产品入库和出库，需要每天进行库存余额的统计工作，所以领导要求她最好能随时知道每种商品的库存余额。假如你是虞某，该如何去完成这样的任务？

1．动态产品库存统计表

在一个 Excel 工作簿中，设置 Sheet1 为入库表，Sheet2 为出库表，Sheet3 为动态库存余额统计表。

先定义数据透视表的动态数据源。在“入库表”中使用数据透视表可以直接得到各货号的汇总数量，十分方便。但当在“入库表”和“出库表”中添加新的数据后，数据透视表不会自动更新。为此，可以给数据透视表设置一个动态数据源，让其在刷新后自动更新数据源。

情景解决

（1）在“入库表”中，选择【公式】【定义名称】命令，如图 21.1 所示。

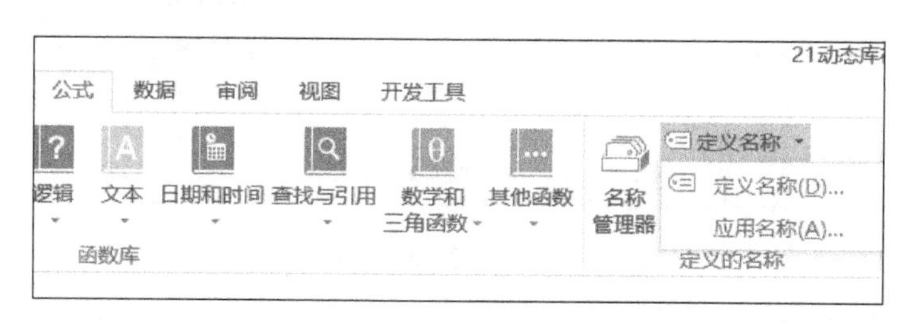

图 21.1

在弹出的“定义名称”对话框中定义一个名称，如“入库”，在“引用位置”文本框中输入公式“=OFFSET（入库表!$C$2,0,0,COUNTA（入库表!$C:$C）,4）”，如图 21.2 所示，表示以“入库表”中的单元格 C2 为起点，位置不偏移，因此以“出库表”中的单元格 C2 为起点，向下扩展“COUNTA（入库表!$C:$C）”（C 列非空行）的行数，向右扩展四列数据。

定义名称
在当前工作簿中的名称(W):
入库
出库
入库
确定
关闭
添加(A)
删除(D)
引用位置(R):
=OFFSET(入库表!$C$2,0,0,COUNTA(入库表!$C:$C),4)

图 21.2

OFFSET 函数的语法格式如下：

```
OFFSET(Reference,Rows,Cols,Height,Width)
```

OFFSET 的参数用法是以某个单元格（参数 1Reference）为起点，下偏移（参数 2 Rows）行，右偏移（参数 3 Cols）列，按偏移后的单元格为起点选定下（参数 4 Height）行，右（参数 5 Width）列的一个区域。

例如，=OFFSET（$A$1,COUNTA（$A:$A）,COUNTA（$1:$1））表示 COUNTA（$A:$A）是 A 列非空单元格个数，COUNTA（$1:$1）是第 1 行非空单元格个数，即从单元格 A1 开始，向下扩充 COUNTA（$A:$A）高度，向右扩充 COUNTA（$1:$1）宽度的区域。

（2）同样在“出库表”中，定义一个名称“出库”，在“引用位置”框中输入公式“=OFFSET（出库表!$C$2,0,0,COUNTA（出库表!$C:$C）,4）”，如图 21.3 所示，表示以入库表单元格 C2 为起点，位置不偏移，因此以“出库表”中的单元格 C2 为起点，向下扩展“COUNTA(出库表!$C:$C)”（C 列非空行）的行数，向右扩展四列数据。

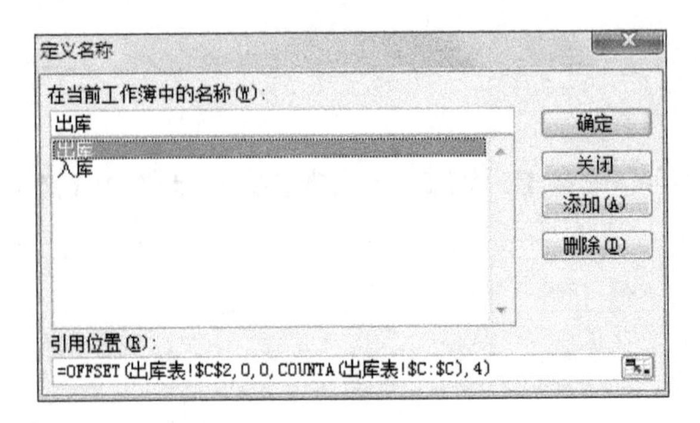

图 21.3

2. 建立数据透视表

情景解决

（1）添加多重合并计算数据区域。点击“动态库存余额统计表”工作表中需要放置数据透视表的某个单元格，按 Alt+D 组合键，再按 P 键，弹出“数据透视表和数据透视图向导—3 步骤之 1”对话框，选中“多重合并计算数据区域”单选项，如图 21.4 所示，然后单击【下一步】按钮。

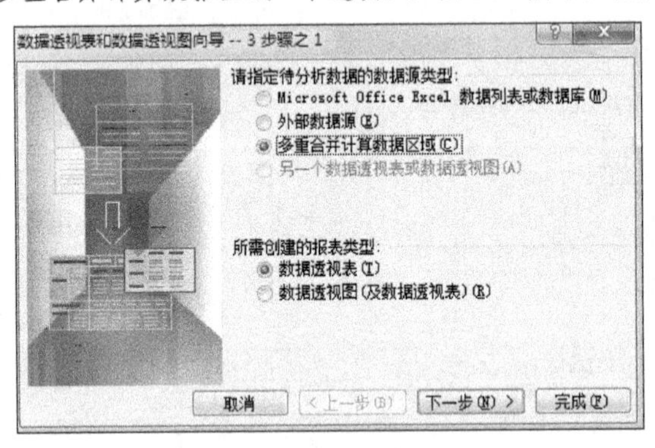

图 21.4

（2）在弹出的“数据透视表和数据透视图向导—3 步骤之 2a”对话框中选中“创建单页字段”单选项，如图 21.5 所示，然后单击【下一步】按钮。

（3）弹出“数据透视表和数据透视图向导—3 步骤之 2b”对话框，在“选定区域”文本框中分别输入上述所定义的区域名称，再分别单击【添加】按钮添加上述两个区域，如图 21.6 所示。

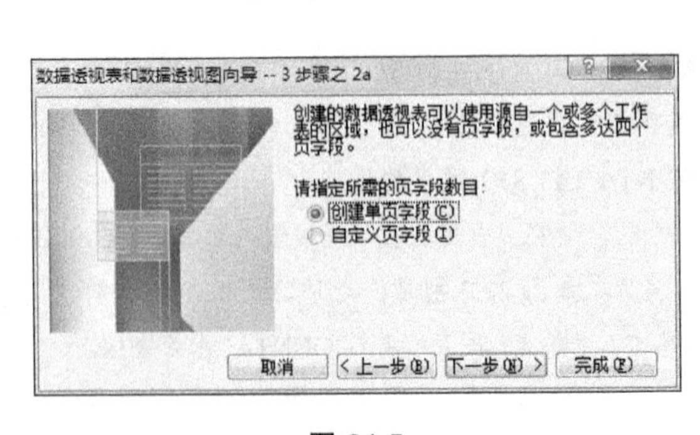

图 21.5

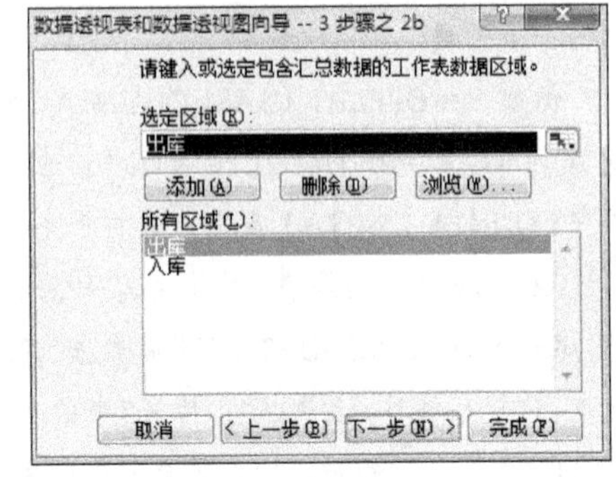

图 21.6

（4）单击【下一步】按钮，弹出“数据透视表和数据透视图向导—3 步骤之 3”对话框，在“数据透视表显示位置”区域选中“现有工作表”单选项，并选择相应的单元格位置，如图 21.7 所示。

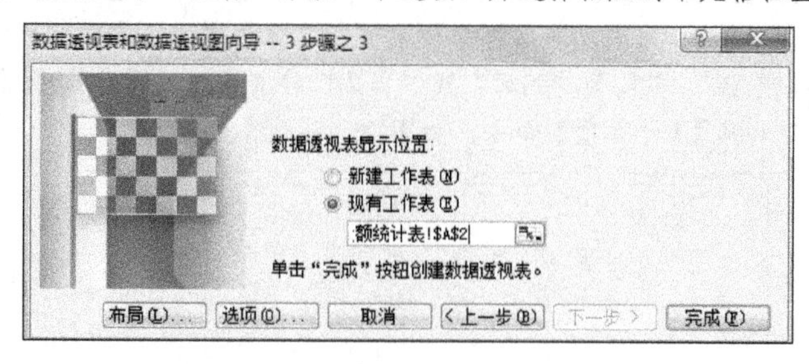

图 21.7

（5）单击【完成】按钮，即在“动态库存余额统计表”中建立数据透视表，所得透视表如图 21.8 所示。

（6）单击“列”右边的下拉按钮，在打开的下拉列表中取消选中“价格”和“品名”复选框，如图 21.9 所示，然后单击【确定】按钮。

3	求和项:值	列			
4	行	出库数	价格	品名	入库数
5	A-1	100	1196	0	200
6	A-3	1566	4186	0	1750
7	B-1	1075	1668	0	1250
8	C-1	405	748	0	450
9	C-2	1052	1380	0	1100
10	C-3	230	552	0	250

图 21.8

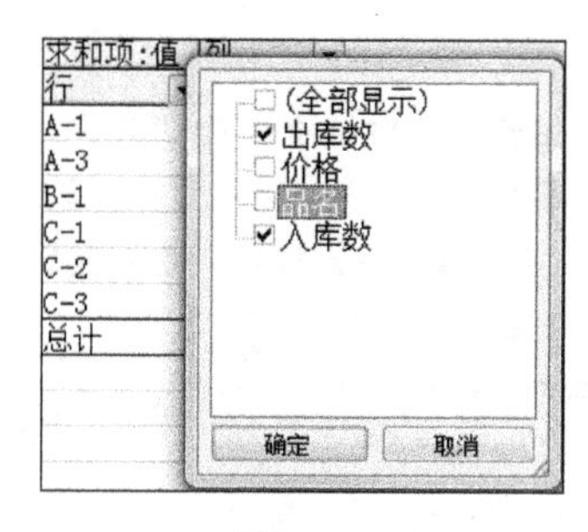

图 21.9

（7）右击，在弹出的快捷菜单中选择【数据透视表选项】命令，弹出“数据透视表选项”对话框，在对话框中的“汇总和筛选”选项卡中取消选中“显示行总计”和“显示列总计”复选框，如图 21.10 所示。

数据透视表选项
数据透视表名称(N): 数据透视表4
打印 数据 可选文字
布局和格式 汇总和筛选 显示
总计
显示行总计(S)
显示列总计(G)
筛选
筛选的分类汇总项(F)
每个字段允许多个筛选(A)
排序
排序时使用自定义列表(L)
确定 取消

图 21.10

（8）在列字段中添加计算项。计算项使用自定义的公式，对数据透视表中相同字段的其他项的内容进行计算。在这里数据透视表的列字段中只有“入库数”和“出库数”两项，现在需要添加一个计算项“库存余额”，用来反映库存余额数量。选择数据透视表中的列字段，或选择列字段下方的单元格 B4 或 B5，即包含“入库”或“出库”字样的单元格。选择【数据透视表工具】【分析】【字段、项目和集】【计算项】命令，如图 21.11 所示。

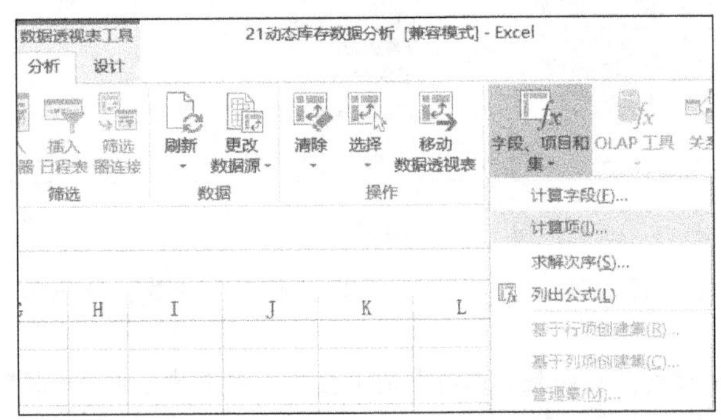

图 21.11

（9）在弹出的对话框中的“名称”文本框中输入“库存余额”，在“公式”文本框中输入公式“＝入库数－出库数”，如图 21.12 所示，然后单击【添加】按钮。

（10）单击【确定】按钮，数据透视表中就有“库存余额”列字段了，如图 21.13 所示。

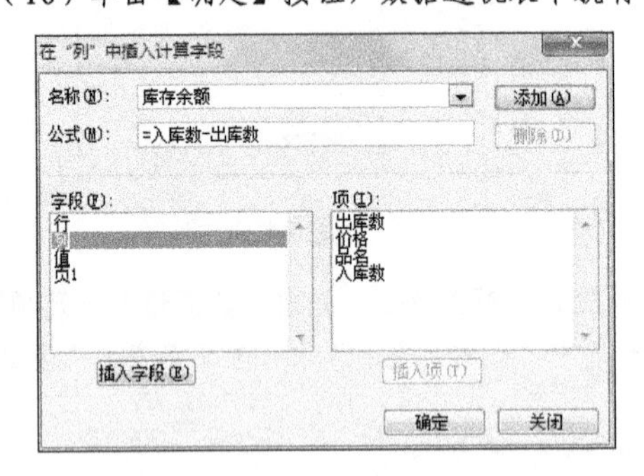

图 21.12

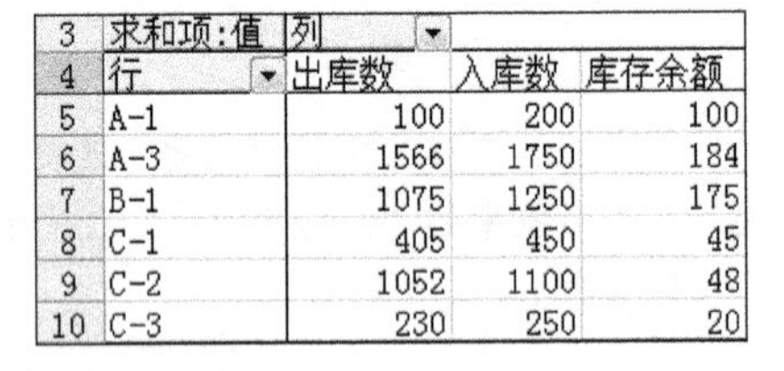

3	求和项:值	列		
4	行	出库数	入库数	库存余额
5	A-1	100	200	100
6	A-3	1566	1750	184
7	B-1	1075	1250	175
8	C-1	405	450	45
9	C-2	1052	1100	48
10	C-3	230	250	20

图 21.13

（11）调整“入库数”和“出库数”项的位置，使数据透视表更加直观。右击单元格 C4，在弹出的快捷菜单中选择【移动】命令，如图 21.14 所示。

图 21.14

（12）如果有必要，还可以修改行字段名称，如将其改为“货号”。方法是右击行字段或行区域，在弹出的快捷菜单中选择【字段设置】命令，在弹出的“数据透视表字段”对话框中修改名称即可，如图 21.15 所示。

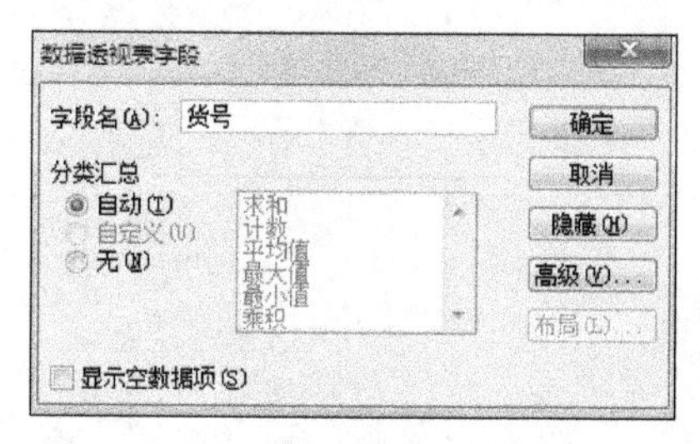

图 21.15

（13）依次将“求和项：值”改为“数量”，将“列”改为“项目”。在“数据透视表工具”选项卡中选择“设计”选项，在“数据透视表样式”中选择合适的样式，如图 21.16 所示，然后单击【确定】按钮。

数据透视表工具　21动态库存数据分析 [兼容模式]
审阅　视图　开发工具　分析　设计
数据透视表样式

图 21.16

（14）经过设置的数据透视表如图 21.17 所示。

3	数量	项目		
4	货号	入库数	出库数	库存余额
5	A-1	200	100	100
6	A-3	1750	1566	184
7	B-1	1250	1075	175
8	C-1	450	405	45
9	C-2	1100	1052	48
10	C-3	250	230	20

图 21.17

（15）当在“入库表”或“出库表”中添加数据后，在“动态库存余额表”中右击并在弹出的快捷菜单中选择【刷新】命令即可更新数据，如图 21.18 所示。

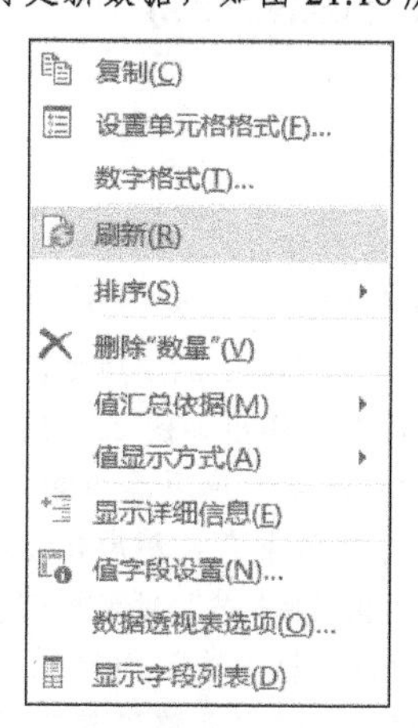

图 21.18

项目 22 量本利分析

工作情景

欧某是某公司的总经理助理，主要通过信息的收集和分析，辅助总经理进行重大的决策。目前，该公司开发了一种新产品，需要根据产品的单位变动成本、固定成本，对不同销售量和销售单价的情况进行盈亏平衡点、量本利的变动分析，这需要对不同的销售量、单价、变动成本等进行多次的计算。假如你是欧某，该如何进行处理呢？

1. 建立量本利表

情景解决

（1）建立量本利表。从第二行开始输入“销量”“单价”“单位变动成本”“边际贡献”“固定成本”“利润”和“盈亏平衡点（销量）”，如图 22.1 所示。

（2）选择【开发工具】【插入】命令，弹出如图 22.2 所示的下拉列表。

（3）在“表单控件”组中选择“滚动条”选项，如图 22.3 所示。

（4）在单元格 B2 处创建合适大小的滚动条，然后在该滚动条上右击，在弹出的快捷菜单中选择【设置控件格式】命令，弹出“设置控件格式”对话框。选择“控制”选项卡，在“当前值”文本框中输入“1000”，在“最小值”数值选择框中输入“0”，在“最大值”数值选择框中输入“2000”，在“步长”数值选择框中输入“10”，在“单元格链接”文本框中输入“$C$2”，表示销量在 0～2000 变化，如图 22.4 所示。

	A
1	
2	销量
3	单价
4	单位变动成本
5	边际贡献
6	固定成本
7	利润
8	盈亏平衡点（销量）

图 22.1

图 22.2

表单控件

图 22.3

图 22.4

（5）重复步骤（2）和步骤（3），在单元格 B3 处创建合适大小的滚动条，然后在该滚动条上右击，在弹出的快捷菜单中选择【设置控件格式】命令，弹出“设置控件格式”对话框。选择“控制”选项卡，在“当前值”文本框中输入“150”，在“最小值”文本框中输入“50”，在“最大值”文本框中输入“200”，在“步长”文本框中输入“5”，在“单元格链接”文本框中输入“$C$3”，表示单价在 50～200 变化，如图 22.5 所示。

图 22.5

（6）重复步骤（2）和步骤（3），在单元格B4处创建合适大小的滚动条，然后在该滚动条上右击，在弹出的快捷菜单中选择【设置控件格式】命令，弹出“设置控件格式”对话框。选择“控制”选项卡，在“当前值”框中输入“46”，在“最小值”数值选择框中输入“35”，在“最大值”数值选择框中输入“55”，在“步长”数值选择框中输入“1”，在“单元格链接”文本框中输入“$C$4”，表示单位变动成本在35～55变化，如图22.6所示。

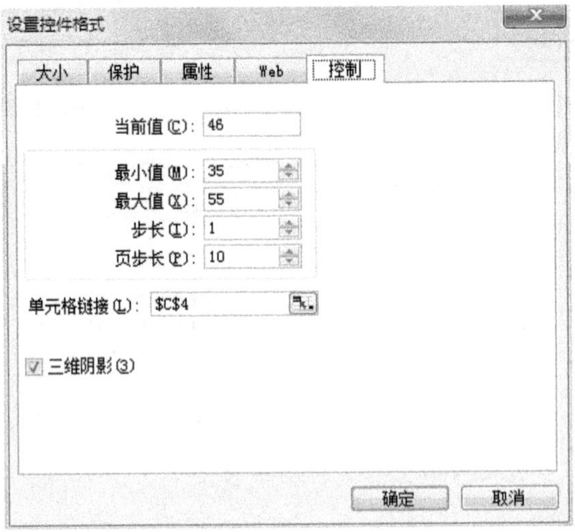

图22.6

（7）计算其他各项数据。

计算边际贡献：在单元格C5处输入公式“=（C3－C4）*C2”。

固定成本输入：单元格C6处输入固定成本“60000”。

计算利润：单元格C7处输入公式“=C5－C6”。

计算盈亏平衡销量：单元格C8处输入公式“=C6/（C3－C4）”。

所得结果如图22.7所示。拖动“销量”“单价”和“单位变动成本”，无论哪一项出现变化，其他的数据都会通过自动计算得出，如图22.8所示。

	A	B	C
1			
2	销量		1000
3	单价		150
4	单位变动成本		46
5	边际贡献		104000
6	固定成本		60000
7	利润		44000
8	盈亏平衡点(销量)		577

图22.7

	A	B	C
1			
2	销量		2000
3	单价		200
4	单位变动成本		50
5	边际贡献		300000
6	固定成本		60000
7	利润		240000
8	盈亏平衡点(销量)		400

图22.8

2. 盈亏平衡分析图

情景解决

（1）如图22.9所示，复制A2:A7到E2:E7，复制C2:C7（包括公式）到F2:F7和G2:G7，然后将销量分别改为“2000”“0”，这时出现两列最高销量和零销量时的利润情况表。

	A	B	C	D	E	F	G
1							
2	销量		2000		销量	2000	0
3	单价		200		单价	200	200
4	单位变动成本		50		单位变动成本	50	50
5	边际贡献		300000		边际贡献	300000	0
6	固定成本		60000		固定成本	60000	60000
7	利润		240000		利润	240000	-60000
8	盈亏平衡点(销量)		400				

图 22.9

（2）建立盈亏平衡点垂直参考线。在单元格 I3 处输入公式“＝$C$8”，然后将公式向下复制到 I4:I6。这是因为在作盈亏平衡线时的销量（*X* 轴）应该是一样的，而纵轴则是不同的数据。在 J3:J6 分别输入如图 22.10 所示的数字，“250000”是纵轴的最大值；在单元格 J4 处输入公式“＝C6”，表示盈亏平衡销量参考线与“固定成本”值的交点；在单元格 J5 处输入“0”，在单元格 J6 处输入销量为“0”时，净亏固定成本时的值为“－60000”。

（3）确定当前销量垂直参考线。在单元格 L3 处输入公式“＝$C$2”，然后将公式向下复制到 L4:L6。这是因为在作当前销量垂直参考线时的销量（*X* 轴）应该是一样的，而纵轴则是不同的数据。在 M3:M6 分别输入如图 22.10 所示的数字，在单元格 M3 处输入“250000”，该值为预设纵轴的最大值；在单元格 M4 处输入公式“＝C6”，表示当前销量参考线与“固定成本”值的交点；在单元格 M5 处输入公式“＝C7”，表示当前销量参考线与“边际贡献”的交点；在单元格 M6 处输入销量为“0”时，净亏固定成本时的值为“－60000”。

（4）建立盈亏平衡图。选择图 22.11 中的“销量”“边际贡献”“固定成本”和“利润”几行的数据。

	I	J	K	L	M
1					
2	盈亏平衡点垂直参考线			当前销量垂直参考线	
3	400	250000		2000	250000
4	400	60000		2000	60000
5	400	0		2000	240000
6	400	-60000		2000	-60000

图 22.10

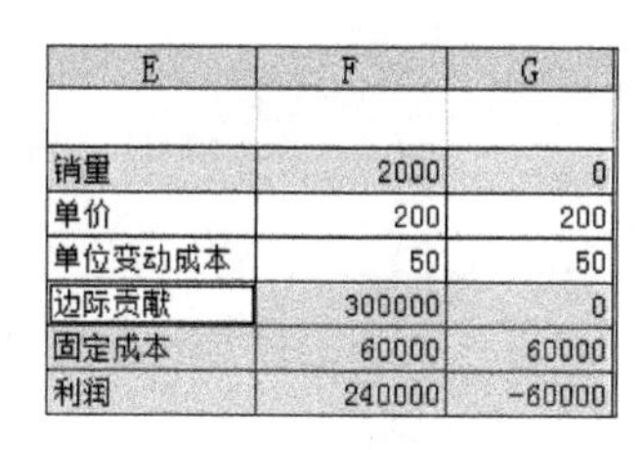

E	F	G
销量	2000	0
单价	200	200
单位变动成本	50	50
边际贡献	300000	0
固定成本	60000	60000
利润	240000	-60000

图 22.11

（5）选择【插入】【图表】【散点图】【带直线的散点图】命令，如图 22.12 所示。

（6）在新建的图的空白处右击，在弹出的快捷菜单中选择【选择数据】命令，在弹出的“选择数据源”对话框中的“切换行/列”区域中可以进行行和列的转换，如图 22.13 所示。

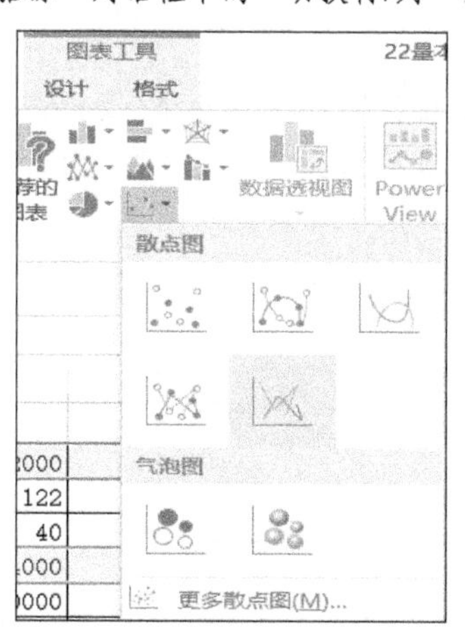

图 22.12

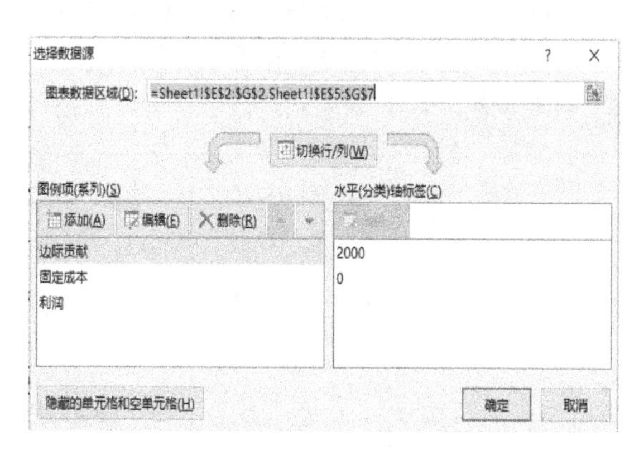

图 22.13

（7）选择“图例项（系列）”选项卡，单击【添加】按钮，在弹出的“源数据”对话框中单击【添加】按钮，在“编辑数据系列”窗口中的“系列名称”上选择“当前销量”，在“*X* 轴系列值”即 *X* 轴坐标处选择数据区域 L3:L6，在“*Y* 轴系列值”即 *Y* 轴坐标处选择数据区域 M3:M6，如图 22.14 所示，然后单击【确定】按钮，则当前销量的参考线添加完成。

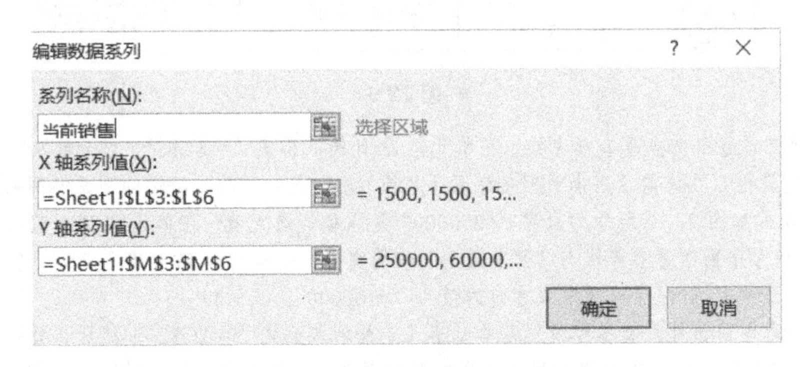

图 22.14

同理，添加“盈亏平衡点垂直参考线”，在“*X* 轴系列值”即 *X* 轴坐标处选择数据区域 I3:I6，在“*Y* 轴系列值”即 *Y* 轴坐标处选择数据区域 J3:J6。

这样盈亏平衡点垂直参考线和当前销量垂直参考线就添加进去了，然后单击【下一步】按钮。

（8）如图 22.15 所示，当前销售和垂直参考线添加完成后，单击【确定】按钮。

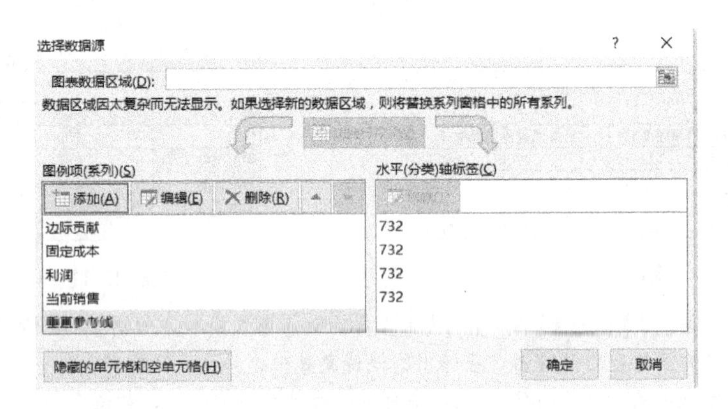

图 22.15

（9）选择【图表工具】【设计】【图表样式】命令，可以在众多的样式中选择合适的样式，如图 22.16 所示，然后添加图表标题，并对图的大小、色彩等都可以进行适当的调整。制作完成的盈亏分析图如图 22.17 所示。

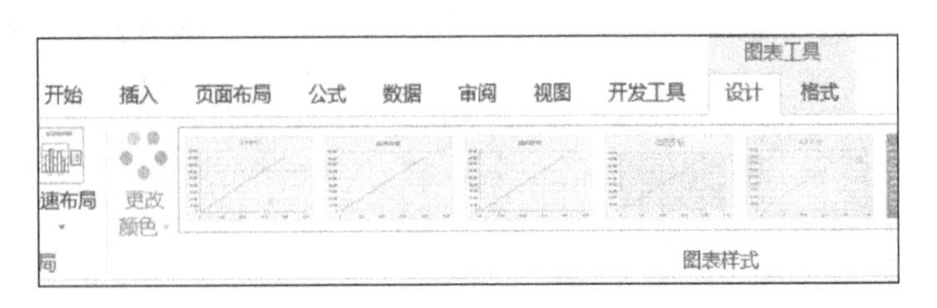

图 22.16

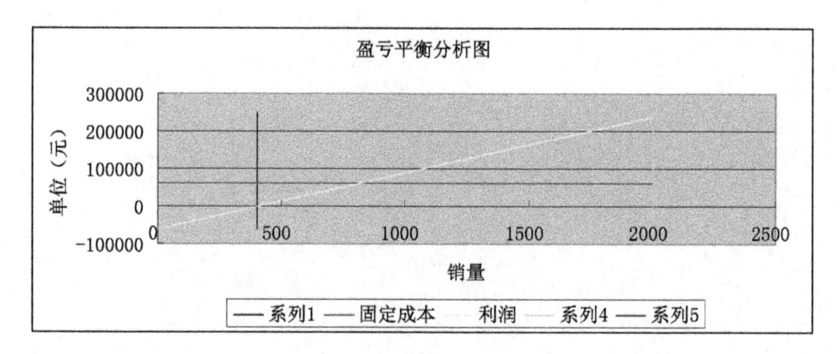

图 22.17

（10）对 *X* 轴、*Y* 轴坐标轴的最大值和最小值进行如图 22.18 所示的调整，对图标的线的粗细和颜色进行相应的设置，并显示数据点处的数据，以及其他的一些调整。

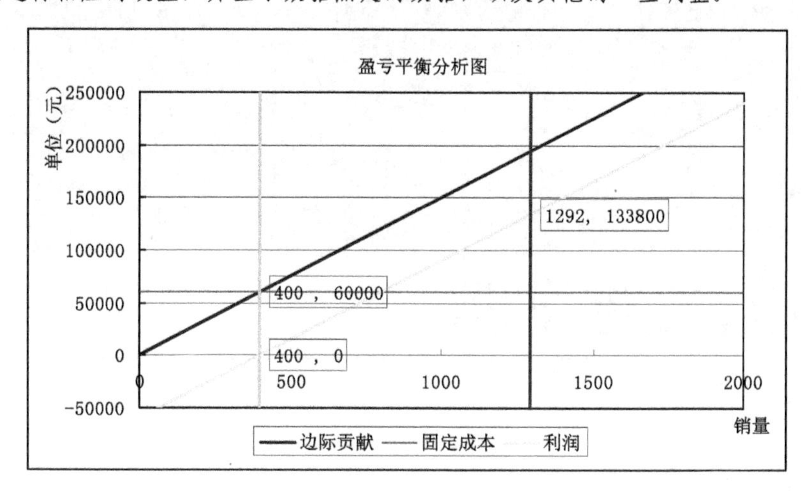

图 22.18

（11）拖动销量、单价和单位变动成本的滚动条，改变相应的数据，除了数据表中的数据随之发生变动，盈亏平衡分析图也会根据数据的变化自动更新，如图 22.19 所示。

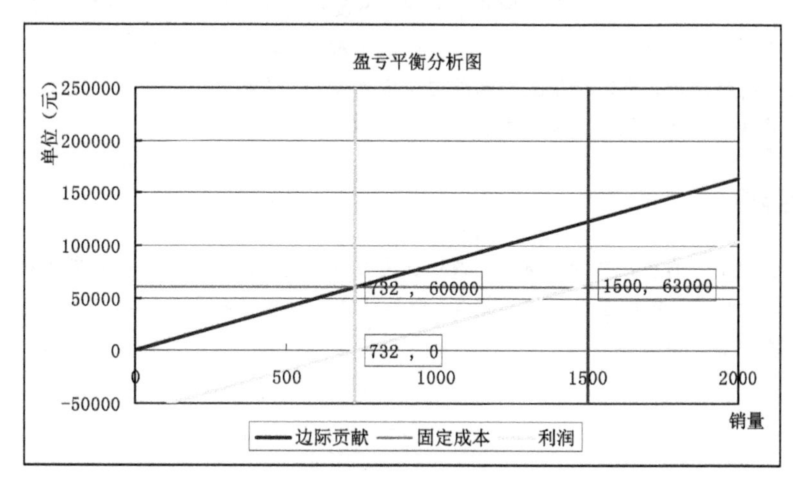

图 22.19

项目 23

统计报告案例

工作情景

方某是大学生公益机构的工作人员，他和自己的团队在近期针对杭州市大学生进行了科学的抽样调查，接下来要分析大学生干细胞捐献知识、态度和行为的现状，以及影响大学生捐献造血干细胞的积极因素和消极因素，从而提供相应的解决对策，以形成完整的调查统计报告，为干细胞捐献提出相关的建议，为进行捐献干细胞宣传提供借鉴，最终促进杭州市广大大学生投入到拯救生命的公益事业中来。假如你是方某，知道如何撰写统计报告吗？

情景解决

方某在前期学习的统计知识基础上，通过查阅相关资料学习了相关的统计软件操作，并根据统计报告撰写的格式，完成了以下统计报告。你认为方某的统计报告撰写得怎么样呢？你能自己撰写一份完整的统计报告吗？

杭州市大学生造血干细胞捐献的知识、态度和行为研究

干细胞调研小组

【内容摘要】本文采用问卷调查、现场访谈等调查方法，以杭州市在校大学生为调查对象，调查取得了600份大学生干细胞捐献的认识、态度和行为现状的调查问卷。通过描述性统计分析、方差分析、相关分析等统计分析，分析总结了大学生造血干细胞捐献的认识、态度和行为现状，分析大学生造血干细胞知识欠缺、态度和行为的差异和原因，并提出了相应的策略和建议。

【关键词】大学生　干细胞捐献　现状　建议

一、调查的背景

近年来，虽然医疗水平有了很大进展，但有许多疾病仍然不能完全治愈或从根本上减轻患者痛苦，为家庭、社会带来严重的经济损失，造血干细胞移植技术已得到全世界的认可，并成为根治白血病等疾病的主要手段，为人类战胜疾病带来新的希望。造血干细胞移植作为治疗白血病、淋巴瘤、贫血等多种疾病的有效方法，尤其可使急性白血病患者的长期生存率提高到50%～70%，是目前治疗白血病最有效的方法。骨髓库的建立为疾病治疗提供了良好的前景，但中华骨髓库的骨髓捐献志愿者人数远远落后于其他国家，无法满足中国白血病病人的需要，问题集中体现在如下几个方面：其一，中国造血干细胞志愿者来源广泛，但民众认知程度普遍不高；其二，中国在造血干细胞上的科学研究水平和资金投入力度相对较低，对于骨髓库的建设来说，无异于“杯水车薪”；其三，中国的骨髓库及志愿者的管理机制仍很不健全，存在着资金筹集困难、管理操作失当、相关法律法规缺失的问题。目前，我国造血干细胞志愿捐献者数据资料远不能满足需要。大学生是社会上文化层次较高的群体，了解其对捐献造血干细胞的知识、态度及行为，有助于在全社会更好地开展造血干细胞捐献，从而更好地帮助白血病患者。

二、调查目的

通过本次调查，我们将了解目前大学生群体对捐献造血干细胞的总体情况。此次调查一是为了解大学生捐献造血干细胞的认知情况；二是了解大学生捐献造血干细胞的态度；三是了解大学生捐献造血干细胞的行为。通过对大学生的基本信息和调查问题之间的分类分析，了解不同性别、年级、家庭、专业等学生对捐献造血干细胞的认识的差异。这些都是我们需要去探索的，并通过分析总结出影响大学生捐献造血干细胞的积极因素和消极因素。通过这些研究，寻求适当的解决途径，从而可以为政府和有关部门提出建议，为捐献干细胞的宣传提供借鉴，以促进杭州市广大大学生投入到拯救生命的公益事业中来。

三、研究方法

（一）调查对象抽取

本次问卷调查以杭州市内的6所高校的在校大学生为调查对象，采用二阶段抽样方法。

第一阶段：从中抽取6所大学为初级抽样单元。

第二阶段：从每个初级抽样单元（各所大学）抽取100名大学生作为调查对象，采用非概率抽样方法。

共计回收有效问卷数为600份。

（二）研究工具

调查采用的问卷是通过收集资料，根据实际的调查问题改编。具体分为个人信息和干细胞捐献的知识、态度、行为等几个维度的具体内容展开，从知识、态度、行为三个方面展开对90后大学生的调查。

（三）数据处理

本研究所有的数据均采用Excel和SPSS软件进行处理分析。

四、调查结果

（一）样本基本情况

1. 性别构成

由图23.1可得从调查对象特征来看，男性所占比例为50.0%，女性所占比例为50.0%。

2. 独生子女情况

图23.2显示独生子女所占比例为38.3%，非独生子女所占比例为61.7%。现在独生子女比较有普遍性，对该问题的设置是为了了解大学生的在干细胞捐献的意愿与是否为独生子女的关系。

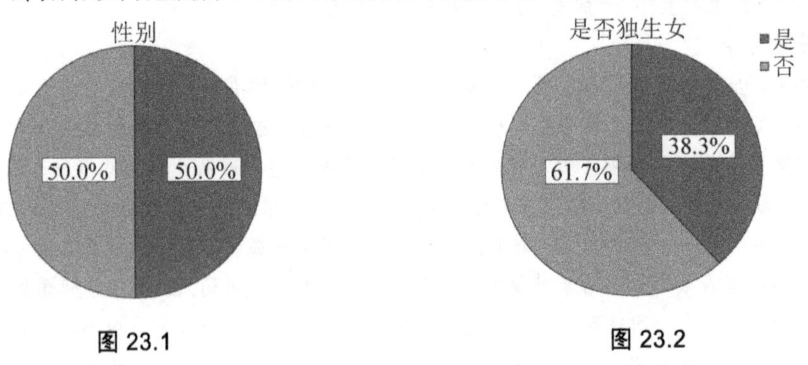

图23.1　　图23.2

3. 大学类型状况

图23.3反映的是大学类型状况即本、专科的学校比例是1∶1，这将能正确地反映出接受本、专科院校的态度有无区别，这是我们在抽样设计时设计的抽样比例。

4. 年级状况

图23.4反映的是被调查者的年级状况，为的是更加全面的了解各年级的在校大学生的情况，使得数据更加合理化。因为不同年级的大学生对干细胞捐献的知识和态度方面的理解程度与担当可能会不一样。

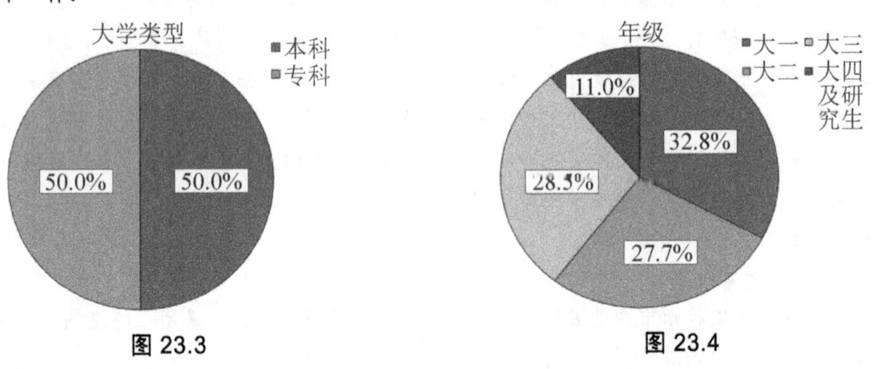

图23.3　　图23.4

5. 专业类型

图23.5描述了理工类学生所占比例为40.2%，经管类学生所占比例为45.5%，艺术类学生所占比例为14.3%。不同专业的大学生对社会事物的感知程度不一样，对事物的认同感也不一样。理工科类的学生比较理性，经管类的学生对待事物比较直观，艺术类的学生看待事物比较感性。潜移默化的专业敏感度会影响大学生的行为性格、人生态度等习惯。

6. 学生干部状况

图23.6显示被抽查的人群中大学生中是学生干部所占比例为25.0%，非学生干部所占比例为75.0%。现在的大学生都积极地去担任学生干部，说明了现在的学生有意愿去承担一份责任，也就意味着大学生的积极性和责任感在加强。

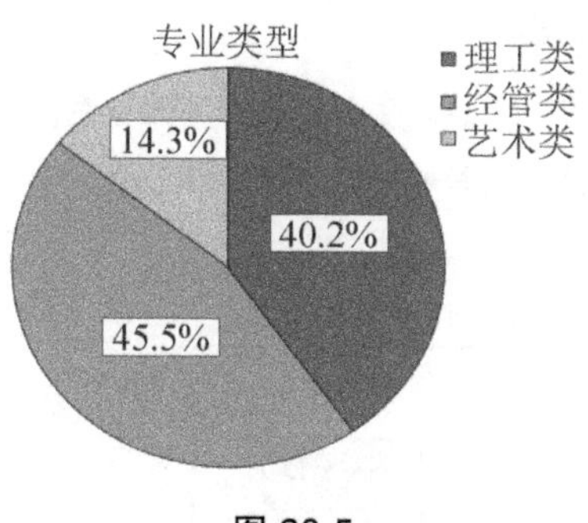

图 23.5

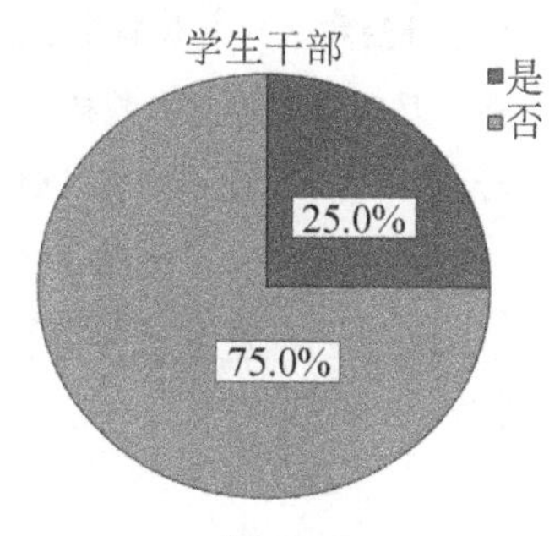

图 23.6

7. 学生党员情况

图 23.7 中显示中共党员所占比例为 19.2%，非中共党员所占比例为 80.8%。现在的大学生与以前的相比越来越多的人积极争取入党，中共党员思想的纯洁性和优秀是吸引大多数学生积极入党的目的。中共党员的先进性是否会提升大学生对干细胞捐献的普及，这也是我们需要去探讨的一方面。

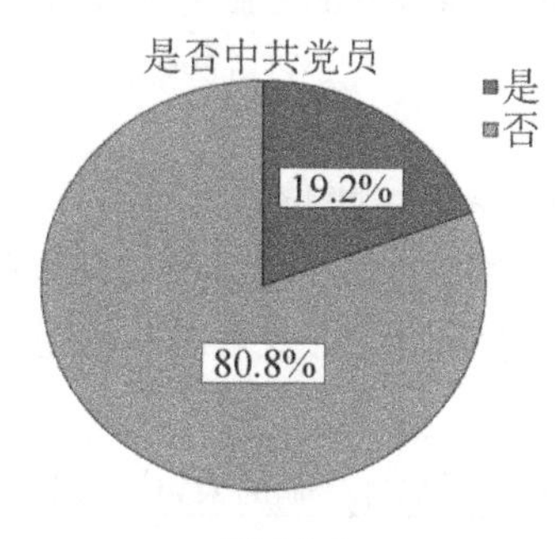

图 23.7

（二）捐献的知识了解程度统计

1. 你了解造血干细胞捐献的作用吗？

图 23.8 中反映出学生对干细胞的了解确实比较少，选择可以挽救白血病患者的生命的仅占 43.5%，表示不清楚的比例为 36.17%。这说明大学生对干细胞的了解确实比较少，这是我们需要去注意的现象。

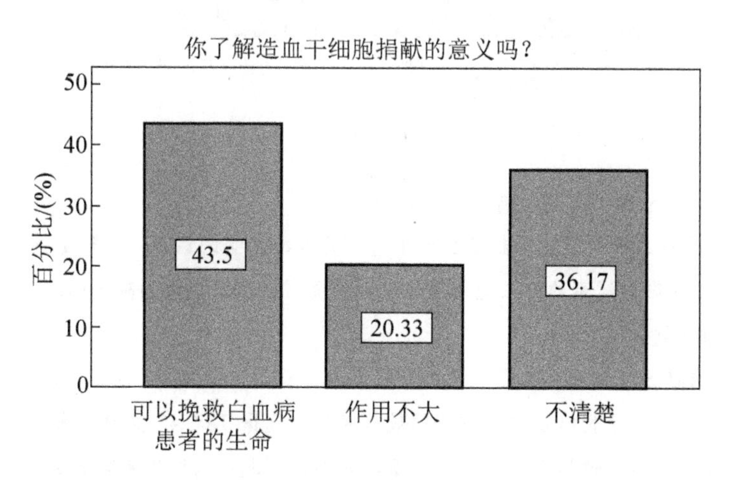

图 23.8

2. 你知道骨髓样本进入骨髓库是怎么样的一个过程吗？

图 23.9 中反映出学生对骨髓样本如何进入骨髓库的知识缺乏了解，选择不清楚的所占比例44.33%，认为需要抽取骨髓的所占比例约为 22.0%。这说明大学生对此了解确实比较少，在交谈中发现许多大学生是因为认为是抽取骨髓，所以比较害怕。

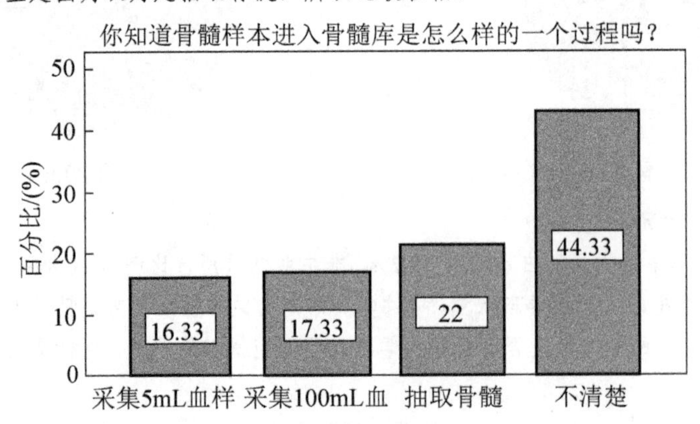

图 23.9

3. 你知道中华骨髓库提倡的采集造血干细胞方式吗？

图 23.10 中反映的是采集造血干细胞的方式，选择手臂静脉采血后分离造血干细胞的 38.83%。但选择在骨头上穿洞抽取骨髓的占到了 24.17%，说明还是有好多大学生停留在以前的抽取方式上，产生误解。

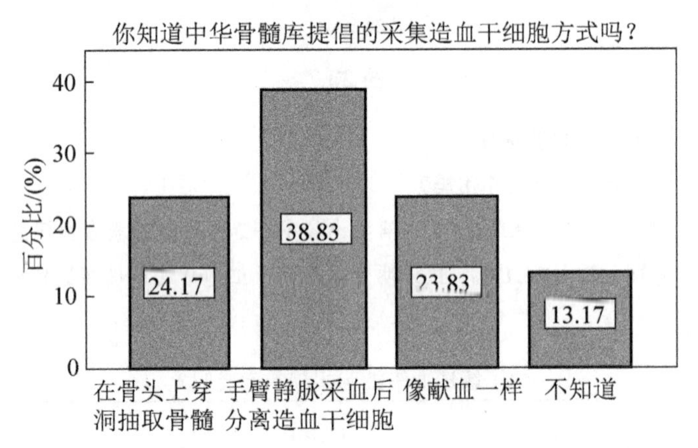

图 23.10

4. 你认为捐献造血干细胞影响身体健康吗？

图 23.11 中反映的是人们对捐献造血干细胞对健康的影响的认识，选择不影响健康的所占比例为 3.67%。但选择影响健康的所占比例为 70.16%，说明很多人认为捐献干细胞对身体比较有害，这是值得关注的问题。

5. 你知道捐献造血干细胞的最佳年龄吗？

图 23.12 中反映的是捐献造血干细胞的最佳年龄，选择 18～45 岁的正确选项占到了绝大多数。该选项主要是人的生命周期的身体状况所决定的，因此，大家比较容易选对。

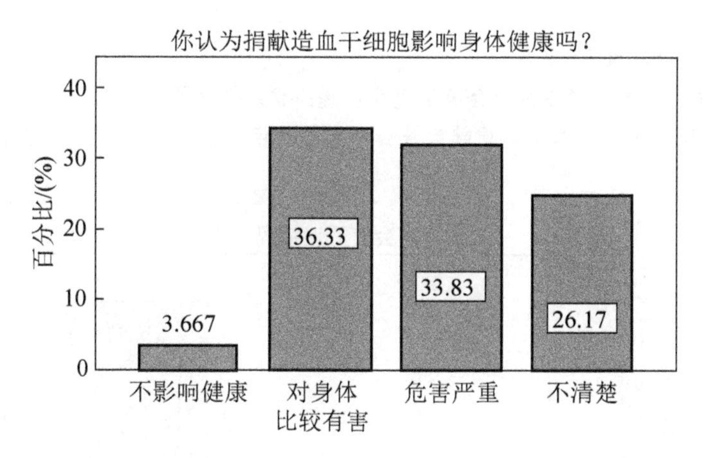

图 23.11

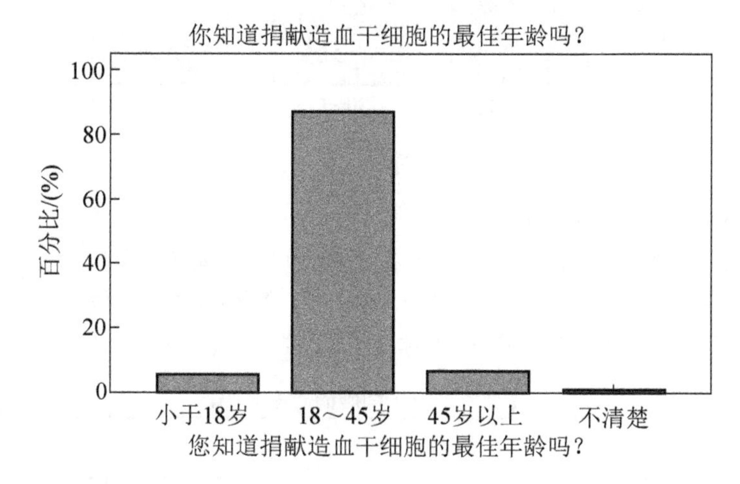

图 23.12

6. 捐献者大约需采集多少造血干细胞？

在捐献者大约需采集多少造血干细胞的回答上，回答正确的比例不高，仅仅占到了 24.5%，如图 23.13 所示。

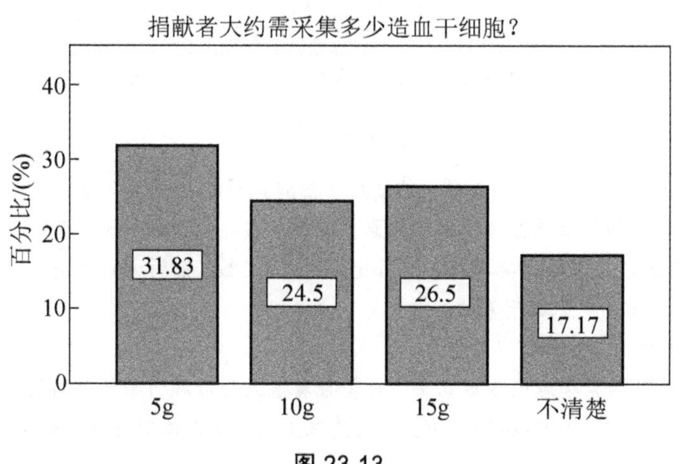

图 23.13

7. 捐献后会有后遗症吗？

图 23.14 中反映的是捐献是否会有后遗症，选择肯定会有的占到 21.0%。选择不清楚的占到了 56.33%，说明大家总体上对捐献后是否会有后遗症存在较大的疑问，这可能是影响较大的因素。

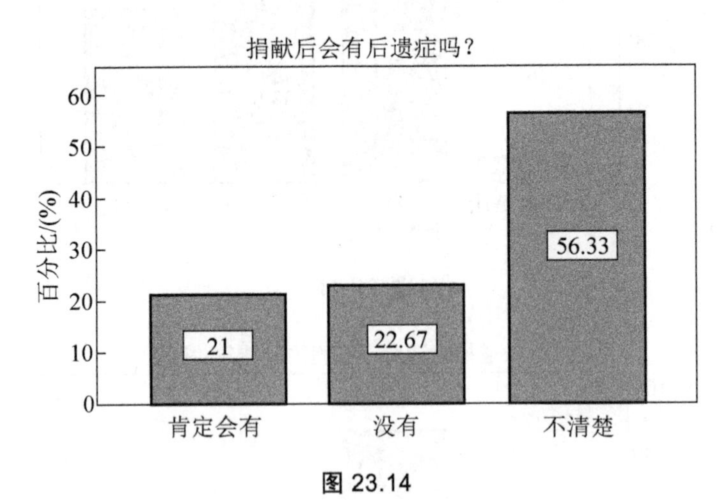

图 23.14

（三）捐献的态度和行为分析

1. 如果你的身边有捐献造血干细胞志愿者，你会加入他们的行列吗？

图 23.15 反映的是会不会加入造血干细胞的志愿者，选择会的所占比例为 49.83%。选择不愿意的所占比例为 31.0%，说明大家总体上还是希望能为社会公益事业出一份自己的力。

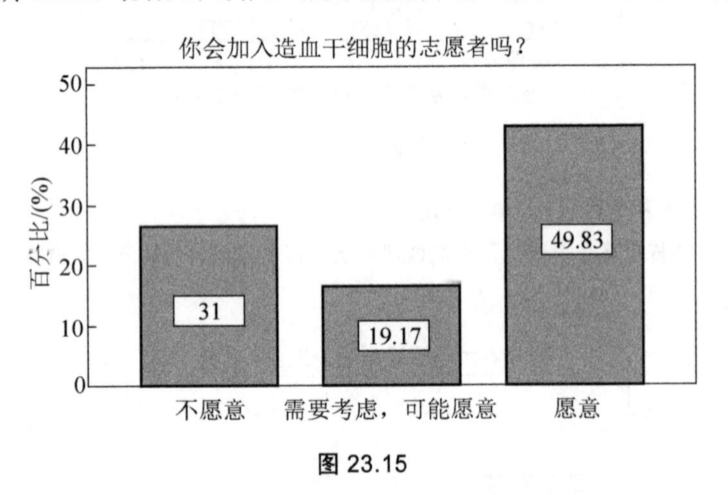

图 23.15

2. 如果配型成功，你愿意捐献自己的造血干细胞挽救他人的生命吗？

图 23.16 中反映的是如果配型成功，愿意捐献的所占比例为 34.0%。选择不愿意的所占比例为 11.67%，但大多数人选择需要考虑，所占比例为 54.33%。说明大家还是会有一定的顾忌，可能会受到家庭、工作、身体等因素的影响。

3. 你认为捐献的最重要意义在于？

图 23.17 中反映的是捐献的重要意义，选择挽救他人生命和回报社会的所占比例为 67.83%。选择实现自身价值的所占比例为 29.33%。说明总体上大学生群体对社会的公益还是充满热情的。

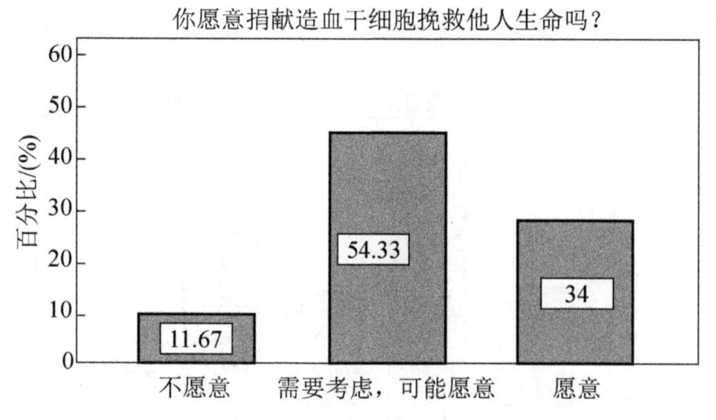

图 23.16

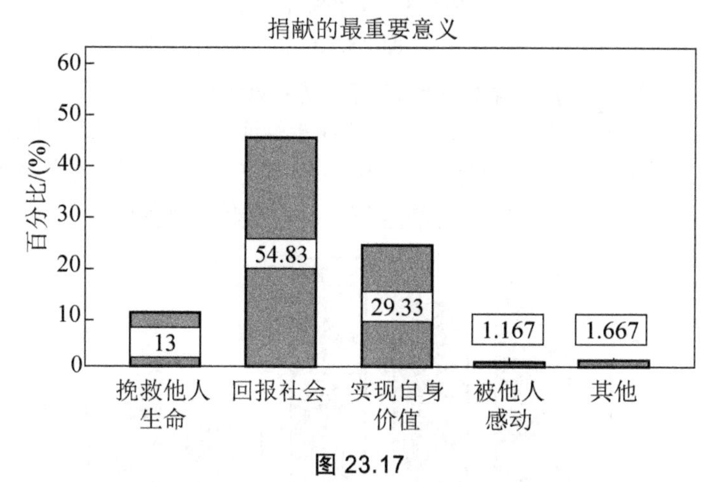

图 23.17

4. 如果你想捐献但家属反对怎么办？

图 23.18 反映的是在捐献过程中家属意见的反映程度，解释后仍得不到同意就放弃捐献的所占比例为 26.33%。解释清楚征得家人同意后捐献所占比例为 49.17%，解释后家属仍反对也坚持，自己做主的所占比例为 24.5%。说明家属的意见是非常重要的，因此，干细胞捐献知识的普及显得非常重要。

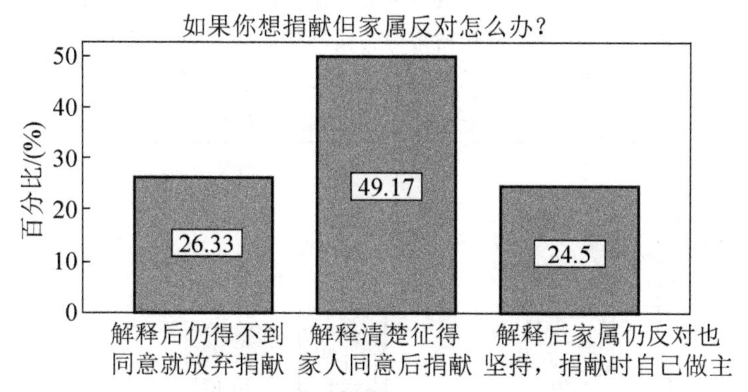

图 23.18

5. 你认为捐献造血干细胞遇到的最大困难是什么？

图 23.19 反映的是在捐献过程中最大的困难，家人反对所占比例为 17.0%。担心身体危害所占比例为 36.83%，怕捐献过程复杂痛苦所占比例为 16.5%，没有大的激励的所占比例为 25.17%。

再次说明家属的反对、担心身体健康等方面还是最常见的困难。另外，是否可以考虑适当的激励措施也是值得去思考的。

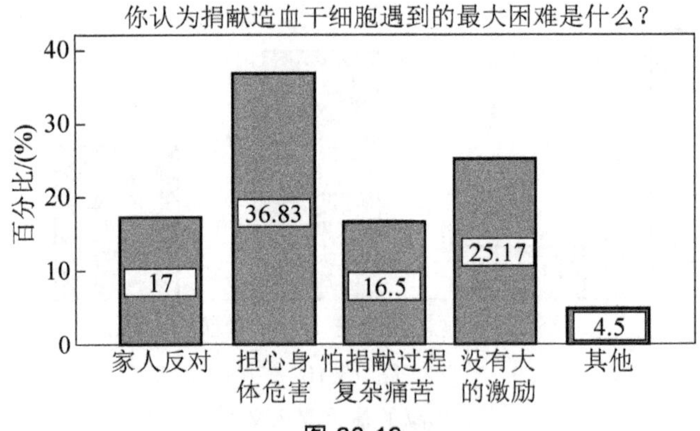

图 23.19

6. 你主要是通过哪些渠道了解造血干细胞捐献的知识的？

图 23.20 反映的是在通过哪些渠道了解干细胞捐献知识的问题上，电视、报纸等传统媒体的宣传及网络和相关书籍占了绝大多数的比例，而朋友介绍和其他途径则占有较小的比例。

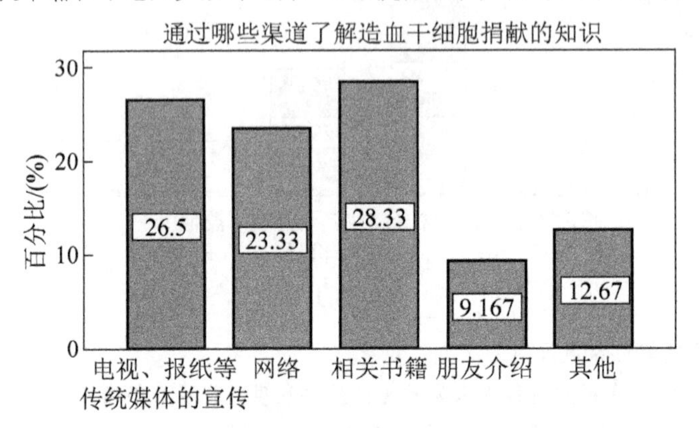

图 23.20

7. 你认为最有力的宣传途径是什么？

图 23.21 显示在选择认为最有力的宣传途径时，认为政府加强宣传的所占比例为 40.83%，志愿者社团活动的所占比例为 23.5%，媒体网络等传播的所占比例为 20.17%，表明大家非常认可官方的宣传推广，认为政府有更多的义务进行宣传，并且大家比较容易能接受。

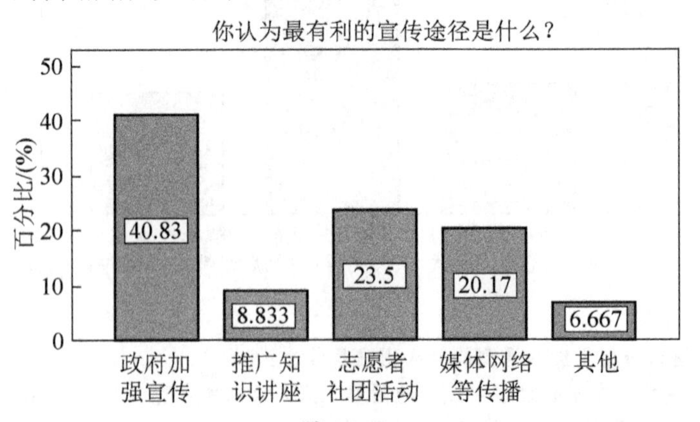

图 23.21

8. 你是否愿意成为宣传的志愿者？

图 23.22 反映的是在你是否愿意成为宣传的志愿者问题上，愿意的比例达到 71.17%，直接说不愿意的仅占 2.5%，这说明绝大多数的大学生都愿意为社会公益出一份力，愿意为挽救他人生命做出自己的一份贡献。

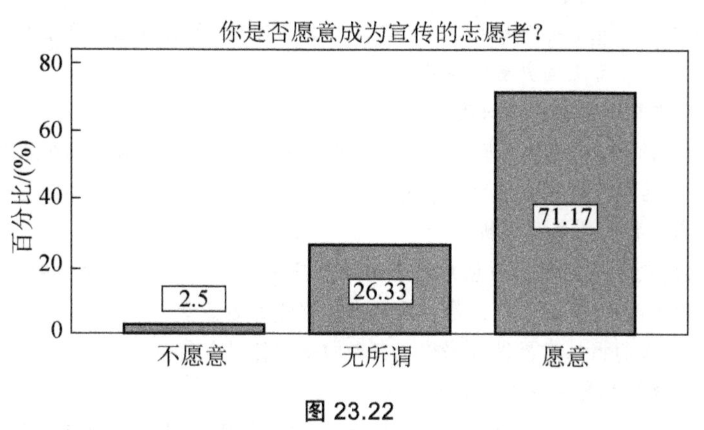

图 23.22

（四）捐献知识的差异分析

我们对被调查者的捐献知识进行基本信息差异分析，显著性水平为 0.05，采用 *T* 检验和方差分析，分析的结果见表 23-1。

表 23-1　差异性分析结果

基本信息	检验方法	结　论
性　　别	*T* 检验	无显著差异
是否独生子女	*T* 检验	无显著差异
大学类型	*T* 检验	无显著差异
年　　级	方差分析	大一和其他
专业类型	方差分析	无显著差异
是否学生干部	*T* 检验	有显著差异
是否学生党员	*T* 检验	有显著差异

1. 不同性别的捐献知识比较（*T* 检验）

男同学和女同学在捐献知识上是否存在显著差异，我们用 SPSS 的 *T* 检验进行分析。其 *P* 值大于 0.05，因此 *T* 假设检验不通过，即男女之间无明显差异。

2. 是否独生子女之间的捐献知识比较（*T* 检验）

T 检验中的 Sig.（双侧）检验，其 *P* 值大于 0.05，因此拒绝原假设，即独生子女和非独生子女在该问题上无明显差异。

3. 大学类型之间的捐献知识比较分析（*T* 检验）

T 检验中的 Sig.（双侧）检验，其 *P* 值大于 0.05，因此 *T* 假设检验通过，即本科院校与专科院校学生之间的均没有明显差异。

4. 年级之间的捐献知识均值分析（方差分析）

不同年级的个人变量的两两对比中，大一和大二、大三和大四及研究生之间的两两比较的显著性概率均小于 0.05，表明大一学生与其他年级学生之间在 0.05 的显著性水平上有显著差异。

5. 专业类型之间的捐献知识差异比较（方差分析）

在不同专业的两两对比中，专业的两两比较的显著性概率均大于 0.05，表明在 0.05 的显著性水平上无显著差异。

6. 是否学生干部的捐献知识均值分析（T 检验）

通过 T 检验中的 Sig.（双侧）检验，其 P 值均小于 0.05，因此未通过 T 假设检验，说明拒绝原假设，即是否学生干部之间具有明显差异。

7. 是否学生党员的捐献知识均值分析（T 检验）

通过 T 检验中的 Sig.（双侧）检验，其 P 值均小于 0.05，因此未通过 T 假设检验，说明拒绝原假设，即是否学生党员之间具有明显差异。

（五）捐献意愿行为的差异分析

在此，干细胞捐献的意愿行为包括以下的三个变量："你会加入造血干细胞的志愿者吗？""配型成功的话你愿意捐献吗？""你是否愿意成为宣传的志愿者？"。

我们对被调查者的捐献意愿进行按被调查者的基本信息差异分析。

1. 不同性别意愿程度比较（T 检验）

男同学和女同学在意愿上是否存在显著差异，我们用 SPSS 的 T 检验进行分析。T 检验中的"配型成功的话你愿意捐献吗？"的 Sig.（双侧）检验，其 P 值为 $0.03<0.05$，因此 T 假设检验不通过，即男女之间具有较明显差异。而在另外两项的 T 检验中，由于 P 值均大于 0.05，表明男女之间没有明显差异。

2. 是否独生子女之间的责任感差异比较（T 检验）

"配型成功的话你愿意捐献吗？"的 T 检验中的 Sig.（双侧）检验，其 P 值为 $0.0256<0.05$，因此拒绝原假设，即独生子女和非独生子女之间在该问题上存在明显差异。其他两项的 P 值均大于 0.05，在该置信水平上通过 T 假设检验，即独生子女与非独生子女之间没有明显差异。

3. 大学类型之间的均值分析（T 检验）

我们观察的 T 检验中的 Sig.（双侧）检验，其 P 值均大于 0.05，因此 T 假设检验通过，即本科院校与专科院校学生之间的没有明显差异。

4. 年级之间的责任感均值分析（方差分析）

不同年级的个人变量的两两对比中，可以看出，大一和大二、大三和大四及研究生之间的两两比较的显著性概率均大于 0.05，表明在 0.05 的显著性水平上并无显著差异。

5. 专业类型之间的差异比较（方差分析）

在不同专业的两两对比中，艺术类专业与理工和经管类专业的两两比较的显著性概率均小于 0.05，表明在 0.05 的显著性水平上有显著差异。在"愿意成为宣传的志愿者"变量不同专业的两两对比中，我们可以看见，艺术类、理工类、经管类专业的两两比较的显著性概率均大于 0.05，表明在 0.05 的显著性水平上并没有显著差异。

6. 是否学生干部之间的均值分析（T 检验）

T 检验中的 Sig.（双侧）检验，其 P 值均小于 0.05，因此未通过 T 假设检验，说明拒绝原假设，即是否学生干部之间具有明显差异。

7. 是否学生党员之间的责任感均值分析（T 检验）

党员和非党员之间的 T 检验的结果，我们观察 T 检验中的 Sig.（双侧）检验，"你会加入造血干细胞的志愿者吗？"，以及"配型成功的话你愿意捐献吗？""你是否愿意成为宣传的志愿者？"两个方面，其 P 值均为 $0.000<0.05$，因此未通过 T 假设检验，即是否党员之间有明显差异。

（六）捐献意愿的相关分析

捐献意愿与基本信息的相关分析。我们对 3 个变量与 7 个基本信息变量进行偏相关分析，在一个基本信息变量进入相关分析时，控制其他的 6 个基本信息变量。详细分析如下所述。

1. 性别与捐献意愿

从表 23-2 中我们可以看出，性别与几个意愿变量之间并没有明显的相关性，而相关系数为都很小，相关性也很弱。

表 23-2　性别与意愿之间的偏相关分析

控制变量			性　别	你会加入造血干细胞的志愿者吗？	配型成功的话你愿意捐献吗？	你是否愿意成为宣传的志愿者？
是否独生女&大学类型&年级&专业类型&学生干部&是否中共党员	性别	相关性	1.000	.009	.144	-.001
		显著性（双侧）		.832	.000	.987
		df	0	592	592	592

2. 是否独生子女与捐献意愿

从表 23-3 中我们可以看出，是否独生子女与捐献意愿之间并没有明显的相关性，相关系数的显著性检验水平也有小于 0.05，但相关系数都很小，表明无明显相关性。

表 23-3　相关性分析表（一）

控制变量			是否独生女	你会加入造血干细胞的志愿者吗？	配型成功的话你愿意捐献吗？	你是否愿意成为宣传的志愿者？
性别&大学类型&年级&专业类型&学生干部&是否中共党员	是否独生女	相关性	1.000	.096	-.007	.012
		显著性（双侧）		.019	.864	.762
		df	0	592	592	592
	你会加入造血干细胞的志愿者吗？	相关性	.096	1.000	.160	.092
		显著性（双侧）	.019		.000	.026
		df	592	0	592	592
	配型成功的话你愿意捐献吗？	相关性	-.007	.160	1.000	.053
		显著性（双侧）	.864	.000		.197
		df	592	592	0	592
	你是否愿意成为宣传的志愿者？	相关性	.012	.092	.053	1.000
		显著性（双侧）	.762	.026	.197	
		df	592	592	592	0

3. 大学类型与捐献意愿

从表 23-4 中我们可以看出，大学类型与捐献意愿之间的相关系数都很小，并没有明显的相关性，而相关系数也均大于 0.05，说明没有显著相关。

表 23-4　相关性分析表（二）

控制变量			大学类型	你会加入造血干细胞的志愿者吗？	配型成功的话你愿意捐献吗？	你是否愿意成为宣传的志愿者？
性别&年级&专业类型&学生干部&是否中共党员&是否独生女	大学类型	相关性	1.000	-.016	.016	-.071
		显著性（双侧）		.701	.697	.060
		df	0	592	592	592
	你会加入造血干细胞的志愿者吗？	相关性	-.016	1.000	.161	.092
		显著性（双侧）	.701		.000	.025
		df	592	0	592	592
	配型成功的话你愿意捐献吗？	相关性	.016	.161	1.000	.050
		显著性（双侧）	.697	.000		.228
		df	592	592	0	592
	你是否愿意成为宣传的志愿者？	相关性	-.071	.092	.050	1.000
		显著性（双侧）	.060	.025	.228	
		df	592	592	592	0

4. 年级与捐献意愿

从表 23-5 中我们可以看出，年级与捐献意愿之间的相关系数较小，而 P 值则均大于 0.05，说明无明显相关性，即年级与捐献意愿之间的则没有显著的相关性。

表 23-5　相关性分析表（三）

控制变量			年　级	你会加入造血干细胞的志愿者吗？	配型成功的话你愿意捐献吗？	你是否愿意成为宣传的志愿者？
性别&专业类型&学生干部&是否中共党员&是否独生女&大学类型	年级	相关性	1.000	-.009	-.062	.035
		显著性（双侧）		.829	.089	.397
		df	0	592	592	592
	你会加入造血干细胞的志愿者吗？	相关性	-.009	1.000	.161	.090
		显著性（双侧）	.829		.000	.028
		df	592	0	592	592
	配型成功的话你愿意捐献吗？	相关性	-.062	.161	1.000	.047
		显著性（双侧）	.089	.000		.256
		df	592	592	0	592
	你是否愿意成为宣传的志愿者？	相关性	.035	.090	.047	1.000
		显著性（双侧）	.397	.028	.256	
		df	592	592	592	0

5. 专业类型与捐献意愿

从表 23-6 中我们可以看出，专业类型与“配型成功的话你愿意捐献吗？”之间的相关系数为 0.201，而 P 值则均小于 0.05，说明有一定的相关性，而专业类型年级与其他两个变量之间的则没有显著的相关性。

表 23-6 相关性分析表（四）

控制变量			专业类型	你会加入造血干细胞的志愿者吗？	配型成功的话你愿意捐献吗？	你是否愿意成为宣传的志愿者？
性别&学生干部&是否中共党员&是否独生女&大学类型&年级	专业类型	相关性	1.000	-.013	.201	.053
		显著性（双侧）		.757	.000	.197
		df	0	592	592	592
	你会加入造血干细胞的志愿者吗？	相关性	-.013	1.000	.156	.090
		显著性（双侧）	.757		.000	.028
		df	592	0	592	592
	配型成功的话你愿意捐献吗？	相关性	.201	.156	1.000	.063
		显著性（双侧）	.000	.000		.128
		df	592	592	0	592
	你是否愿意成为宣传的志愿者？	相关性	.053	.090	.063	1.000
		显著性（双侧）	.197	.028	.128	
		df	592	592	592	0

6. 学生干部与捐献意愿

从表 23-7 中我们可以看出，是否学生干部与捐献意愿“配型成功的话你愿意捐献吗？”之间的 P 值小于 0.05，相关系数为 0.503，有较强的相关性，与“你是否愿意成为宣传的志愿者？”之间的 P 值小于 0.05，相关系数为 0.128，表明具有弱相关性。而是否学生干部与“你会加入造血干细胞的志愿者吗？”变量的 P 值则大于 0.05，表明没有显著的相关性。

表 23-7 相关性分析表（五）

控制变量			学生干部	你会加入造血干细胞的志愿者吗？	配型成功的话你愿意捐献吗？	你是否愿意成为宣传的志愿者？
性别&是否中共党员&是否独生女&大学类型&年级&专业类型	学生干部	相关性	1.000	-.012	-.503	-.128
		显著性（双侧）		.772	.012	.001
		df	0	592	592	592
	你会加入造血干细胞的志愿者吗？	相关性	-.012	1.000	.162	.091
		显著性（双侧）	.772		.000	.026
		df	592	0	592	592
	配型成功的话你愿意捐献吗？	相关性	-.503	.162	1.000	.056
		显著性（双侧）	.012	.000		.176
		df	592	592	0	592
	你是否愿意成为宣传的志愿者？	相关性	-.128	.091	.056	1.000
		显著性（双侧）	.001	.026	.176	
		df	592	592	592	0

7. 是否党员与捐献意愿

从表 23-8 中我们可以看出，是否党员与捐献意愿“你会加入造血干细胞的志愿者吗？”的相关系数为 0.377，与变量“配型成功的话你愿意捐献吗？”之间的相关系数为 0.531，相关系数检验的统计量的显著性概率均小于0.01，因此认为是否党员与该两个变量之间具有较为显著的相关性。而与“你是否愿意成为宣传的志愿者？”之间并无显著相关性。

表 23-8　相关性分析表（六）

控制变量			变量			
			是否中共党员	你会加入造血干细胞的志愿者吗？	配型成功的话你愿意捐献吗？	你是否愿意成为宣传的志愿者？
性别&是否独生女&大学类型&年级&专业类型&学生干部	是否中共党员	相关性	1.000	-.377	-.531	-.031
		显著性（双侧）		.000	.000	.452
		df	0	592	592	592
	你会加入造血干细胞的志愿者吗？	相关性	-.377	1.000	.195	.095
		显著性（双侧）	.000		.000	.021
		df	592	0	592	592
	配型成功的话你愿意捐献吗？	相关性	-.531	.195	1.000	.059
		显著性（双侧）	.000	.000		.153
		df	592	592	0	592
	你是否愿意成为宣传的志愿者？	相关性	-.031	.095	.059	1.000
		显著性（双侧）	.452	.021	.153	
		df	592	592	592	0

五、统计分析结论

通过统计分析可知，杭州市大学生在干细胞捐献方面的知识的选择正确率均不高，说明大家对该方面的知识比较缺乏。

报告从多方面来分析影响大学生的造血干细胞知识缺乏的因素，主要从不同性别、是否独生子女、大学类型不同、年级不同、专业不同、是否学生干部、是否党员等几个方面来比较，我们用均值分析的 T 检验、方差分析并结合相关性分析，讨论在捐献意愿上他们之间是否存在着明显的差异，得出以下结论。

（一）捐献知识方面主要结论

大学生在造血干细胞的知识方面比较缺乏。很多人都不知道干细胞的具体知识，如如何进入骨髓库、如何进行干细胞的采集，以及配型成功后捐献干细胞的方式都不了解，并且普遍都认为捐献干细胞对身体的健康造成较大的伤害，这也是很多大学生不愿意捐献及家庭阻力的关键因素。

（二）捐献意愿与行为的主要结论

结论1： 大部分大学生愿意加入捐献造血干细胞志愿者行列，说明绝大多数的大学生都愿意为社会公益出一份力，愿意为挽救他人生命做出自己的一份贡献。

结论2： 总体上大学生群体对社会的公益还是充满热情和希望的。如果配型成功需要捐献自己的造血干细胞挽救他人的生命时，大多数大学生表示需要考虑。需要考虑的主要是顾忌家庭、工作、身体等因素的影响。

结论3： 干细胞捐献大学生受家属的意见影响非常重大，因此干细胞捐献知识的普及显得非常重要。担心身体健康等方面也是常见的影响因素。

结论4： 了解造血干细胞捐献知识的渠道方面。在通过哪些渠道了解干细胞捐献知识的问题上，电视、报纸等传统媒体的宣传及网络和相关书籍占了绝大多数的比例。

（三）捐献知识的差异分析结论

结论1： 性别、是否独生子女、大学类型、专业类型等四个基本信息分别通过T检验或方差分析，可以发现均与大学生的捐献知识之间并没有明显的差异。年级与同大学生的捐献知识之间有一定的差异，主要是大一与其他年级之间存在0.05显著性水平上存在明显差异。

结论2: 是否学生干部与捐献知识之间有明显差异，即大学生的捐献知识与是否为学生干部有较明显关系，说明学生干部的在这方面的觉悟比较高。

结论3: 是否党员与捐献知识之间有较明显差异，即大学生的捐献意愿与是否为党员有较明显关系，说明相对来说中共党员更愿意加入捐献造血干细胞的公益事业中。

从上面的结论中我们不难发现，是否党员、是否学生干部是影响大学生捐献知识的重要因素，学生党员、学生干部由于其群体相对比较积极向上，因此会更多地去了解和关注社会公益方面的知识。而大一年级主要是刚刚正式进入大学，可能由于其中学阶段的接触较少，所以与其他年级之间在捐献知识方面有一定的差异。因此，在考虑宣传大学生的干细胞捐献知识和普及方面，可以借助党员和学生干部这两大群体，以充分发挥其积极性。

（四）捐献意愿与行为的差异与相关分析结论

结论1: 性别与大学生的捐献意愿之间并没有明显的差异，而性别与个人责任感之间的相关性检验P值均大于0.05，表明大学生的捐献意愿与男女性别基本无关。

结论2: 是否独生子女与捐献意愿之间的一个变量存在弱相关性，但与其他两个变量之间无相关性，即大学生的捐献意愿与是否为独生子女基本无关。

结论3: 不同的大学类型、不同年级、不同的专业类型同大学生的捐献意愿之间没有明显差异，且相关系数都很小，并没有明显的相关性，即大学生的捐献意愿与大学类型、年级和专业均无明显的相关关系。

结论4: 是否学生干部与捐献意愿之间有明显差异，相关系数较大，其中是否学生干部与捐献意愿“配型成功的话你愿意捐献吗？”之间的P值小于0.05，相关系数为0.503，有较强的相关性，即大学生的捐献意愿与是否为学生干部有较明显关系。

结论5: 是否党员与捐献意愿之间有较明显差异，是否党员与捐献意愿“你会加入造血干细胞的志愿者吗？”的相关系数为0.377，与变量“配型成功的话你愿意捐献吗？”之间的相关系数为0.531，相关系数检验的统计量的显著性概率均小于0.01，因此认为是否党员与该两个变量之间具有较为显著的相关性，即大学生的捐献意愿与是否为党员有较明显关系。

从上面的结论中我们不难发现，是否党员、是否学生干部是影响大学生捐献意愿的重要因素，其他因素则影响程度并不是很明显。是否党员、学生干部这两个因素是影响程度较深的，其他的因素如是否独生子女、专业类型等因素对捐献意愿的影响度都较小。因此，在考虑如何提高大学生的干细胞捐献意愿和宣传方面，我们可以主要从是否党员和是否学生干部这两个方面入手，再辅以其他的手段。

六、原因分析

通过分析和访谈，我们发现杭州大学生对于造血干细胞捐献方面的认知是比匮乏的。不过总体来说，大学生文化素质与思想觉悟较高，较易接受新思想、新事物，如果给以正确的引导与教育，他们有望能成为捐献造血干细胞志愿者的主要群体。

那么，大学生捐献造血干细胞行为难以推广的原因主要是什么？

（1）捐献知识缺乏导致的恐惧。恐惧似乎是影响捐献最大的负面动因。另一个顾虑是担心与身体协调有关的平衡受到影响。大学生可能以为自己献出造血干细胞是给出了一种十分重要的物质（如生命力），害怕捐献后感觉不值，生命价值虚化。产生这种感觉可能与捐献宣传有关。为了减少或消除大学生的别人都不愿捐献为什么我要捐献的想法和顾虑，招募者应该公布捐献者的名单，让大学生觉得人人（至少别人）都在捐献，他们不怕而我为什么要害怕。

（2）不良反应。此外影响大学生捐献的另一负面动因是对不良反应的担心（包括昏厥、困倦）。这种反应通常发生在以前有昏厥发生的人和年轻女性身上，因为不良反应可能发生在造血干细胞捐献者离开造血干细胞捐献一点之后。

（3）家长的反对。绝大多数不了解干细胞捐献的家长一听到自己的子女要加入捐献者志愿者，或者匹配成功要进行捐献时，就会极力反对，原因是害怕自己的子女因为捐献对身体造成伤害，产生后遗症。这就说明我们在干细胞捐献方面的宣传还是不够，渠道不够宽广，方式不够多样。

（4）医疗借口。大学生不参加捐献的第二个理由是身体不合格或医学误解和无知。显然有许多非捐献者医学规定上是不合格的，但也有一些非捐献者没有证实医学规定上的不合格，也称自己不合格。真正的问题是这些是不是非捐献者真正的意愿和不愿捐献的实质想法，或者他们是否是为不参加捐献寻找借口。此外，捐献者因担心捐献后会带来严重的身体影响而不参加捐献。只有了解了他们的真实想法，才能制定出有针对性的措施。

（5）不便之处。不便之处也是一个人不愿捐献的动因之一，不便之处揭示了物质因素对捐献的限制，如，捐献地点的便利程度、所花费的时间、天气适宜程度。其中捐献地点很重要，若选择地点很远，参加的人数就会大大下降。同样重要的是要做好组织安排工作以使捐献的等候时间缩短，例如，可以在每个医院都设立捐献点来进行检测和登记，既方便又可缩短时间。

（6）冷漠。冷漠背后真正的动因可能是不愿承担不必要的风险。一个人不捐献也一样很好地生活，假如我国只有仅仅 20 万人捐献，为什么要去充英雄站在少数人的一方？这是人们天生的生物自我保护本能使人们不愿参加捐献。

我们在统计调查中可以看出，大学生是否愿意捐献与是否为中共党员或学生干部有明显的关系。众所周知，人的行为表现受思想和环境的影响，首先身为中共党员自身的思想先进性和约束力，他们有一定的社会认知力和社会理解力，面对社会着重于全心全意为人民服务。在大学生中成为中共党员的大部分同学是学习成绩优秀、学生干部和社团活动能力出色的学生，这部分人群总体上能力较强，积极主动地参加公益活动，自身也经常组织各类集体活动，在责任感的领悟上相比一般同学会更强一些。学生干部同样接受比较正面的积极的思想教育，积极参加高校内的社团活动及社会实践活动，在这个过程中学生干部本身就在接触和慢慢承担着责任，责任也意味着自我价值，因此总体上悟性较高。

七、针对性的建议

了解了大学生捐献造血干细胞行为难以推广的原因，那么我们应该通过及时全面的宣传教育，让更多的学生直观、深刻地了解捐献造血干细胞的有关知识及捐献的整个过程，提高他们对捐献造血干细胞的认知能力。因此，相关医护人员应该加强这方面知识的宣传教育，将这些问题解释得更生动、更专业，让大学生能够理解与接受。

针对以上几个原因的分析，并且参照相关资料，提出了以下几点建议。

1. 政府相关部门大力宣传，消除恐惧

正是因为对造血干细胞捐献知识的缺乏，大多数大学生害怕加入干细胞的捐献活动中，如恐惧、不良反应等，而广大家长生怕自己的子女受到伤害，会形成很大的阻力。因此，让广大民众真正了解相关的捐献知识，消除恐惧才是解决问题的关键思路。而政府部门有着权威性，因此政府相关部门可以通过各社区进行深入地宣传，社区宣传可以深入到千家万户，更能深入到民众心中，同时联合干细胞专家做相关的宣传活动，使整个社会更多地了解干细胞捐献的知识。由于大家在干细胞捐献当中流传着一些错误和误解的信息，所以相关部门应着重通过宣传以消除人们对造血干细胞捐献较严重的顾虑的方面去宣传。例如，主要解答以下一些问题：什么是造血干细胞？什么是造血干细胞，移植它能再生吗？造血干细胞移植能治疗哪些疾病？捐献造血干细胞影响身体健康吗？为什么中国造血干细胞捐献者资料库希望社会各界和人民大众捐款资助？作为捐献造血干细胞的志愿者还应注意哪些问题？捐献风险有多大、细菌如何控制、捐献者有无补偿？等等。以往政府的宣传缺乏克服顾虑的有用信息，导致大家失去了解和捐献的动力。

2. 媒体的公益宣传

从前面的分析我们可以发现，影响大学生干细胞捐献的关键因素一方面来自捐献知识的缺乏，另一方面来自家庭的阻力。因此，如何让大学生的家长更多地了解干细胞捐献的相关知识，媒体宣传的正面宣传是极其重要的。大家对骨髓捐献一事还了解得不深，所以尚未付之行动。我们相信，当人们对捐献造血干细胞的意义有了一个真正的认识后，很多人会愿意为那些在病中挣扎的病友送去生的希望。也许你我捐献的献造血干细胞，暂时没有派上用场，但这些献造血干细胞都是生命的“起搏器”，时刻准备着驱赶病魔，拯救生命。经过媒体的大力宣传，公众会对造血干细胞捐献有一个真正的认知，使得大家了解到捐献造血干细胞并不可怕，也没有多大的风险，但是却能挽救他人的生命，相信很多的大学生家长在了解到整个过程后就会解开心结，不再阻碍自己的子女投入到公益事业中。

3. 社会压力

捐献的潜在压力可以来自捐献者的同学好友所做出的榜样。因此，在造血干细胞捐献者招募时，招募者可建议同学一起去捐献，这样可以增加捐献者人数。社会压力机制同样可以用于患者的亲友。对于得到无偿捐献造血干细胞进行移植的患者，他们的父母与子女都有责任和义务无偿捐献造血干细胞，因为患者是无偿捐献造血干细胞的直接受益者，其生命得以延续，其父母或子女是无偿捐献造血干细胞的间接受益者，因为亲人的康复使他们不必再继续在医院昼夜守候，也不用再四处求医，并且因为家人生命质量的提高不再需人照料，并能自己劳作，产生社会价值，这将为其节约大量的人力物力，在感情上也将得到很大的安慰。受益者亲属捐献造血干细胞也符合权利与义务的关系。这一规定也将使捐献者数量上的“放射性”，即成功一例，可以得到几个捐献者，从而不至于出现捐献者与受益者比例严重失调现象。从长远利益和社会总体利益来看，只有这样才会体现出现代医学事业是有利于整个人类社会的。但患者移植造血干细胞后要求其家属捐献较困难，所以可以在病人移植前就与其家属联系要求他们捐献。

4. 合理的报酬机制

由于捐献造血干细胞会对捐献者本身造成一些不便，如交通、工作受到影响等，所以应有一定的补偿机制，就像普通的献血，对于造血干细胞捐献登记者，如果以后本人或亲人生病，需要移植造血干细胞这方面的需要，医院应优先进行配对，医疗费也可适当优惠。虽然我们采用无偿捐献，但有时也可采用一些激励因素，这也是一种间接报酬的形式。

5. 充分发挥大学生党员和干部的引导作用

从上面的分析我们可以看出，党员及学生干部由于承担更多的责任，往往相对具有更好的责任感，更具有捐献的意愿，因此我们要充分发挥大学生干部和党员的作用。一方面，通过学生干部和党员的影响，引导和鼓励身边的同学积极参加公益事业，形成正确的人生观和价值观；另一方面，在大学里可以通过各个专业甚至班级的优秀党员、学生干部通过学生社团组织等进行宣传教育。从大学生自身而言，事物的变化发展是内外因共同作用的结果，外因是条件，内因是根据。因此大学生应从自身努力，重视课内外活动，积极参加社会实践，全面发展。与此同时，积极吸取来自外界的有利经验，不断提高自我，完善自我。

6. 建立大学生青年志愿者组织的长效机制

大学生群体是充满青春活力，热心公益事业的群体。因此，可以由浙江省干细胞捐献中心领导，在各个大学生常设干细胞捐献方面的青年志愿者社团，由干细胞捐献中心直接进行活动指导和培训，每年开展定期和不定期的造血干细胞的公益活动及宣传。通过大学生青年志愿者社团的宣传和发展，大学生之间的相互影响和传播，相信必定能产生良好的效果。

7. 教育部门和学校的鼓励和引导

虽然是否愿意捐献是自愿的，但是完全可以通过与教育部门及各大学的合作来推广该项公益事业，让热心公益事业又愿意成为捐献志愿者的大学生加入进来。教育部门和学校可以通过学生管理部门来宣传正确的造血干细胞捐献的知识和过程，这样大学生在获取信息时会更加准确。另外，学校还可以对热心公益事业甚至捐献干细胞的学生给予一定的表彰和奖励，对可能因此造成的学习生活上的困难给以充分的支持，解除其后顾之忧。相信通过教育部门和学校的正确引导，在获取正确的干细胞捐献知识后，许多热心的大学生会加入捐献干细胞的公益活动中。

附：调查问卷

杭州市大学生捐献干细胞情况调查问卷

为了解杭州市大学生对捐献造血干细胞的认识、态度、行为和动机的情况，我们开展本次调查，以收集同学们对捐献造血干细胞的意见和建议。此次调查为不记名调查，希望同学们从自身实际出发，积极配合、认真、详实地填写。谢谢配合！

第一部分　个人基本信息

1. 你的性别是：A. 男　B. 女
2. 是否独生子女：A. 是　B. 否
3. 年级：A. 大一　B. 大二　C. 大三　D. 大四及研究生
4. 大学类型：A. 本科　B. 专科
5. 专业类型：A. 理工农类　B. 文史经管类　C. 艺术类
6. 是否学生干部：A. 是　B. 否
7. 是否党员：A. 是　B. 否

第二部分　问题部分

1. 你了解造血干细胞捐献的作用意义吗？
   A. 可以挽救白血病患者等的生命　B. 作用不大　C. 不清楚
2. 你知道骨髓样本进入骨髓库是怎么样的一个过程？
   A. 采集 5mL 血样　B 采集 100mL 血
   C. 抽取骨髓　D. 不清楚
3. 你知道中华骨髓库提倡的采集造血干细胞方式吗？
   A. 在骨头上穿洞抽取骨髓　B. 手臂静脉采血后分离造血干细胞
   C. 像献血一样　D. 不清楚
4. 你认为捐献造血干细胞影响身体健康吗？
   A. 不影响健康　B. 对身体有比较有害
   C. 危害严重　D. 不清楚
5. 你知道捐献造血干细胞的最佳年龄吗？
   A. 小于 18 岁　B. 18～45 岁
   C. 45 岁以上　D. 不清楚
6. 捐献者大约需采集多少造血干细胞？
   A. 5g　B. 10g
   C. 15g　D. 不清楚

7. 捐献后会有后遗症吗？

A. 肯定会有　　B. 没有　　C. 不清楚

8. 如果你的身边有捐献造血干细胞志愿者，你会加入他们的行列吗？

A. 不愿意　　B. 需要考虑，可能愿意　　C. 愿意

9. 如果配型成功，你愿意捐献自己的造血干细胞挽救他人的生命吗？

A. 不愿意　　B. 需要考虑，可能愿意　　C. 愿意

10. 你认为捐献的最重要意义在于？

A. 挽救他人生命　　B. 回报社会　　C. 实现自身价值

D. 被他人感动　　E. 其他

11. 如果你想捐献但家属反对怎么办？

A. 解释后仍得不到同意就放弃捐献

B. 解释清楚征得家人同意后捐献

C. 解释后家属仍反对也坚持，捐献时自己做主

12. 你认为捐献造血干细胞遇到的最大困难是什么？

A. 家人反对　　B. 担心身体危害

C. 怕捐献过程复杂痛苦　　D. 没有大的激励　　E. 其他

13. 你主要是通过哪些渠道了解造血干细胞捐献的知识的？

A. 电视报纸等传统媒体的宣传　　B. 网络　　C. 相关书籍

D. 朋友介绍　　E. 其他

14. 你认为最有力的宣传途径是什么？

A. 政府加强宣传　　B. 推广知识讲座

C. 志愿者社团活动　　D. 媒体网络等传播　　E. 其他

15. 你是否愿意成为宣传的志愿者？

A. 不愿意　　B. 无所谓　　C. 愿意

感谢你在百忙之中抽空填写我们的调查问卷，谢谢！祝生活愉快！

参 考 文 献

陈在余，陶应虎，2009．统计学原理与实务[M]．北京：清华大学出版社．
邓芳，2012．Excel 高效办公：数据处理与分析（修订版）[M]．北京：人民邮电出版社．
廖江平，刘登辉，2009．统计学原理[M]．北京：北京大学出版社，中国农业大学出版社．
刘小伟，等，2006．Excel 函数与图表分析应用范例[M]．北京：机械工业出版社．
马庆国，2002．管理统计：数据获取、统计原理、SPSS 工具与应用研究[M]．北京：科学出版社．
明日科技，刘志铭，梁晓岚，2009．Excel 2007 典型实例详解[M]．北京：人民邮电出版社．
神龙工作室，2010．Excel 数据透视表与数据分析范例应用[M]．北京：人民邮电出版社．
张建同，等，2015．应用统计学[M]．2 版．北京：清华大学出版社．
Excel Home，2016．Excel 2013 高效办公·人力资源与行政管理[M]．北京：人民邮电出版社．
Excel Home，2016．Excel 2013 高效办公·生产管理[M]．北京：人民邮电出版社．
Excel Home，2016．Excel 2013 高效办公·市场与销售管理[M]．北京：人民邮电出版社．

北京大学出版社第六事业部高职经管系列教材征订目录

书　名	书　号	主　编	定　价
财经法规与会计职业道德	978-7-301-26948-0	胡玲玲，等	35.00
财经英语阅读（第2版）	978-7-301-28943-3	朱　琳	42.00
公共关系实务（第2版）	978-7-301-25190-4	李　东，等	32.00
管理学实务教程（第2版）	978-7-301-28657-9	杨清华	38.00
管理学原理与应用（第2版）	978-7-301-27349-4	秦　虹	33.00
经济法原理与实务（第2版）	978-7-301-26098-2	柳国华	38.00
经济学基础	978-7-301-21034-5	陈守强	34.00
人力资源管理实务（第2版）	978-7-301-25680-0	赵国忻，等	31.00
Excel在财务和管理中的应用（第2版）	978-7-301-28433-9	陈跃安，等	35.00
财务管理（第2版）	978-7-301-25725-8	翟其红	35.00
成本会计（第3版）	即将出版	赵霞，平音	35.00
会计电算化项目教程	978-7-301-22104-4	亓文会，等	34.00
会计基础实训（第2版）	978-7-301-28318-9	刘春才	30.00
基础会计教程与实训（第3版）	978-7-301-27309-8	李　洁，等	34.00
基础会计实训教程	978-7-301-27730-0	张同法，边建文	33.00
商务统计实务（第2版）	978-7-301-30020-6	陈晔武	38.00
审计实务	978-7-301-25971-9	涂申清	37.00
审计业务实训教程	978-7-301-18480-6	涂申清	35.00
实用统计基础与案例（第2版）	978-7-301-27286-2	黄彬红	43.00
个人理财规划实务	978-7-301-26669-4	王建花，等	33.00
税务代理实务	978-7-301-22848-7	侯荣新，等	34.00
报关实务（第2版）	978-7-301-28785-9	橐云婷，等	35.00
报关与报检实务（第2版）	978-7-301-28784-2	农晓丹	39.00
报检报关业务	978-7-301-28281-6	姜　维	38.00
国际金融实务（第2版）	978-7-301-29634-9	付玉丹	37.00
国际贸易实务（第2版）	978-7-301-26328-0	刘　慧，等	30.00
国际贸易与国际金融教程（第2版）	978-7-301-29491-8	蒋　晶，等	37.00
国际商务谈判（第2版）	978-7-301-19705-9	刘金波，等	35.00
商务谈判（第2版）	978-7-301-28734-7	祝拥军	30.00
连锁经营与管理（第2版）	978-7-301-26213-9	宋之苓	43.00
企业行政管理（第3版）	978-7-301-31975-8	张秋埜	36.00
现代企业管理（第3版）	978-7-301-30062-6	刘　磊	43.00
职场沟通实务（第3版）	978-7-301-29852-7	吕宏程，等	44.00
中小企业管理（第3版）	978-7-301-25016-7	吕宏程，等	38.00
采购管理实务（第3版）	978-7-301-30061-9	李方峻	36.00
采购实务（第2版）	978-7-301-27931-1	罗振华，等	36.00
采购与仓储管理实务（第3版）	978-7-301-32403-5	耿波，聂强大	45.00
采购与供应管理实务（第2版）	978-7-301-29293-8	熊　伟，等	37.00

仓储管理实务（第 3 版）	978-7-301-31892-8	李怀湘	42.00
仓储与配送管理（第 2 版）	978-7-301-24598-9	吉　亮	36.00
仓储与配送管理实务（第 3 版）	978-7-301-31846-1	李陶然，褚阳	46.00
第三方物流综合运营（第 3 版）	978-7-301-32390-8	施学良，胡歆	38.00
电子商务物流基础与实训（第 2 版）	978-7-301-24034-2	邓之宏	33.00
供应链管理（第 2 版）	978-7-301-26290-0	李陶然	33.00
企业物流管理（第 2 版）	978-7-301-28569-5	傅莉萍	39.00
物流案例与实训（第 3 版）	978-7-301-30082-4	申纲领	42.00
物流成本实务	978-7-301-27487-3	吉　亮	34.00
物流经济地理	978-7-301-21963-8	葛颖波，等	29.00
物流商品养护技术（第 2 版）	978-7-301-27961-8	李燕东	30.00
物流信息技术与应用（第 3 版）	978-7-301-30096-1	谢金龙	41.00
物流运输管理（第 2 版）	978-7-301-24971-0	申纲领	35.00
物流运输实务（第 2 版）	978-7-301-26165-1	黄　河	38.00
物流专业英语（第 3 版）	978-7-301-32728-9	仲颖，王慧	39.00
现代物流管理（第 2 版）	978-7-301-26482-9	申纲领	38.00
药品物流基础	978-7-301-22863-0	钟秀英	38.00
增值物流业务运作与管理	978-7-301-32301-4	付荣华	40.00
国际货运代理实务（修订版）	978-7-301-21968-3	张建奇	45.00
电子商务英语（第 2 版）	978-7-301-24585-9	陈晓鸣，等	27.00
市场调查与统计（第 2 版）	978-7-301-28116-1	陈惠源	30.00
市场营销策划（第 2 版）	978-7-301-30108-1	冯志强	45.00
消费心理学（第 2 版）	978-7-301-28797-2	臧良运	39.00
消费心理与行为分析（第 2 版）	978-7-301-27781-2	王水清，等	36.00
营销策划（第 2 版）	978-7-301-25682-4	许建民	36.00
营销渠道开发与管理（第 2 版）	978-7-301-26403-4	王水清	38.00
创业实务	978-7-301-27293-0	施让龙	30.00